알리바바닷컴에서
무역하기

Alibaba.com

알리바바닷컴에서 무역하기

이종근 지음

Seller

SHOP

09:38
Monday

Sale

굿인포메이션

〈2016 Alibaba Top 102 Traders〉에 선정되었을 때 사인 보드 앞에 선 필자.

중국 알리바바 본사 중앙광장에 설치된 필자의 입간판. 옆의 여성이 당시 Alibaba.com 한국담당 매니저 Lizzy.

저자 서문

"Make Koreans easy to export their products through Alibaba.com!"

2017년 4월. 중소기업진흥공단의 〈글로벌 온라인 B2B 플랫폼(Alibaba.com) 활용 지원 사업〉의 수행사를 뽑는 프리젠테이션에서 필자는 심사위원들 앞에서 Alibaba.com의 공인 강사로서의 목표를 위와 같이 말했습니다. 그 자리에는 Alibaba.com의 직원까지 참석해 있었습니다. "한국 사람들이 Alibaba.com을 통해서 쉽게 그들의 상품을 수출할 수 있도록 만들겠다!"는 이 말은 필자가 Alibaba.com의 한국 최초 공인 강사가 되었을 때부터 가졌던 작은 꿈이었고 의무감이었습니다. 그렇기에 지금 이 책을 쓰게 되었습니다.

한국 최초의 Alibaba 지정 트레이너가 되다

2016년 5월 5일. 필자는 이날을 아마 평생 잊지 못할 것입니다. 늦은 점심을 먹고 부모님을 모시고 모처럼 남산으로 나들이가던 중이었습니다. 조용하던 차 안의 정적을 핸드폰이 "국제전화입니다. 국제전화입니다"라고 힘차게 울리며 깨뜨렸고 발신처는 중국이었습니다. 전화를 건 사람은 자신을 알리바바의 한국 담당 매니저 Lizzy라고 했습니다. 알리바바 본사 시스템 팀에 요청해서 한국 내에서 상품 등록 및 Inquiry(바이어 문의 메시지) 등의 성과가 좋은 업체를 선정했는데, 필자 회사의 Alibaba.com 계정을 살펴보니 매우 전문적으로 잘 사용하고 있어 인상적이었다고 했습니다. 그리고, 필자를 한국 최초의 Alibaba 지정 트레이너로 계약, 한국 고객들에게 본사를 대신해 Alibaba.com을 교육해 줄 수 있는지도 물어왔습니다. 돌이켜 생각해 볼 이유도 없이 "Yes"라는 대답을 하였고, 자세한 내용은 이메일로 받기로 하고 그날 Lizzy와의 통화를 끝냈습니다.

2009년부터 필자는 Alibaba.com을 이용해 1인 기업 수출 중개무역을 하고 있었습니다. 하지만, 가장 문제가 되고 힘들었던 부분은 Alibaba.com에 전시하고 수출할 상품을 찾는 것이었습니다. 업체와의 협의를 거쳐 판매할 상품에 대해 힘들게 번역해서 등록하고 Inquiry를 많이 받게 되면, 업체는 곧 태도를 바꾸어 자신들이 진행할 수 있다며 등록된 상품을 내리게 하거나 터무니없는 수출가격을 제시해 버려 필자는 헛심만 쓰고 수포로 돌아간 경우도 많았습니다. 굳이 말하자면 힘없는 '을'의 서러움이었습니다.

5~6번 가까이 알리바바 한국 파트너사의 사이트 사용 교육을 일부러 찾아다니며 상품 등록 교육을 받기도 하였고, 그들의 익숙하지 않은 상품 등록 교육 내용을 보고 필자의 사이트를 보여주면서 무료로라도 노하우를 전수해 줄 테니 1시간이라도 시간을 달라고 조르기도 하였습니다. 그러면서 교육에 참여했던 업체 중 2~3곳 정도의 상품을 제가 직접 Alibaba.com에 진행하고 싶다고 요청한 적도 있었습니다. 물론, 그때마다 파트너사로부터 퇴짜를 맞았습니다. 그런 쓰라린 경험이 있었기에 그녀의 제안은 마

치 기적과도 같이 느껴졌습니다.

그날의 통화 후 Lizzy는 다시 한번 필자를 놀라게 하였습니다. 알리바바 지정 트레이너로 임명하기 위한 인터뷰에서 그녀는 필자의 회사 직원이 몇 명인지를 물었고, 저는 잠시 망설이다가 "Alone, Just Alone!"라고 대답했습니다. 20여 초 가까운 그녀의 침묵에 직감적으로 전화가 끊길 것을 예상했지만, 그녀는 "정말 혼자서 그것을 다했다면 반드시 너는 Alibaba.com을 한국에서 강의해야 하고, 나는 그런 너를 강사로 뽑을 수 있게 되어 행운이다"라고 했습니다.

2016년 8월 29일! 세계 최초 1인 기업으로 파트너사 계약을 맺다

2016년 내내, 필자는 참으로 많은 일을 Lizzy와 함께 할 수 있었습니다. 6월 이후부터 Lizzy는 끈질기게 저에게 2~3명의 직원을 채용하여 Alibaba Global Service Partner(GSP)가 될 것을 설득하였으나 저는 현실적 이유로 당장은 어렵다고 말할 수밖에 없었습니다. 그럼에도 불구하고 Alibaba.com은 2016년 8월, 세계 최초로 1인 기업과 Global Service Partner 계약을 추진하였고 그 과정에서 중국 본사의 내부적 반대에 부딪치기도 했고, 한국의 대학교와 Alibaba.com의 제휴 건에서는 다른 관계자들의 거센 반대에 눈물을 흘리기도 하였습니다.

그러나, 2017년 중소기업청 중소기업진흥공단의 〈글로벌 온라인 B2B 플랫폼(Alibaba.com) 활용 지원 사업〉을 거치면서 직원을 늘릴 수 있게 되었고, 가장 작은 3명의 인원으로 시작해 현재 200여 개에 가까운 중소기업의 글로벌 전자상거래 컨설팅을 담당하는 수행사로서 역할을 하고 있습니다. 필자가 2016년 8월부터 A4용지에 작성해 사용해 오던 〈Alibaba.

com 활용 가이드〉는 많은 중소기업에 Alibaba.com을 소개하고 기능을 익히는 교육자료로 큰 도움이 되었다고 자부합니다.

중소기업의 수출창구를 꿈꾸며

필자는 2017년부터 매년 200시간이 넘게 Alibaba.com 활용 교육 강의를 해오고 있습니다. 수출중개업을 해오면서 가장 안타까운 것은 만족할 만한 수출 성과를 올리는 시점이 곧 다른 수출 상품의 개발 시점이었다는 점입니다. 즉, 수출 바이어를 개척해서 만족할 만한 수출성과를 얻기 시작하면 자연스럽게 시작되는 제조업체의 여러 가지 불만 사항들("남는 것이 없다, 수수료가 많다") 등 결국은 제조업체와의 분쟁에 지치거나 이 과정에서 힘들게 개척해 놓은 해외 바이어들을 잃어버릴 때가 많았습니다.

Alibaba.com을 통해서 알게 된 몇몇 해외 친구들이 저에게 자기 나라로 이주해서 자기 나라의 상품을 대신 수출해 보는 것이 어떻겠냐는 진지한 제안을 하기도 합니다. 제가 원하는 투자는 해외시장 개척에 관심이 많은 중소 제조기업이고, 수출 시장 개척이 가능한 상품들입니다. 세계시장에 내다팔고 싶은 제품은 있는데 수출 방법을 몰라 고민하는 기업이 있다면 저희 (주)이프로에 맡겨주십시오. 해외 시장을 개척해 보고 싶습니다.

끝으로, 이 책을 쓰면서 많은 알리바바 관계자분들과 중소기업진흥공단 관계자분들께 감사의 말씀을 드리고 싶습니다. 많은 알리바바 자료를 보내주어 강사로서 부족했던 부분을 보충하게 도와주었던 한국 매니저 Emily, 현재 우리 회사 담당 매니저인 Teresa, Alibaba.com의 한국팀 멤버였던 Lisa, Ruby, Martin, Panyi … 항상 한국 알리바바 지사에서 많은 위로와 격려를 보내주셨던 우령 실장님, 〈글로벌 온라인 B2B 플랫폼

(Alibaba.com) 활용 지원 사업〉을 담당했던 중소기업진흥공단의 김상구 처장님, 백정희 부장님, 황종원 과장님, 박진실 씨에게도 감사 말씀 드립니다.

그리고, 2017년 〈글로벌 온라인 B2B 플랫폼(Alibaba.com) 활용 지원 사업〉을 위해 Alibaba.com의 영어 내용을 번역하며 교육자료의 업데이트 및 전국을 함께 일주하며 담당 중소기업을 방문하여 교육 및 컨설팅을 담당했던 우리 (주)이프로의 사랑하는 직원들, 김진종 과장님, 이재학 대리님, 서지은 주임을 비롯하여 김준우 이사님, 최원 부장님, 이성조 과장님, 김소희 님, 오지연 님에게도 깊은 감사의 말씀 드립니다. 또한, 이 책을 위해 필자의 강의 녹취를 도와준 윤지미 님, 번역을 도와주신 이수정 님, 출판사를 섭외할 수 있도록 도와주신 박상육 선배님, 굿인포메이션 정혜옥 대표님과 우리 (주)이프로의 알리바바 유료회원(GGS: Global Gold Supplier) 고객님들께도 이 자리를 빌려 깊은 감사의 말씀을 드립니다. 마지막으로, 나의 중국인 동생 Lizzy에게 가장 큰 감사의 인사를 하고 싶습니다.

Alibaba.com 지정 트레이너 이종근

추천사

이 책의 저자 이종근은 제 대학 후배입니다. 그냥 단순한 대학 후배가 아니라 축구부라는 운동 동아리의 후배입니다. 그의 대학교 시절 별명은 '자라다 만 황소'였습니다. 때로는 답답함을 넘어 미련스러워 보일 정도의 우직함을 지닌 그의 성격이 이 책의 원고를 받아 읽어본 저에게 오버랩되면서 그의 대학 시절 별명까지 기억에서 소환하게 만들었습니다.

IMF의 경제 위기 시절 대학을 졸업하고, 그 세대가 그랬듯 이종근도 여러 인터넷 쇼핑몰로 직장을 옮겨 다녀 항상 저에게 안타까움을 느끼게 했습니다. 그러던 그가 관세사인 나에게 2017년 12월에 한국 최초의 알리바바 강사가 되었고, 알리바바 유료회원을 위한 무역 교육을 부탁했었습니다. 4명의 직원과 함께 교육 장소에서 만난 그를 보며 뿌듯함을 느꼈습니다.

그리고, 그의 직원들과 저녁 식사를 하면서, 알리바바 활용을 위한 가이드를 책으로 써서 출판하고 싶다고 나에게 말할 때, 그의 그 미련스럽기까지 한 우직함은 언젠가는 반드시 해낼 것 같다는 막연한(?) 기대를 하게 만들었습니다. 그리고, 2년이 지난 지금 그의 책을 받았습니다. 열심히 정리한 무역 사례들, 꼼꼼한 번역을 위해서 들였을 정성 … . 이 책에서

나는 그가 10년 넘게 종사한 무역, 20년 넘게 몸담은 인터넷 쇼핑몰의 업무에서 흘린 땀과 눈물이 곳곳에 배여 있음을 느낍니다.

끝으로, 이 책의 저자 이종근에게 앞으로도 황소의 느릿한 발걸음처럼 보이지만, 묵묵하고 굳세게 세계의 시장을 개척해 나아가기를 빌어봅니다.

(현) 에이스관세법인 대표이사 / 관세사

(현) 관세청 FTA / AEO 컨설턴트

(현) 대한상공회의소 FTA 관세법률 자문

(현) 포스코 / CJ대한통운 법률 자문

임정복

추천사

알리바바는 무한한 가능성의 세계로 입성하기 위한 열린 창입니다. 특히 자본은 부족하나 아이디어가 뛰어나고 발품과 수고를 마다하지 않을 열정적인 창업자라면 누구나 한번은 두드려 보아야 할 B2B 중심 전자상거래 사이트입니다.

저자 이종근은 대학 졸업 후 취업한 무역회사에서 풍부한 무역실무 경험을 쌓은 후 자신이 직접 운영하는 무역업체를 창업했습니다. 일찍이 인터넷이 무역 업무의 핵심 플랫폼이 될 것을 간파하고 인터넷이라는 익명성의 거친 바다를 항해하며 물품 구매와 판매를 대행하는 21세기의 디지털 신세계를 개척하는 디지털 항해사가 될 것을 결심하였습니다. 익명성으로 인해 신뢰가 무너진 인터넷에서 구매자와 판매자 상호 간에 신뢰를 쌓기 위한 가장 좋은 커뮤니케이션 수단은 진실과 진심이 담긴 상품 설명 문구와 이미지라는 믿음으로 상품의 디테일을 정확한 영어와 사진 이미지로 표현하는 데 오랜 시간과 노력을 기울여 왔습니다.

저자의 이런 노력은 2016년 알리바바 한국 담당 매니저의 눈에 띄어 한국인 최초 알리바바 지정 트레이너가 되는 영광을 안게 되었습니다. 저자는 이 책에서 알리바바의 탄생 배경과 생태계 구조, 회원 분석 방법, 여타

B2B 전자상거래와 비교 우위 점을 상세히 설명하고 알리바바에 대한 세상의 몇 가지 오해에 대한 답을 제시하고 있습니다.

그러나 이 책 내용 중 독자의 관심을 가장 크게 끌 부분은 아무래도 저자의 오랜 경험을 통해 걸러져 나온 많은 성공 및 실패 사례 분석이 아닐까 생각합니다. 백 마디 말보다 한번 본 것이 낫다는 말처럼 독자들은 머리나 눈이 아닌 몸으로 직접 익힌 현장 사례를 통해 전자상거래의 노하우와 비법을 익힐 수 있을 것입니다.

저자 이종근이 21세기 디지털 신개척지를 찾아 항해에 나선 모든 인터넷 전자상거래 관련 업체 및 종사자들에게 나아갈 길을 제시하는 디지털 항해 군단의 나침반이 되기를 기원합니다.

(전) 일간 전자신문 기자
(전) 일본 전파신문사 서울 특파원
(전) 일본 전파신문사 산호세(실리콘 벨리) 특파원
(현) 일본 전파신문사 서울 지국장 겸 대기자

강덕중

목차

CHAPTER 13. Analytics(분석)

CHAPTER 14. Alibaba.com을 통한 효과적인 수입 방법

CHAPTER 1

Alibaba Group
& Alibaba.com

Alibaba.com은 190개국 총 17개 언어(영어 포함)로 상품 등록을 할 수 있는 전 세계 No. 1 글로벌 B2B 온라인 플랫폼입니다. 2017년 3월 기준 200만 개의 판매자(Seller) Minisite가 있으며 총 12개의 대분류와 38개의 중분류 카테고리를 채택하여 2018년 7월 현재 2억 7천만 개의 상품이 등록되어 있습니다. 전 세계에서 바이어가 몰려들다 보니 자연스럽게 판매자가 회원가입을 해서 많은 상품을 등재하는 온라인 마켓플레이스로의 선순환 구조를 가지고 있는 것이 특징입니다.

1 Alibaba.com에 대하여

Alibaba.com은 중국 항저우(Hangzhou)의 영어 교사였던 마윈(Jack Ma)이 이끄는 18명의 인원으로 1999년 설립되었습니다. 처음부터 마윈은 인터넷 경쟁 분야를 평등하게 하여 작은 소규모 기업도 혁신 및 기술 활용을 잘한다면 국내 및 세계 시장에서 보다 효과적으로 성장하고 경쟁할 수 있을 것이라 믿었습니다.

마윈은 전 세계인들이 쉽게 기억하고 발음할 수 있는 도메인명을 만들기 위해 노력했는데, 그래서 고안한 이름이 Alibaba였습니다. 하지만, Alibaba는 아랍어로 '도둑, 도적'을 뜻하기에 고민하던 중 뉴욕 사람들에게 "Alibaba라는 단어를 들으면 가장 먼저 연상되는 것이 무엇인가"라는 질문에 많은 사람들이 "Open Sesame(열려라 참깨!)"라고 답했습니다.

이런 조사 결과 Alibaba.com의 플랫폼이 '중소기업의 수출입을 여는 열쇠'와 같은 주문이 되기를 염원하는 뜻으로 Alibaba라는 이름을 사용하게 되었다고 합니다.

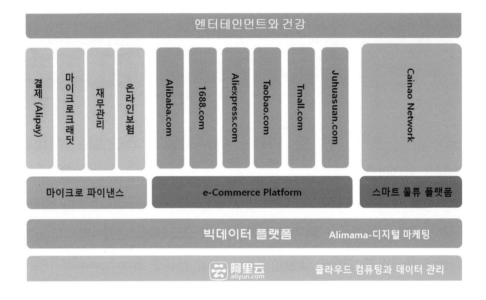

1999년 중국의 소규모 수출기업과 제조기업은 그들의 상품을 국제적으로 판매할 수 있는 첫 번째 사이트인 Alibaba.com을 론칭한 이후 빠른 성장을 거듭해 왔습니다. 온라인 마켓플레이스에서의 Alibaba.com은 전문적 인터넷 전자상거래 기업으로서의 생태계를 구축하기 위하여 노력해왔고, B2B(Alibaba.com, 1688.com) 및 B2C(taobao.com, tmall.com, Aliexpress.com) 등을 비롯하여 컴퓨터 클라우드(alibabacloud.com), 전자화폐 시스템(alipay), 디지털 미디어와 엔터테인먼트까지 아우르는 Alibaba Group으로 도약해 현재는 전 세계적인 혁신적 온라인 기업으로 발돋움하였습니다.

Alibaba Group의 생태계(Ecosystem of Alibaba Group)

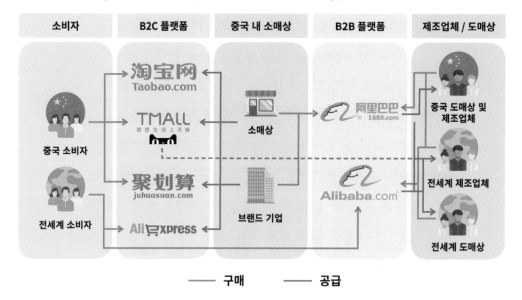

Alibaba Group의 생태계를 구성하는 각각의 인터넷 마켓플레이스와 서비스에 대해서 간단히 알아보도록 하겠습니다.

![Alibaba.com logo]	**ALIBABA.COM(www.alibaba.com)** 세계 무역을 선도하는 도매 인터넷 플랫폼 Alibaba Group의 첫 번째 사업으로 세계 무역을 선도하는 도매시장입니다. Alibaba.com의 바이어는 190개국(2018. 3. 31일 기준)으로 일반적으로 수출입 업무에 종사하는 무역 에이전트, 도매업자, 소매업자, 제조업체의 중소기업입니다. 통관, 무역 금융 및 물류 서비스를 포함한 회원 및 기타 중소기업의 수입 · 수출 공급망(Supply Chain) 서비스도 제공합니다.
![1688.com logo]	**1688.COM(www.1688.com)** 중국의 선도적인 통합 도매 인터넷 플랫폼 1999년 문을 열었습니다. 의류, 일반 상품, 가정 장식 및 가구 자재, 전자 상품, 신발, 포장 재료, 식품과 음료를 취급하는 중국의 도매 바이어와 판매자를 연결하는 최고의 통합 도매 시장입니다. Alibaba Group의 생태계에 있는 상당수의 중국 소매 상인은 이곳에서 소싱을 합니다.

淘宝网 Taobao.com	### TAOBAO(www.taobao.com) **중국 최대의 인터넷 & 모바일 전자상거래 플랫폼** 2003년 시작된 소셜커머스 플랫폼으로 빅 데이터 분석에 최적화되어 소비자가 매력적이고 개인화된 쇼핑 경험을 즐길 수 있습니다. 관련성이 높고 매력적인 콘텐츠 및 판매자의 실시간 업데이트를 통해 소비자는 상품 및 새로운 트렌드에 대해 배우고 서로 좋아하는 판매자 및 브랜드와 상호 작용할 수 있습니다. 소셜커머스이기에 구매자는 판매자의 상품에 상품평을 하고, 판매자는 구매자의 의견 반영이 가능합니다. 이곳의 상인은 주로 개인 및 중소기업이며 Analysys(http://www.analysyschina.com/) 조사에 따르면, 2017년 총 상품가치 측면에서 중국 최대 모바일 상거래 플랫폼입니다.
TMALL 天猫	### TMALL(www.tmall.com) **중국 최대 B2C 플랫폼** 2008년 출시, 브랜드 상품 및 프리미엄 쇼핑의 경험을 원하는 소비자를 충족시켜 주고 있습니다. 많은 국제 및 중국 브랜드와 소매상들이 입점해 있으며 Analysys(http://www.analysyschina.com/)에 따르면, 2017년 총 상품가치 측면에서 중국 최대 B2C 플랫폼입니다.
AliExpress™ Smarter Shopping, Better Living!	### ALIEXPRESS(www.aliexpress.com) **글로벌 소매 플랫폼** 2010년 오픈했으며 전 세계 소비자가 주로 중국에 있는 제조업체 및 유통업체로부터 직접 구매할 수 있는 글로벌 소매 시장입니다. 글로벌 영어 사이트 외에도 러시아어, 포르투갈어, 스페인어 및 프랑스어 사이트를 포함하여 여러 지역 언어 사이트를 운영합니다. AliExpress가 인기 있는 최고의 소비자 시장은 러시아, 미국, 브라질, 스페인 및 프랑스입니다.
蚂蚁金服 ANT FINANCIAL	### ANT FINANCIAL **포괄적인 금융 서비스를 제공하는 기술회사** 2004년 설립된 알리페이(Alipay)에서 시작하여 공식적으로 설립되었습니다. "세계 균등의 기회를 창출하라(bring the world equal opportunities)"는 사명으로 기술 혁신을 통한 개방적이고 공유된 신용 시스템 및 금융 서비스 플랫폼을 창출하고 전 세계 소비자 및 중소기업에 안전하고 편리한 포괄적 금융 서비스를 제공하고 있습니다.

CAINIAO NETWORK

물류 데이터 플랫폼 운영자

중국 24시간 이내, 세계 어느 곳에서나 72시간 이내 고객 주문을 수행하는 Alibaba Group의 물류 데이터 플랫폼입니다. 물류 파트너의 역량을 활용하여 국내외 원스톱 매장 물류 서비스 및 공급망 관리 솔루션을 제공하고 가맹점과 소비자의 다양한 물류 요구를 충족시키는 전국적인 네트워크를 구축하기 위한 플랫폼 접근 방식을 채택하고 있습니다.

ALIBABA CLOUD
(www.alibabacloud.com)

세계 3대 IAAS 제공 업체 중 하나

2009년 설립된 Alibaba Group의 클라우드 컴퓨팅 부문으로 Gartner에 따르면 세계 3대 IAAS 공급업체이며, IDC에 따르면 중국 최대의 공용 클라우드 서비스 제공 업체입니다. Alibaba Group 마켓 플레이스, 신생 기업, 기업 및 정부 기관에서 비즈니스를 하는 상인을 포함하여 전 세계 기업에 완벽한 클라우드 서비스 세트를 제공합니다. 현재 국제 올림픽위원회의 공식 클라우드 서비스 파트너이기도 합니다.

- Gartner: 미국 코네티컷주에 본사를 둔 IT분야의 리서치 기업입니다. 다국적 IT기업 및 각국의 정부기관 등을 주 고객으로 두고 있으며 설문 조사 부분의 높은 신뢰도로 공신력이 큽니다.

- IAAS(Infrastructure as a Services): 서비스로서의 Infrastructure(기반, 기초 시설)라는 의미로, 가상화된 인프라 환경만을 사용할 수 있도록 하는 서비스입니다. 기업의 환경에 의해 표준화된 솔루션을 사용하지 못할 때 제시됩니다. 이는 직접 서버에 서비스를 구성하는 것과 같이 가상 서버에 서비스를 구성하고 관리합니다.

- IDC(International Data Corporation): 미국의 IT 및 통신, 컨슈머 테크놀로지 부문 시장 조사 및 컨설팅 기관입니다. 1964년 패트릭 맥거번(Patrick Joseph McGovern) 등이 설립했으며 전 세계 110여 개 국가에 1,100명 이상의 시장 분석 전문가를 두고 있습니다. IDC는 테크놀로지 부문의 미디어 및 리서치, 이벤트 그룹인 IDG의 자회사입니다. 본사는 미국 매사추세츠 주에 있습니다.

	ALIMAMA(www.alimama.com) 마케팅 기술 플랫폼 2007년 시작, 가맹점 및 브랜드의 마케팅 요구 사항을 Alibaba Group 플랫폼 및 타사 자산의 미디어 자원과 일치시키는 마케팅 기술 플랫폼입니다. 제휴 마케팅 프로그램을 통해 마케팅 담당자가 타사 웹 사이트 및 응용 프로그램에 마케팅 디스플레이를 배치할 수 있게 하여 Alibaba Group 자신들만의 마켓 플레이스를 넘어 자산 및 사용자에게 마케팅 및 판촉 범위를 확대해 나가고 있습니다.

03 | Alibaba.com의 개요

전 세계 190개국 + 사용	200만 + 스토어 (판매자회원)	260백만 + (2억6천만 명) 바이어	16개 다국어 사이트(영어 기본 미포함)	40개 산업군의 카테고리	전 세계 No.1 B2B 플랫폼

출처 : Alibaba.com 2017. 3월

전 세계 190개국 이상 사용

현재 Alibaba.com은 전 세계 190개국(일부 홍보자료에서는 220~230개국이라고 표현하기도 합니다. 즉 전 세계 모든 국가에서 이용한다고 이해하면 됩니다)에서 사용하고 있는 전 세계 No. 1 글로벌 B2B 온라인 플랫폼입니다. 무역에서는 항상 선적 배송 부분이 연결되다 보니, Alibaba.com의 세계적 활동영역은 필자와 같은 판매자(Seller)에게 가끔 세계지도를 펼치고 생소한 국가를 찾아 지리적 지식을 넓혀가는 기회를 주기도 합니다.

200만 개 이상의 스토어(판매자 회원)

Alibaba.com은 판매자(Seller)에게 Minisite(미니사이트)라는 스토어를 제공하고 있는데 2017년 3월 기준으로 200만 개를 넘어서고 있습니다.

2억6천만 명의 바이어(Buyer)

Alibaba.com은 200만 판매자(Seller) 회원과 2억6천만 명의 바이어가 회원으로 등재된 사이트입니다. 2억6천만 명의 바이어 숫자 증가 추이는 아래 표와 같습니다.

시기	기간	등록 바이어 숫자	증가회원 수
2015년 7월	·	1억 명	·
2016년 7월	1년	1억6천만 명	6천만 명
2017년 3월	9개월	2억6천만 명	1억 명

출처 : Alibaba.com 2017. 3월

위 표에서 보듯 Alibaba.com의 회원 증가 추이는 계속해서 가속도를 붙이며 늘어가는 추이를 보이고 있으며, 세계 글로벌 온라인 B2B 시장에서 많은 사람들이 관심을 가지고 있다는 것으로 확인할 수 있습니다.

- Alibaba.com에서 공식적으로 공표한 자료에 따르면, 바이어(Buyer) 대비 판매자(Seller)의 비율은 26:1입니다. 하지만, 현재의 바이어 숫자만을 봤을 때, 이 비율은 모순이 있는 것으로 보입니다. 이는 순수하게 구매만을 하는 바이어도 판매자로 동시에 가입이 가능하기 때문에 중복 가입된 부분과 판매자로 신고하고 실질적으로 어떠한 판매활동도 하지 않는 바이어 부분은 제외한 것으로 보입니다. 2018. 3월 Alibaba.com의 자료에 따르면 등록 바이어의 숫자는 2억9천만 명입니다.

바이어 분포도

러시아 : 50백만명
미국 : 33백만명
스페인 : 23백만명
브라질 : 20백만명
인도 : 10백만명
프랑스 : 9.5백만명
우크라이나 : 6.4백만명
캐나다 : 6.2백만명
베트남 : 6.0백만명
영국 : 5.5백만명

출처 : Alibaba.com 2017. 3월

위 그림은 Alibaba.com의 2017년 3월 바이어(Buyer) 분포도 입니다. 2016년 7월에는 바이어의 통계가 집계되지 않았지만, 유럽의 스페인, 프랑스, 우크라이나, 영국이 새로운 바이어가 급증하는 지역으로 이 지역에 수출 하고자 하는 기업에서는 Alibaba.com을 통해 큰 효과를 볼 수 있을 것입니다.

17개 다국어 사이트(영어 포함)

Alibaba.com은 영어를 포함하여 총 17개 언어로 상품 등록을 할 수 있습니다. 12개 언어는 일부 상품의 경우 자동 번역을 통해 등록되기도 해 오역이 많은 편입니다. 또한, 수출시장을 개척하고자 목표로 삼는 지역은 그 나라 언어로 등록할 경우 자동 번역되어 등재된 상품보다 상위 노출이 가능하므로 직접 번역해서 등록하는 것이 유리합니다. 5개 언어(태국어, 인도네시아어, 네덜란드어, 히브리어, 인도어)의 경우는 완전하게 자동 번역되어 상품 등록을 지원하고 있으므로 상품 등록시 언어를 선택해서 등록할 수 없습니다.

- 다국어 상품 등록의 경우, Alibaba.com은 중국어로 상품 등록 하는 것을 지원하지 않습니다. 이유를 문의하니, 중국어로 공급업체(Supplier)들이 상품 등록을 하게 되면, 모든 중국의 내수기업도 상품 등록을 할 수 있기에 혼란이 가중될 것이라는 답변을 받았습니다.

직접 등록해야 하는 12개 언어 사이트	별도로 등록할 필요가 없는 5개 언어 사이트
영어 : https://en.alibaba.com/ 일본어 : http://japanese.alibaba.com 스페인어 : http://spanish.alibaba.com 포루투갈어 : http://portuguese.alibaba.com 러시아어 : http://russian.alibaba.com 프랑스어 : http://french.alibaba.com 독일어 : http://german.alibaba.com 이탈리아어 : http://italian.alibaba.com 아랍어 : http://arabic.alibaba.com 한국어 : http://korean.alibaba.com 터키어 : http://turkish.alibaba.com 베트남어 : http://vietnamese.alibaba.com	태국어 : http://thai.alibaba.com 네덜란드어 : http://dutch.alibaba.com 인도네시아어 : http://indonesian.alibaba.com 히브리어 : http://hebrew.alibaba.com 인도어 : https://hindi.alibaba.com/

40개 산업군의 카테고리

Alibaba.com은 총 12개의 대분류와 38개의 중분류 카테고리를 채택하여 2018년 7월 현재 2억7천만 개의 상품이 등록되어 있습니다. Alibaba.com 의 교육수업을 진행하면서 수강생에게 필자가 항상 물어보는 질문 중 하나는 "Alibaba.com의 상품 종류가 많을까요? Amazon이나 e-Bay의 상품 종류가 많을까요?"입니다. 그리고, 다시 "제가 상품 종류의 갯수를 묻는 겁니다"라고 수강생들에게 환기시켜 줍니다. 이 질문은 B2B와 B2C를 명확하게 설명하기 위함인데, 수강생들은 망설임 없이 Amazon, e-Bay의 B2C 인터넷 쇼핑몰이라고 대답하는 경우가 많습니다. 아닙니다. Alibaba. com에 상품 종류가 더 많습니다. B2B의 경우는 일반적으로 B2C 쇼핑몰에서는 볼 수 없는 전문적인 생산 기계나 각종 원자재도 거래 가능하므로, 상품의 종류는 수출입에 특별한 규제가 없는 모든 상품이 전 세계에 등재되어 있다고 보면 됩니다.

2017년 중소기업진흥공단의 〈글로벌 온라인 B2B 플랫폼(Alibaba.com) 활용 지원 사업〉에서 1,000개 기업이 지원했을 때를 살펴보면 호이스트 상품, 화력발전소 터빈의 베어링 부품, 대형선박 엔진 부품, 철강 핫코일 상품 등의 기계 및 기계 부품, 원자재 등 특이한 상품들이 많이 있었습니다. 또한, 이 상품들은 일반 소비자에게 팔 수 있는 상품이 아니기에 B2C 쇼핑몰에서는 판매가 되지 않지만, B2B 쇼핑몰인 알리바바에서는 수출이 될 수 있는 상품입니다. 이렇게 많은 2억7천만 개의 상품이 등재됨으로써 Alibaba.com은 전 세계 바이어가 찾는 온라인마켓 핫플레이스가 되었고, 바이어가 많다 보니 자연스럽게 판매자가 회원가입을 해서 많은 상품을 등재하는 온라인 마켓플레이스로의 선순환 구조를 가지고 있는 것이 특징이라고 할 수 있습니다.

대분류 상품 카테고리

Agriculture & Food (농업 및 식품)	Apparel, Textiles & Accessories (의류, 섬유 및 액세서리)	Auto & Transportation (자동차 및 운송)	Bags, Shoes & Accessories (가방, 신발 및 액세서리)	Electronics (가전)	Electrical Equipment, Components & Telecoms (전기 기구, 부품, 텔레콤)
Gifts, Sports & Toys (선물, 스포츠 및 완구)	Health & Beauty (건강 및 미용)	Home, Lights & Construction (가정, 등기구 및 건설 자재)	Machinery, Industrial Parts & Tools (기계류, 산업부품 및 공구)	Metallurgy, Chemicals, Rubber & Plastics (금속류, 화학물, 고무 및 플라스틱)	Packaging, Advertising & Office (포장, 광고 및 사무용품)

전 세계 No. 1 B2B 플랫폼

Alibaba.com은 명실상부한 온라인 B2B 마켓플레이스로 수출입을 담당하는 국제 비즈니스 & 무역 카테고리의 세계 제일의 웹사이트이며, CNN, News Weekly 등을 포함하여 전 세계 400여 개의 유명 미디어에서 탑클래스 브랜드로 인정받고 있습니다.

04 ┃ Alibaba.com 방문자 지역별 분포도

아래 지도는 Alibaba.com의 방문자들을 지도에 표시한 것입니다. 초록색이 짙어질수록 방문자가 많은 지역입니다. 지도를 보면 아프리카의 일부 지역과 유럽의 일부 지역을 제외하고는 전 세계적으로 고르게 분포되어 있는 것을 확인할 수 있습니다.

출처: Alexa.com 2017. 2. 14일

출처: Alexa.com 2018. 7. 28일

다음은 100명이 Alibaba.com을 방문한다고 가정했을 때의 방문자 비율을 살펴보도록 하겠습니다. 2017년 2월 4일과 2018년 7월 28일 Alexa.com에서 조사한 자료입니다.

- Alexa.com(알렉사닷컴): 인터넷 사이트별 트래픽 조사기관으로 알렉사 툴바를 사용해 업계에서 가장 큰 표본집단을 확보하고 있습니다. 매월 전 세계 인터넷 사이트의 방문 횟수를 조사, 분석하여 제공하는 www.Alexa.com를 운영하고 있으며 검색 엔진과 웹 전화번호부, 사이트 정보 공급자입니다. 아마존(Amazon.com)의 계열사로 미국 캘리포니아에 본사를 두고 있습니다.

아래 표를 보면 Alibaba.com의 방문자는 중국이 월등히 많아 중국에 수출하기 위한 B2B 사이트로 오해하는 경우가 많습니다. 우리나라 정부기관이나 지방자치단체에 Alibaba.com 직원들과 방문하여 회의를 하다 보면 여러 관계자분들도 그렇게 오해하는 경우가 많았습니다. 하지만 위 통계는 총 방문자를 집계하였기에 방문자의 경우 공급업체와 바이어의 방문이 모두 포함된 내용이라 오해의 소지가 있습니다. B2C 인터넷 쇼핑몰에서 물품을 판매할 경우, 거의 모든 판매자는 매일 사이트를 방문해 실시간으로 주문사항이라든지 상품의 문의사항 및 고객 요청사항을 파악하지만 B2B 바이어의 경우는 매일 사이트를 방문하지 않는 경우가 많습니다.

Alibaba.com을 100명이 방문한다고 가정했을 때의 국가별 방문자 비율

2017년 2월 14일			2018년 7월 28일		
국가명	방문자 비율	국가 내 사이트 순위	국가명	방문자 비율	국가 내 사이트 순위
중국	14.0%	119위	중국	28.90%	75위
인도	7.3%	113위	미국	11.20%	348위
미국	6.6%	285위	인도	6.70%	250위
대한민국	2.6%	94위	일본	3.40%	409위
일본	2.6%	347위	러시아	1.80%	477위
멕시코	2.6%	84위	파키스탄	1.80%	91위
이집트	2.6%	81위	브라질	1.70%	432위
파키스탄	2.4%	43위	영국	1.60%	370위
브라질	2.1%	206위	터키	1.60%	245위
앙골라	1.9%	36위	독일	1.50%	514위
러시아	1.9%	240위	사우디아라비아	1.50%	126위
베네수엘라	1.6%	60위	대한민국	1.50%	355위

출처 : Alexa.com

즉, 공급업체가 중국에 상대적으로 많기에 중국에서의 방문자 비율이 높은 것으로 볼 수 있으며, 최근에 중국의 방문자 비율이 더욱 높아진 것은 중국의 유료회원(GGS: Global Gold Supplier)에게 거래 안심 보장서비스(Trade Assurance) 및 Wholesaler 기능을 이용하여 낱개의 샘플 상품도 판매할 수 있는 기능이 생겼기 때문입니다.

방문자 지역별 분포도 변화에 있어서 특징적이라 할 수 있는 것은 2015년 이후 Alibaba.com이 세계화(Globalization)를 추구하면서 전 세계 판매자 유료회원(GGS: Global Gold Supplier) 유치를 위한 파트너사가 늘면서, 이를 통해 전 세계적 인지도가 상승하는 효과가 나타났고 중국 방문자가 보다 증가한 것을 볼 수 있습니다.

매년 필자는 중국의 알리바바 본사를 방문하는데, 전 세계의 다양한 국가에서 Alibaba.com의 오프라인 행사에 참여하는 특별 게스트가 늘고 있는 것에도 놀랍지만, 행사가 커지면서 실내체육관 같은 대규모 행사장을 가득 메울 정도로 중국 각지에서 몰려오는 예비 판매자 및 중국 내 파트너사의 수에 더 놀라고 있습니다.

05 | Alibaba.com과 한국 주요 사이트의 비교

아래의 표는 한국 주요 사이트와 Alibaba.com의 방문자 수를 비교한 것입니다. 우리가 자주 접속하는 네이버(naver.com)나 다음(daum.net)의 포털 사이트에서는 검색도 가능하고, 메일 확인 및 동영상 시청, 카페나 블로그의 커뮤니티 방문 등의 다양한 컨텐츠 이용이 가능하여 많은 페이지뷰가 있는 것이 특징입니다. 하지만, Alibaba.com의 주요 컨텐츠는 영어로 설명되어 있는 수출을 위한 상품들입니다. Alexa.com 통계에 따르면 월간 예상 방문자 수에서 Alibaba.com이 전 세계 177위를 기록하고 있습니다. 이 177위라는 순위는 한국의 네이버보다는 뒤처지지만, 다음보다는 높은 순위를 가진 영향력 있는 사이트임을 보여줍니다.

한국의 주요 사이트와 Alibaba.com의 비교

사이트	글로벌 랭킹 순위	예상 고유 방문자 수	월간 예상 방문자 수	월간 예상 페이지뷰	방문자당 방문 횟수	방문자당 페이지뷰	방문자당 월간 페이지뷰
alibaba.com	177위	8,749,037명	17,457,646명	105,283,026	2.00회	6.03	12.03
naver.com	75위	3,134,263명	19,547,882명	99,078,780	6.24회	5.07	31.61
daum.net	220위	1,407,683명	9,455,992명	60,048,199	6.72회	6.35	42.66
nate.com	1079위	208,352명	1,478,365명	12,965,475	7.10회	8.77	62.23
gmarket.co.kr	605위	238,817명	751,356명	5,164,524	3.15회	6.87	21.63

06 | Alibaba.com과 다른 B2B 사이트 비교

Alibaba.com과 다른 B2B 사이트를 비교해 보겠습니다. Alibaba.com의 월간 예상 방문자 수는 Alexa.com 데이터를 기반으로 글로벌소시스닷컴(globalsources.com)과 비교하여 10배 정도 더 많은 방문자 수를 가지고 있으며, 월간 전체 페이지뷰의 차이는 16~17배 정도로 보여지고 있습니다. 또한, 전체 사이트 링크의 경우는 네이버에서 '시계' 라는 특정 상품을 검색했을 때 인터넷 쇼핑몰의 시계 상품 페이지가 검색되는 것과 같은 경우입니다. 이 사이트 링크가 많을수록 상품을 등록했을 때 더 많은 바이어들에게 보여질 수 있는 것입니다.

2017년 Alexa.com을 이용해서 비교했을 때와 차이점이라 할 수 있는 것은 ec21.com, ecplaza.net, buykorea.org, tradekorea.com 등의 한국 B2B 사이트들은 전체적으로 쇠퇴해 가는 것을 볼 수 있습니다. 이는 전체적으로 한국 시장규모의 한계로 인한 것으로 보여지며 브라질을 기반으로 하는 글로벌소시스닷컴(globalsources.com)의 경우도 마찬가지로 보입니다. 특징적인 것은 B2B 시장에 새롭게 등장하는 인도 기반의 사이트가 점점 발전 가능성을 보이는 것이라 할 수 있습니다.

Alibaba.com과 다른 B2B 사이트의 비교

사이트	해당 국가	월간 예상 방문자 수	월간 예상 페이지뷰	방문자당 페이지뷰	방문자당 월간 페이지뷰	전체 사이트 링크 수
alibaba.com	중국	17,457,646명	105,283,026명	6.03	12.03	49,791
globalsources.com	브라질	1,819,165명	6,268,811명	3.45	4.41	4,981
kompass.com	프랑스	1,436,207명	2,482,084명	1.73	3.73	2,050
gobizkorea.com	한국	1,084,289명	4,373,337명	4.03	6.66	832
ec21.com	한국	184,936명	1,017,739명	5.5	7.98	3,350
exportersindia.com	인도	161,139명	945,206명	5.87	12.96	1,837
tradeindia.com	인도	150,790명	472,176명	3.13	5.33	4,665

출처: Alexa.com 2018. 7. 28일

07 | Alibaba.com 회원 분석

아래의 분석을 보면 Alibaba.com의 경우 성별로는 여성보다 남성이, 교육 수준이 높은 편으로 대학원 졸업자 이상과 대학 재학생의 경우도 인터넷 평균보다는 많습니다. 또한, 가정에서 개인적으로 이용하는 경우가 회사나 학교에서 공개적으로 이용하는 경우보다 많고, 연령대별로는 경제활동을 영위하는 25~64세, 소득수준으로는 6만 달러 이내의 소득수준이 낮은 층으로, 자녀가 있는 경우가 이용이 많은 편입니다.

성별, 교육수준, 이용 장소, 연령대, 수입, 자녀 유무에 따른 분석

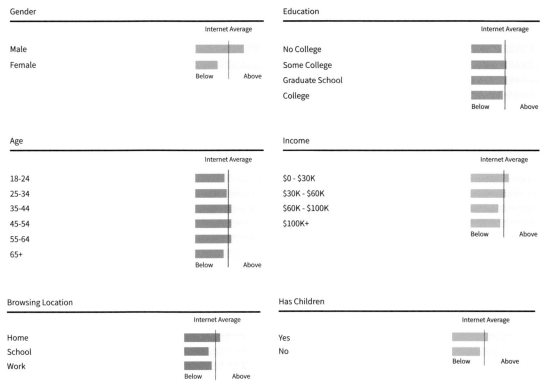

출처: Alexa.com 2018. 7. 28일

　　이상으로 봤을 때, Alibaba.com은 교육수준이 높고 경제활동을 영위하는 남성이, 자녀가 생기고 현재의 소득수준에 만족하지 못하여 가정에서 새로운 수출입을 통한 소규모 사업을 구상하기 위하여 사용하는 사이트로도 파악될 수 있습니다.

2 Alibaba.com에 대해 풀어야 할 8가지 오해

01 | Alibaba.com은 중국에 수출하기 위한 사이트다?

Alibaba.com의 파트너사가 된 이후 한국의 중소기업 관계기관이나 관련 단체를 알리바바 본사 직원들과 방문할 기회가 많았습니다. 미팅 전에 관계자들로부터 가장 많이 들었던 이야기는 "저희 ○○협회의 경우는 중국과 비교해 기술격차가 크지 않습니다. 따라서 중국에 수출할 상품이 많지 않아 Alibaba.com 이용 효과가 크지 않을 것 같습니다"라는 말이었습니다.

또한, 대학에서 교육프로그램 GET(Global e-Commerce Talent)를 진행하며 학생들에게 중소기업의 상품 중 수출할 상품을 찾아 Alibaba.com을 통해서 시장 분석과 수출 전략을 수립하는 과제를 내주면 간혹 중국만을 대상으로 판매할 상품을 찾는 학생들이 있습니다. 하지만 Alibaba.com은 전 세계를 대상으로 수출하기 위한 인터넷 플랫폼입니다. 다음의 지역별 바이어 분포도는 이러한 이해에 큰 도움이 될 것입니다.

바이어의 지역별 분포도(바이어 1억 명 기준)

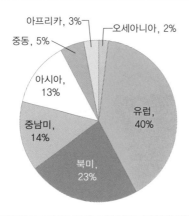

출처: Alibaba.com 2015. 7월

위 표에서 보듯 Alibaba.com을 이용하는 바이어들을 지역별로 분류했을 때 가장 많은 지역은 40%의 비율을 차지하는 유럽과 23%의 비율을 보이는 북미인 것을 알 수 있습니다.

Inquiry 발송 바이어별 국가 TOP 10(바이어 1억6천만 명 기준)

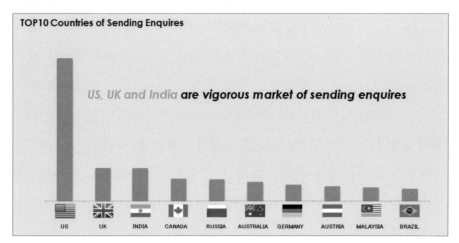

출처: Alibaba.com 2016. 7월

또한, Inquiry를 발송하는 바이어별 국가 순위를 보면 미국 바이어가 가장 많고, 그다음으로 영국, 인도, 캐나다 순인 것을 확인할 수 있습니다. Alibaba.com이 단순히 중국에 수출하기 위해서만 사용하는 인터넷 플랫폼이 아님을 명백히 확인할 수 있습니다.

순위	국가
1	미국
2	영국
3	인도
4	캐나다
5	러시아
6	호주
7	독일
8	오스트리아
9	말레이시아
10	브라질

출처 : Alibaba.com 2016. 7월

대체로 중국 바이어의 경우는 중국어 사용에 대한 선호도가 높고, 상품에 대한 Inquiry도 중국어로 발송하는 경우가 많은데 Alibaba.com의 다국어 사이트 중에는 중국어로 상품을 등록할 수 있는 사이트가 없습니다. 필자도 다국어 사이트 중에 왜 중국어 사이트가 없는지를 문의한 적이 있는데 알리바바 본사의 답변은 중국 공급업체의 숫자가 다른 나라에 비해 월등히 많아 중국어로 상품 등록이 가능하다면 거의 모든 중국 공급업체들이 상품을 등록할 것이고, 그럴 경우 중국어로 등록된 상품만 볼 수 있을 것이라는 답변을 받은 적이 있습니다.

02 | Alibaba.com은 가격이 높으면 안 팔린다?

"Alibaba.com은 인터넷으로 수출하는 사이트니까 바이어들의 가격 비교가 용이한 관계로 가격이 높으면 안 팔린다"고 생각하는 경우가 많습니다. 그래서, 한국상품은 중국 상품보다 가격이 비싸기 때문에 수출이 안

될거라고 미리 포기하는 경우도 많이 보게 됩니다. 상품의 가격은 바이어의 수입 의사 결정에 중요한 영향을 끼치는 요인 중의 하나이기는 합니다만, 구매에 있어서 가격만 중요하다면 자동차 중에서 가장 많이 팔리는 차종은 경차이어야 할 것입니다. 하지만, 현실은 1,600cc나 2,000cc급의 준중형 차량이 가장 많이 팔리듯 Alibaba.com에서도 마찬가지입니다.

즉, 바이어의 경우 자신이 판매할 시장의 소득수준에 따른 상품의 가격에 접근하는 것이 대부분입니다. 소비자는 무조건 가격이 싼 상품을 찾는 것이 아니라 소득 수준에 따른 소비를 하는 것이 일반적이듯 다소 비싼 한국상품도 분명히 Alibaba.com을 통해서 판매될 수 있습니다. 바이어들이 공통적으로 한국상품을 구매하는 이유는 미국, 일본, 독일 상품들에 비해 가격 경쟁력이 우수하고 품질도 높다는 점이고, 중국이나 동남아 상품보다는 가격이 비싸지만 품질 수준에서는 월등히 높다는 것입니다. 즉, 바이어들이 한국상품을 찾는 대표적인 이유는 가성비가 우수하다는 측면입니다. 그렇다 보니 Alibaba.com에서도 한국상품의 평가 이미지는 '중고가 프리미엄 상품'이라는 표현을 많이 합니다.

하지만, 주의해야 할 사항은 바이어들도 한국의 상품을 수입해 다시 수입국가에 유통해야 하고 해외에서도 한국의 쇼핑몰을 통해 직접 소비자 판매가격 및 유통 가격 조회가 가능하기 때문에 가격이 터무니없이 비싼 상품들은 수출되지 않습니다. 다음은 Alibaba.com을 통해 수출하는 한국 공급업체(Supplier)들의 주요 수출품목을 알아보도록 하겠습니다.

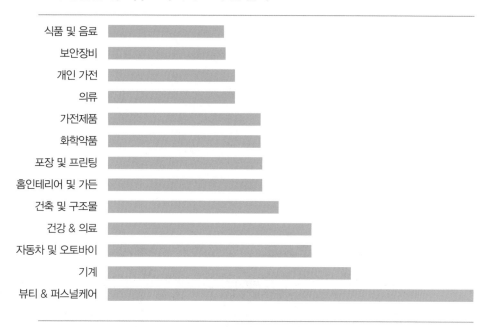

한국 공급업체(Supplier)의 주요 수출 품목

- 식품 및 음료
- 보안장비
- 개인 가전
- 의류
- 가전제품
- 화학약품
- 포장 및 프린팅
- 홈인테리어 및 가든
- 건축 및 구조물
- 건강 & 의료
- 자동차 및 오토바이
- 기계
- 뷰티 & 퍼스널케어

출처: Alibaba.com 2015년

한국 공급업체들이 수출하는 주요 품목 중 가장 많은 상품은 뷰티 & 퍼스널 케어 관련 상품입니다. 2016년까지 Alibaba.com의 국가관에서는 해당 국가별 바이어 검색이 많은 대표 키워드를 보여주었습니다. 그중 2016년 한국의 대표 키워드는 스킨케어(Skincare)였습니다.

2017년 중소기업진흥공단의 〈글로벌 온라인 B2B 플랫폼(Alibaba.com) 활용 지원 사업〉을 통해 지원한 1,000여 개 기업 중 40%가 넘는 기업들이 화장품업체였습니다. 그다음으로 전통적 강세를 보였던 부분은 기계, 자동차 및 오토바이, 그다음은 건강, 의료 관련 상품들이었습니다. 최근에는 전 세계적인 한류 열풍으로 인하여 식품 카테고리에서 전통적으로 강세를 보였던 인삼 관련 상품을 비롯해 김, 해초류, 건강보조식품도 많이 활성화되고 있습니다.

Alibaba.com은 B2B 플랫폼이다 보니 제조업체에서 사용해야 효과가 좋다는 얘기를 많이 합니다. 하지만, 중국 공급업체들의 Minisite를 보면 전체적으로 등재된 상품 수량과 취급하는 상품의 카테고리가 많은 것을 볼 수 있는데, 이로 미루어 수출 상품 중개업자들이 많이 사용한다는 것을 짐작할 수 있습니다.

Minisite

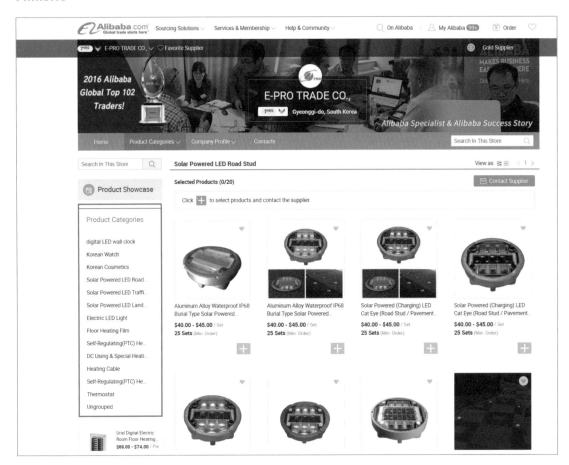

옆의 이미지는 Minisite로 붉은 박스 부분은 현재 판매중인 상품의 카테고리입니다. 바이어가 상품을 구매할 때에는 한 상품만을 구매하기 위해 한 업체만 컨택하는 경우는 극히 드뭅니다. 바이어는 여러 업체의 상품일지라도 동시에 많은 상품을 가지고 있는 공급업체를 골라 수입하는 경우들이 많기 때문에 다양한 상품을 갖추고 있는 업체들을 선호합니다. 또한, 제조업체와 거래할 경우 최소 주문 수량(MOQ: Minimum Order Quantity)이 부담되는 경우가 있는데, 철강, 식품업체 등이 대표적이라 할 수 있습니다. 2017년 중소기업진흥공단의 〈글로벌 온라인 B2B 플랫폼(Alibaba.com) 활용 지원 사업〉을 통해 지원한 1,000여 개 기업 중 철강업체들을 보면 통상 금속, 비철금속을 전문으로 아연부터 구리, 알루미늄 식으로 전체를 동시에 진행, 바이어들에게 제안한 경우가 있었습니다.

단일품목을 가진 경우의 수출보다는 다양한 품목을 가진 수출 중개업자들이 오히려 유리할 수도 있다는 것이 Alibaba.com의 특징이라고 보면 됩니다. 가격 측면의 부분은 어느 정도 제조업자보다는 높아지겠지만 다양한 상품 비치로 바이어들에게 접근할 수 있는 방법도 있기 때문에 수출 중개업자도 분명히 효과를 볼 수 있는 사이트입니다.

04 | Alibaba.com은 빅 바이어(Big Buyer)가 없다?

"Alibaba.com은 인터넷 쇼핑몰이기 때문에 빅 바이어가 없다"라고 생각할 수 있습니다. 하지만, 전 세계적으로 Alibaba.com을 이용하는 바이어 숫자는 2억6천만 명 이상입니다. 전 세계 2억6천만 명 중 제약회사, 정부 조달 상품을 판매하는 업체 등 충분한 구매능력을 갖춘 바이어도 있습니다.

바이어들의 경우 신상품의 정보를 얻거나 다양한 전 세계 시장의 동향을 파악하기 위해 오는 경우들도 많기 때문에 분명히 빅 바이어들이 있고, 정부 조달 상품도 수출 가능함을 말씀드리고 싶습니다.

필자가 판매중인 태양광 도로표지병

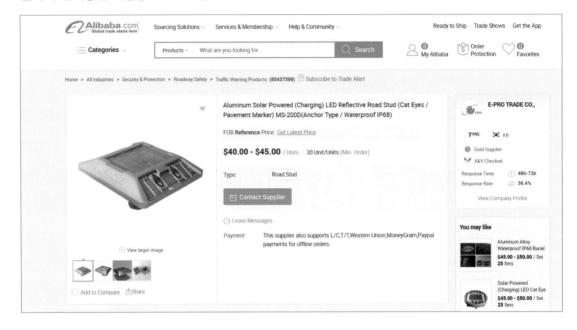

사례 필자는 2013년부터 태양광으로 전기에너지를 생산해 배터리에 충전하고 밤에는 LED 조명으로 도로의 중앙 차선이나 차선 분리를 표시하는 태양광 LED 도로표지병을 판매했었는데, 사우디아라비아에서 조달 상품으로 공급하기도 하여 2014년부터 2017년도까지 수출했었습니다. "중소기업의 경우 단일 수출 면장으로 해외에서 10만 달러 이상의 주문을 받는다"고 하면 매우 큰 매출일 것입니다. 2010년에는 전기 난방 자재를 터키에 수출하여 14만8천 달러의 면장을 발행하기도 했고, 2015년 22만8천 달러, 2016년 13만6천 달러, 2017년 16만5천 달러의 단일 면장을 발행했습니다.

Alibaba를 통해 발행한 사우디아라비아 바이어의 수출 면장

USD 1,148.8
USD 1,148.8

수출신고필증(적재전, 갑지)

UNI-PASS

※ 처리기간 : 즉시

① 신고자	⑤ 신고번호	⑥ 세관.과 130-10	⑦ 신고일자 2016-04-08	⑧ 신고구분 H 일반P/L신고	C/S구분 A

② 수출대행자 (통관고유부호)	수출자구분 A	⑫ 거래구분 11 일반형태	⑬ 종류 A 일반수출	⑯ 결제방법 TT 단순송금방식

수 출 화 주
(통관고유부호) :   -1-00-1-01-7

⑭ 목적국 SA SAUDI-A	⑮ 적재항 ICN 인천공항	⑰ 선박회사 (항공사)

⑱ 선박명(항공편명) | ⑲ 출항예정일자 | ⑳ 적재예정보세구역 04099999

㉑ 운송형태 40   ETC | ㉒ 검사희망일 2016/04/08

㉓ 물품소재지 07531

③ 제 조 자 (통관고유부호)	㉔ L/C번호	㉕ 물품상태 N

제조장소 07531   산업단지부호 999

㉖ 사전임시개청통보여부 N | ㉗ 반송 사유

④ 구 매 자
(구매자부호) SAABDULL0153N

㉘ 환급신청인 2   (1:수출대행자/수출화주, 2:제조자)
자동간이정액환급 NO

● 품명·규격   (란번호/총란수 :   001/001)
⑤ 품 명   SOLAR POWERED ROAD STUD
⑥ 거래품명 SOLAR POWERED ROAD STUD   ⑦ 상표명

⑧ 모델·규격		㉝ 성분	㉞ 수량(단위)	㉟ 단가(USD)	㊱ 금액(USD)
	1 란 을지	계속			
㊳ 세번부호 8530.80-0000	㊴ 순중량 2,625.0 (KG)	㊵ 수량	5,000 (U)	㊶ 신고가격(FOB)	$127,500 W146,472,000
㊷ 송품장부호 MI-160407-1	㊸ 수입신고번호	㊹ 원산지 KR---N		㊺ 포장갯수(종류)	125(CT)
㊻ 수출요건확인 (발급서류명)					
㊼ 총중량 2,875.0 (KG)	㊽ 총포장갯수 125(CT)		㊾ 총신고가격 (FOB)		$127,500 W 146,472,000
㊿ 운임(W) 9,247,840	보험료(W) 0		결제금액 CFR-USD-135,550.00		
수입화물 관리번호			컨테이너번호		N

※신고인기재란	세관기재란
	ANYANG CUSTOMS 안양 세관 THE REPUBLIC OF KOREA

운송(신고)인			적재의무기한 2016/09/05	담당자	신고수리일자 2016/04/08
기간 부터 까지					Page : 1/2

발 행 번 호 : 2016482287015(2016.09.05)
(1) 수출신고수리일로부터 30일내에 적재하지 아니한 때에는 수출신고수리가 취소됨과 아울러 과태료가 부과될 수 있으므로 적재사실을 확인하시기 바랍니다.
(관세법 제251조, 제277조) 또한 휴대탁송 반출시에는 반드시 출국심사(부두초소,공항) 세관공무원에게 제시하여 확인을 받으시기 바랍니다.
(2) 수출신고필증의 진위여부는 관세청 인터넷통관포탈에 조회하여 확인하시기 바랍니다.(http://unipass.customs.go.kr)

상품 검색 시 첫 페이지

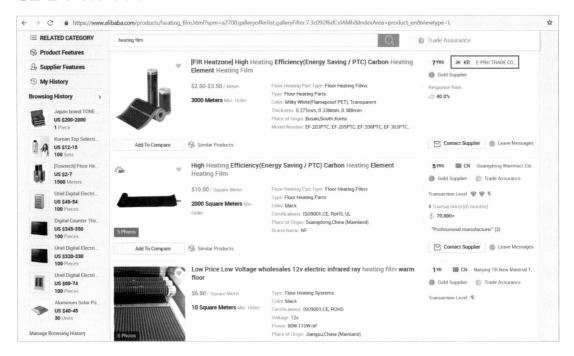

위 이미지는 상품 검색 시 첫 페이지입니다. 붉은 박스 부분에서 공급업체와 공급업체의 국가 확인이 가능합니다. 앞에서 살펴본 바와 같이 Alibaba.com은 세계의 공장을 자처하는 중국에서 시작한 사이트이고, 또 중국의 판매자들이 가장 많기에 중국 상품을 가장 많이 볼 수 있습니다. 또한, 중국의 경우는 노출 순위에서 우선권을 가지는 고가의 회원제인 프리미엄 패키지(Premium Package)를 이용하는 경우가 많고, 검색어 광고(Keyword Advertising)를 사용하는 경우도 많기 때문에 어떤 상품을 찾더라도 중국 상품이 첫 페이지에 노출될 확률이 가장 높습니다.

그리고, Alibaba.com에서는 어떠한 상품을 검색어로 찾을 경우 첫 페이지에 50개 상품이 노출되는데, 현재는 광고 상품이 최대 6개까지만 노출되도록 하고 있습니다. 나머지 상품 랭킹 44개의 상품은 2014. 9월 최초 공표한 Alibaba.com의 상품 랭킹 정책의 알고리즘에 따라 상품 등록 품질이 높거나 상품 정보가 바이어들이 선호하는 상품 순으로 올라가게 됩니다.

사례 필자는 2010년, 전기 난방 자재인 난방 필름을 만드는 중소기업 상품을 Alibaba.com에 등록하였습니다. 필자가 상품을 등록하기 전 회사의 상품 상세설명은 "If you have interest in our products, Please leave your message"라는 간단한 내용이었는데, 1주일간의 분석 후 상품 상세설명을 좀더 쓰고 다시 알차게 등록하여 검색 시 첫 페이지에 노출되도록 노력하였더니, 1년간 35건의 Inquiry를 받던 상품을 불과 1개월 만에 150건에 가까운 Inquiry를 받는 인기 상품으로 만들었던 적이 있습니다. 그 후 동일 상품을 취급하는 한국의 다른 회사들에게도 위와 같이 상품을 등록해 주었고, 현재까지도 'heating film'으로 검색하면 많은 한국 상품을 Alibaba.com의 첫 페이지에서 볼 수 있습니다. 50개 상품 노출 중 한국업체가 최소 10개 이상은 올라가 있습니다. 여러분들의 상품도 충실하게 상품 등록하고, 성실하게 관리하면 충분히 첫 페이지에 노출될 수 있고 큰 성과를 볼 수 있습니다.

사례 필자는 2014년 Alibaba.com의 유료회원을 갱신하던 중, Phishing 메일을 잘못 열어, Alibaba.com의 ID와 패스워드 계정을 도난당해 2011년부터 등록했던 265개 정도의 상품 중 3개의 상품을 제외한 모든 상품이 삭제됐던 경험이 있습니다. Alibaba.com 서비스 매니저에게 통보,

시스템 팀 도움으로 모든 상품을 복구하였지만, 1주일간 기존의 노출 위치를 찾아오지 못했습니다. 그래서 2개월간 42개 검색어를 사용하여 280여 개 정도의 모든 상품을 재등록하며 상품 설명에 더 신경을 써서 변화를 주었더니 그중 18개 검색어에서 첫 페이지 노출을 했었고, 약 75건의 Inquiry를 받은 적도 있습니다. 오히려 전화위복이 되었던 것입니다.

Tip

상품 등록 시 1번 키워드는 첫 페이지 노출 확률이 있는 키워드를 …

검색 시 첫 페이지 노출을 위한 팁을 하나 드리겠습니다. Alibaba.com에서는 3개 검색어 (2019. 3월 Alibaba.com 시스템 변경으로 검색어는 상품명과 마찬가지로 띄어쓰기 128 자까지 사용이 가능하도록 변경되었음)의 사용이 가능합니다. 대부분의 Alibaba.com 사용자들은 검색 빈도가 높은 대형 검색어에만 집중하는 경우가 많습니다. 하지만, 내 상품이 정확하게 노출될 수 있는 검색어를 선택해서 첫 번째 검색어로 넣고, 집중적으로 관리하여, 첫 페이지에 노출하고, 바이어로부터 Inquiry를 받고, 많은 클릭을 받는 등의 성과를 얻는다면, 2~3번 사용되는 다른 대형 검색어에도 영향을 끼치게 되므로, 노출 순위가 상승하는 효과를 얻을 수 있습니다. 그 이후 두 번째 사용하던 키워드를 첫 번째 키워드로 변경해서 등록하게 되면 두 번째 사용했던 키워드의 상품 검색 결과에서도 첫 페이지에 올릴 수 있고, 바이어의 검색 빈도가 많은 대형 키워드에서도 첫 페이지 노출을 할 수 있습니다. 즉, 용의 꼬리가 되기보다는 뱀의 머리가 될 수 있는 방법을 찾는 게 효과가 있습니다.

06 | Alibaba.com은 스팸 메일(Spam Mail)이 많다?

필자도 Alibaba.com에서 오는 스팸 메일을 많이 받습니다. 하지만, 여러분이 사용하는 업무용 이메일에도 스팸 메일이나 광고 메일은 많이 옵니다. 수출 전시회에 참가해 지나가면서 가격을 물어보거나, 호기심에 "무슨 상품이에요?" 하고 물어보는 경우가 있듯 판매를 위해 상품을 전시해 놓으면 문의가 옵니다. 묻는 사람이 많은 것은 좋은 것입니다. 스팸 메일도 그 중 하나로 보면 됩니다. 그런데 스팸 메일을 많이 받는 경우의 특징을 보면 상품 등록 충실도가 부족하거나, 계정관리가 안 된 경우가 많습니다. 그렇기 때문에 같은 상품을 취급하는 외국 업체로부터 "우리 상품을 팔아보는 게 어떻겠느냐"는 메일을 받는 경우도 많습니다. 상품 등록의 완성도나, 회사 프로필의 완성도가 높은 경우는 스팸 메일의 빈도도 많이 줄어들게 됩니다.

07 | RFQ는 상품 등록이 부실해도 매출로 연결된다?

Alibaba.com의 대표적인 기능 중 하나가 RFQ(http://sourcing.alibaba.com)라는 기능입니다. RFQ는 Request For Quotation의 약자로, 바이어의 견적 요청이라 할 수 있습니다. 바이어가 특정 상품 구매 의사를 구매 수량, 상품 사양, 거래 조건 등으로 정리하여 Alibaba.com에 포스팅하면, 그와 유사한 상품을 취급하는 공급업체에서 최대한 10개의 견적을 선착순으로 받아볼 수 있는 제도입니다.

RFQ는 바이어가 실질적으로 구매 의사를 게시하는 경우가 많습니다. 그렇다 보니 많은 공급업체들의 상품 등록이 부실하더라도 RFQ만 집중적으로 사용하면 빠른 매출 효과를 볼 수 있겠다고 생각하는 경우도 많습니다. 하지만, Alibaba.com은 인터넷 쇼핑몰입니다. 바이어들이 RFQ를 통해 공급업체의 견적을 받더라도, 바이어 측면에서는 견적을 준 공급업체의 Minisite를 통해 무슨 상품을 팔고 있는지, 제조업체인지 유통업체인

RFQ(Request For Quotation)

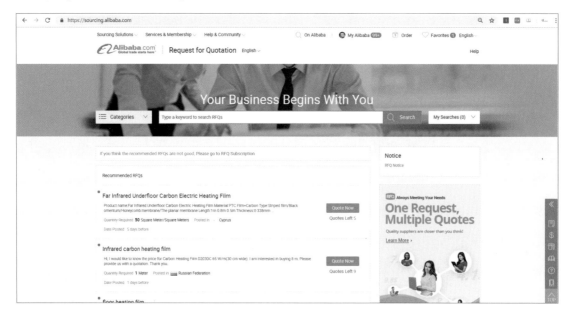

지부터 다시 확인할 확률이 높습니다.

실제로도 바이어에게 RFQ의 답변을 주게 되면, 바이어들 중에는 견적을 확인하고 발신 계정으로 접속해 관심 있는 상품을 찾아 다시 상품에 대한 Inquiry를 주는 경우가 많습니다. 또한, 상품 등록이 부실할 경우 RFQ에 집중해서 바이어에게 견적을 제공하더라도 Alibaba.com의 견적 검수 시 거절 확률도 높아질 수 있습니다. RFQ에서 좋은 효과를 보기 위해서는 충실한 회사 정보, 상품 등록이 필수 요소입니다.

"Alibaba.com의 연간 회원료는 비쌉니다. 그래서 전자 무역 시작은 해야 하는데, 공부 좀 하고 대체로 기능 좀 익히고 나중에 사용하겠습니다"라고 말하는 많은 중소기업 관계자들을 보게 됩니다. 사실, 인터넷 쇼핑몰은 별도의 교재가 있을 수 없습니다. 직접 부딪혀서 손으로 느껴보면서 기능들을 익혀가며 깨달아가고 수정하는 과정들을 거쳐야 효과를 볼 수 있습니다. G마켓, 옥션, 11번가 등의 국내 오픈마켓의 경우 언어에 대한 부담이 없기 때문에 쉽게 접근해서 바로 상품 등록하고, '이 상품 팔리겠다'고 생각하며 시작하는 사람들은 많습니다. 하지만, B2C 쇼핑몰의 경우 상품이 판매될 때마다 판매 수수료도 나가고, 상품 노출을 위한 광고비도 지출하게 되는 경우가 많습니다. 그렇기에 국내 B2C 쇼핑몰을 처음 시작하는 업체의 경우 인터넷 상점이 제 위치를 잡아가기까지 많은 금액의 광고비를 지불하는 것을 자주 보게 됩니다.

하지만, Alibaba.com은 1년 연간 회원료로 스탠다드 패키지(Standard Package) 2,999달러, 프리미엄 패키지(Premium Package) 5,999달러를 결제하면 별도의 판매 수수료가 없는 것이 특징입니다. 사실, Alibaba.com은 바이어와 공급자를 연결하는 중개사이트이고, 실질적으로 바이어가 직접 결제할 수 있는 방법이 없기 때문에 Alibaba.com에서는 수수료를 요구할 수 없습니다. "연간회원료 2,999달러를 한 번에 결제해야 한다면 금액 자체가 굉장히 부담스럽다"라고 하는 분들도 많지만, 연간 회원료 자체가 회사에서 바이어 유치를 위해 사용하는 광고비라고 생각한다면 330~350만원 정도의 비용은 그리 큰 금액은 아닐 것입니다.

CHAPTER 2

Alibaba.com의
무료회원 가입 &
유료회원 전환에 대하여

이 장에서는 Alibaba.com의 회원 종류 및 특징, 무료회원 가입 방법과 유료회원으로 전환하는
방법, 유료회원으로 전환 시 사용 가능한 기능과 종류, 인증과 확인에 대해 설명하겠습니다.

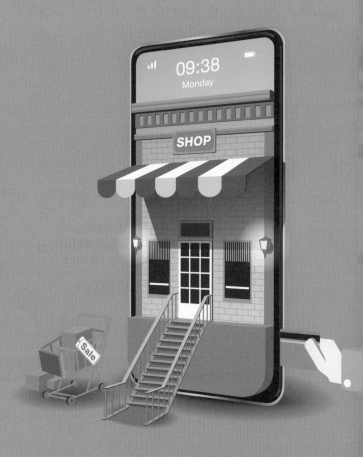

1 Alibaba.com의 무료회원 가입

Alibaba.com의 무료회원 가입 방법에 대하여 알아보도록 하겠습니다.

메인화면의 Sign In | Join Free

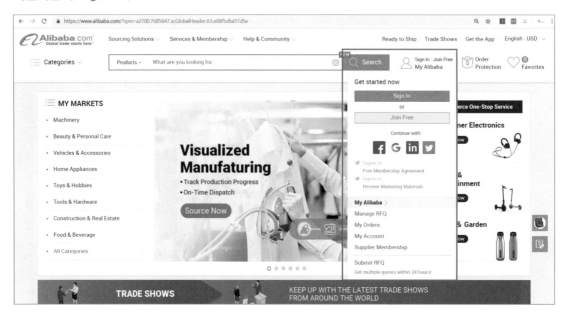

Alibaba.com 메인화면에서 검색창의 Search 버튼 우측의 Sign In | Join Free를 클릭하면 밑으로 활성화되면서 Join Free라는 버튼을 볼 수 있습니다. Join Free를 클릭하면 Verification 화면으로 이동합니다.

Verification 화면

Verification으로 이동 후 가입하고자 하는 이메일 주소를 입력하고, 보안문자 확인 후 보안문자 아래에 보이는 첫 번째 메시지 왼쪽에 체크박스를 해준 후 Next를 클릭해 줍니다.

❶ 보안문자 아래에 보이는 메시지는 아래와 같습니다.
- Upon creating my account, I agree to:
  내 계정을 생성함에 있어, 나는 동의합니다.
- The Alibaba.com User Agreement
  Alibaba.com의 사용자 계약
- Receive emails related to Alibaba.com membership and services
  Alibaba.com 멤버십 및 서비스와 관련한 이메일을 받음

- 이메일 계정 중 지메일(gmail)의 경우, 중국은 google.com의 접속을 제한하기 때문에 중국 출장 중 alibaba.com 로그인이 불가능합니다.

Verification 입력 후 메일 확인

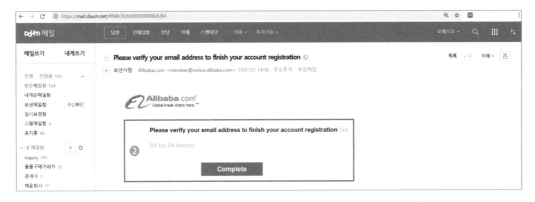

❷ Verification에서 Next 버튼을 클릭하면 기재한 이메일 주소로 위와 같은 Alibaba.com 메일이 오고, 이를 확인 후, Complete 버튼을 클릭합니다.

Information 입력

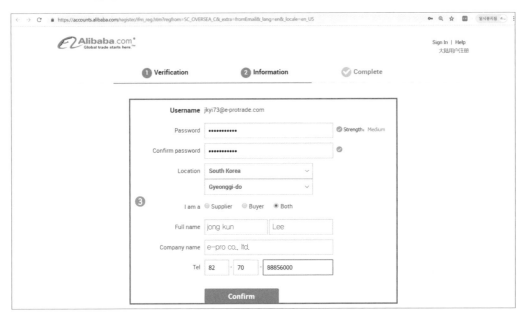

❸ 다시 Alibaba.com의 회원가입으로 돌아와, Password(패스워드)와 Confirm password(패스워드의 확인)을 입력합니다. 그리고, 한국은 South Korea로 표기되니 Location(지역) 선택은 South Korea로 하고, 시/도까지 선택하면 됩니다. 그 후 Alibaba.com을 Supplier(공급업체)로 사용하려 하는지, Buyer(바이어)로 사용하려 하는지, 아니면 둘 다 사용하려 하는지를 선택하면 됩니다. 그 후 이름 입력, 자신이 사용하는 영어 이름이 있으면 사용해도 무방합니다. 그리고, 회사 이름, 전화번호나 본인의 휴대폰 번호를 입력하고, 위 내용이 모두 입력됐다면 마지막으로 Confirm(확인) 버튼을 클릭하기 바랍니다.

무료회원 가입 완료 메시지

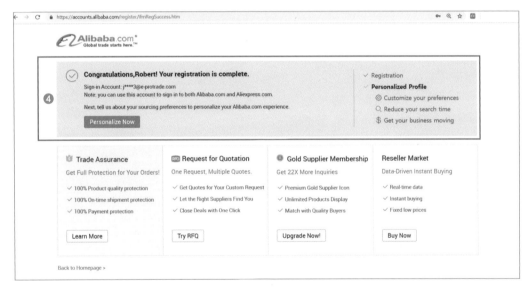

❹ 가입완료가 되면 아래 메시지를 볼 수 있습니다. 메시지 내용은 다음과 같습니다.

• Congratulations! Your registration is complete.

축하합니다. 당신의 가입이 끝났습니다.

- Sign-in Account: 가입할 때 사용한 이메일 계정

- Sign-in 계정: 가입을 위해 넣은 이메일 계정

- Note: you can use this account to sign in to both Alibaba.com and Aliexpress.com

  알림: 당신은 이 계정으로 Alibaba.com과 Aliexpress.com의 두 사이트에 로그인할 수 있습니다.

2 Alibaba.com의 회원 종류 및 특징

아래 표는 Alibaba.com의 회원 종류와 그에 따른 기능을 설명한 것입니다. 용어부터 설명하도록 하겠습니다.

회원 종류 및 혜택

분류	유료회원 (GGS: Global Gold Supplier)		무료회원
	프리미엄 패키지 (Premium Package)	스탠다드 패키지 (Standard Package)	바이어나 Alibaba.com의 사용을 고려하는 공급업체
❶ 상품노출의 우선권 (Priority Ranking)	1st	2nd	4th
❷ 상품 등록 가능 수량 (Product Posting)	무제한	무제한	50
❸ 상품 쇼케이스 (Product Showcases)	28개	12개	0

❹ RFQ 사용(Ability to Quote Buying Requests)	가능	가능	–
❺ Alibaba.com의 확인 아이콘 (Verified Icon)	Y	Y	–
❻ Minisite의 구성 (Customized Website)	Y	Y	–
❼ 맞춤형 고객 서비스 (Personalized Customer Service)	Y	–	–
❽ 이미지 뱅크 사이즈 제공 (Photos)	5GB	3GB	10MB
❾ 보조 계정의 사용 (Sub-accounts)	5	5	–
❿ 통계기능–방문자 상세 정보 (Analytics)	Y	Y	–
❿-1 통계기능–나의 실적 (Analytics)	Y	Y	–
❿-2 통계기능–산업 분석 (Analytics)	Y	Y	–
연간회원료	5,999달러	2,999달러	FREE

❶ 상품 노출의 우선권(Priority Ranking)

상품 노출의 순위는 같은 품질로 등록될 경우, 프리미엄 패키지 (Premium Package)를 이용하는 공급업체의 상품이 우선으로 노출되고, 스탠다드 패키지(Standard Package) 고객이 두 번째, 무료회원의 등록 상품이 가장 마지막으로 노출됩니다.

❷ 상품 등록 가능 수량(Product Posting)

Alibaba.com의 유료회원은 기본 언어인 영어로 등록할 경우 상품 등록 수량의 제약이 없습니다. 단, 다국어의 경우 한 개의 다국어에 600개까지 상품 등록이 가능합니다.

❸ 상품 쇼케이스(Product Showcases)

유료회원의 계정에 지급되는 등록 상품의 우선 노출 전시 권리 쿠폰으로 이해하면 됩니다. 유료회원의 계정에 등록된 상품 중 선택하여 Alibaba.com 내에 우선 노출을 요청할 수 있는 권리이고, 주어진 수량 안에서 쇼케이스 전시 상품을 바꿀 수도 있으며, 유료회원 가입 후 필요에 따라 추가 구매도 가능합니다.

❹ RFQ 사용(Ability to Quote Buying Requests)

바이어가 구체적으로 수입을 희망하는 상품의 수량, 사양 및 구매 조건들을 Alibaba.com에 올리면, 10곳의 공급업체에서 선착순으로 견적(Quotation)을 제공하는 기능입니다. 공급업체 측면에서는 Alibaba.com의 유료회원이 되면, 하루 최대 5개까지 바이어가 올린 RFQ를 확인해서 견적을 제공할 수 있습니다. RFQ를 처음 사용한 달에는 최대 20개까지 바이어가 포스팅한 RFQ에 견적을 제공할 수 있으며, Alibaba.com에서 정한 룰에 따라 0~1,000점까지 부여되는 점수별로 최대 65개까지의 RFQ에 견적을 제공할 수 있습니다.

❺ Alibaba.com의 확인 아이콘(Verified Icon)

유료회원을 신청한 후 제 3자 인증 서비스인 인증과 확인(A&V: Authentication & Verification) 절차를 거친 후에 실제로 공급업체 국가에 정상적으로 사업자등록이 되있고, 연락이 가능한 믿을 만한 업체임을 확인하였음을 증명하여 부여하는 마크입니다.

Alibaba.com의 확인 아이콘(Verified Icon)

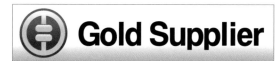

❻ Shop의 구성(Customized Website)

Alibaba.com에서 제공하는 Shop이라는 공간으로 바이어는 이 Shop에서 공급업체의 상품 전체를 볼 수 있으며, 공급업체 프로필, 연락처 및 담당자 등의 컨택 정보를 확인할 수 있습니다.(2019. 3월, Alibaba.com의 시스템 리뉴얼 이전 Minisite라는 명칭에서 Shop으로 변경되었음)

❼ 맞춤형 고객 서비스(Personalized Customer Service)

프리미엄 패키지(Premium Package) 이용 고객에게만 해당되는 사항으로 3가지 우선권이 부여됩니다. ▶ 유료회원 시에 거치게 되는 인증과 확인(A&V)의 우선권 부여, ▶ Alibaba.com의 서비스 매니저 지점을 통한 맨투맨 상담 서비스, ▶ Alibaba.com의 프로모션 진행 시 우선권 부여가 있습니다.

❽ 이미지 뱅크(Photos) 사이즈 제공

공급업체에서 자주 쓰는 사진을 저장하기 위해서 공급되는 공간으로 스탠다드 패키지(Standard Package)는 3GB, 프리미엄 패키지(Premium Package)는 5GB의 용량이 제공됩니다.(2019. 3월, Alibaba.com의 시스템 리뉴얼 이전 Photo Bank라는 명칭에서 Photos로 변경되었음)

❾ 보조 계정의 사용(Sub-accounts)

보조 계정은 메인 ID로 접속할 수 있는 주 계정(Admin) 외에 5개까지 이용 가능하며 주로 다른 업무영역을 가진 직원들에게 배포할 수 있습니다. 보조 계정은 3가지 기능으로 분류, ▶ 상품을 등록, 관리하고 검색어 광고(Keyword Advertising) 등을 수행할 수 있는 Sales Assistant, ▶ 상품의 문의 Inquiry에 답변을 줄 수 있는 Sales Representative, ▶ 상품 등록 관리는 물론, 상품의 Inquiry에도 답변을 줄 수 있는 Sales Manager 입니다. 주 계정(Admin)에서는 보조 계정을 생성할 수 있을 뿐 아니라, 상품 및 Inquiry를 다른 하위 계정에 할당할 수 있고, 각 보조 계정(Sub-Accounts)의 실적을 모니터링 할 수 있습니다

❿ 통계 기능(Analytics)

- Star Ratings: Alibaba.com 사용자의 상품 등록 품질 및 Shop을 통한 바이어의 Inquiry 전환율, Inquiry와 비즈니스 기회의 획득 등을 체크하여 3개의 별점으로 표시해 줍니다.

- Performance Overview: 사용자가 등록한 상품을 바이어가 검색하여 보여진 횟수, 클릭률, 바이어가 내 상품 및 Shop을 방문한 횟수, 수취한 Inquiry를 보여줍니다.

- My Shop: 내가 등록한 전체 상품 및 회사 프로필, 회사의 컨택 정보 등을 확인할 수 있는 Shop 운영의 효율을 분석할 수 있습니다.

- My Products: 내가 등록한 상품별로 바이어가 검색해서 본 횟수, 클릭률, Inquiry를 보낸 횟수를 체크할 수 있습니다.

- My Keywords: Alibaba.com에 상품 등록을 하면서 자신이 사용한 키워드의 효용성을 체크할 수 있습니다.

- My Sub Accounts: 직원들에게 부여한 보조 계정(Sub Accounts)의 효율을 체크할 수 있습니다.

- Visitor Details: 내 상품이나 내 Shop을 방문해서 바이어가 머문 시간 및 바이어의 행동을 분석할 수 있습니다.

- Recommend RFQs: 내 상품과 관계된 전체적인 RFQ의 게시 건수, 다른

공급업체에서의 이용 내용을 보여줍니다.

- Trending Keywords: 내가 사용하는 키워드를 사용하는 Alibaba.com 내의 다른 공급업체의 수와 그중에서 Showcase를 이용하는 상품의 숫자, 기간 별로 검색 빈도를 보여줍니다. (2019. 3월, Alibaba.com의 시스템 리뉴얼 이전 Hot Keywords라는 명칭에서 Trending Keyword로 변경되었음)

Analytics의 데이터는 실시간으로 업데이트되며, 전월, 전주, 전일의 통계 데이터를 보여줍니다.(2019. 3월, Alibaba.com의 시스템 리뉴얼 이전 Biz-Trends라는 명칭에서 Analytics로 변경되었음)

- Standard Package 하부에 Basic Package도 존재하지만 한국의 공급업체는 이용 불가능하며, Standard Package와 Basic Package의 차이점은 이용할 수 있는 Product Showcase 가 5개이며, Photos 용량이 1GB가 주어지며, 연간회원료는 1,399달러입니다.

02 | Alibaba.com의 무료회원 기능 및 유료회원의 전환

예전에는 무료회원도 상품을 50개까지 등록하고, 비록 유료회원보다 상품 노출이 되지 않더라도 바이어로부터 Inquiry를 받아 수출이 가능했습니다. 하지만, 2017년 상반기 중 무료회원 상품 등록은 그대로 50개까지 가능하지만, 바이어로부터 Inquiry를 받아도 Inquiry의 내용을 확인할 수 없고, Inquiry를 보낸 바이어의 컨택 정보도 확인할 수 없어 실제로 무료회원이 Alibaba.com을 통해 수출할 수 있는 방법이 없어졌습니다.

다음은 Alibaba.com의 무료회원 계정에서 받은 Inquiry를 확인하는 화면입니다. 유료회원(Global Gold Suppler)으로 전환하려면, 화면에서

Upgrade to View Detail을 클릭, 회원 비용 결제 화면으로 넘깁니다. 물론, 이 화면에서도 회원비 결제가 가능하지만, 더 좋은 방법은 무료회원 가입 후 한국에 있는 필자의 회사 ㈜이프로 같은 파트너사(Channel Partner)에 전화하여, 무료회원 가입 ID를 알려준 후 유료회원 가입 상담을 하면 됩니다. 필자의 회사를 포함, 파트너사들은 유료회원에게 교육 및 컨설팅을 의무적으로 서비스하게 되어 있습니다. 파트너사는 비정기적이긴 하지만 유료회원 비용의 할인도 제공할 수 있습니다. 하지만 주의해야 할 사항은 한번 파트너사가 정해지면 바꾸기 어렵다는 점도 염두에 두기 바랍니다.

유료회원 비용의 결제는 비자(Visa), 마스터 카드(Master Card)의 신용카드 결제와 직접 송금 방법이 있습니다. 신용카드 결제의 경우 5분 이내로 확인이 가능하고, 파트너사로부터 인보이스를 받아 은행을 통해 송금한 경우에는 확인까지 약 2~3일 소요되며, 해외 송금 수수료가 발생합니다.

무료회원의 Inquiry

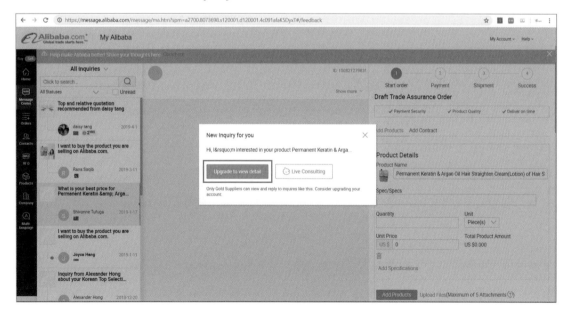

인증과 확인(A&V: Authentication & Verification)은 Alibaba.com의 B2B 사이트 내에서 공급업체 회사의 지위 및 지정된 담당자의 유효성을 입증하는 과정으로 유료회원제(Gold Supplier Membership)의 중요한 구성 요소입니다. 일반적으로 인증과 확인(A&V)을 완료하는 데는 1~2주가 소요되지만, 공급업체가 제공하는 정보 또는 문서가 불완전하거나 관련 공식 기록과 일치하지 않을 경우에는 더 오래 소요될 수 있습니다.

인증과 확인(A&V)은 Alibaba.com에서 제 3자를 인증하는 서비스입니다. 인증(Authentication)은 공급업체 회사가 해당 국가의 세무 당국에 합법적으로 등록되어 운영되고 있는지를 확인하는 절차입니다. 확인(Verification)은 유료회원을 신청한 공급업체의 담당자가 회사의 직원이고 Alibaba.com에서 공급업체의 비즈니스를 개발하기 위해 공급업체를 대표할 권한이 있는지를 확인하는 절차입니다.

Alibaba.com이 처음 설립되고 많은 공급업체들이 싼 가격으로 상품을 등록해 무역 거래를 했고 T/T 무역 거래 지급조건(30%나 50%의 선금을 바이어가 공급업체에 먼저 지불하고 선적 전후로 잔금을 지급하는 방식)으로 많은 공급업체들이 선금만 받고 없어진 경우가 발생했습니다. 그래서 Alibaba.com에서 마련한 보완책으로 '제 3자 인증' 즉 인증과 확인(A&V: Authentication & Verification) 절차를 도입하게 된 것입니다.

인증과 확인(A&V)에는 아래의 서류가 필요합니다. ▶ 영문본 회사 사업자등록증명원(Company Registration Certification)으로 A&V 신청서상 회사명이 포함된 정부에서 발행한 원본, ▶ 전화 영수증(Telephone Bill)은 3개월 이내 회사명으로 발행되었거나 대표자명으로 발행된 전화 또는 휴대

인증과 확인(A&V)의 절차 및 필요서류 안내 메일

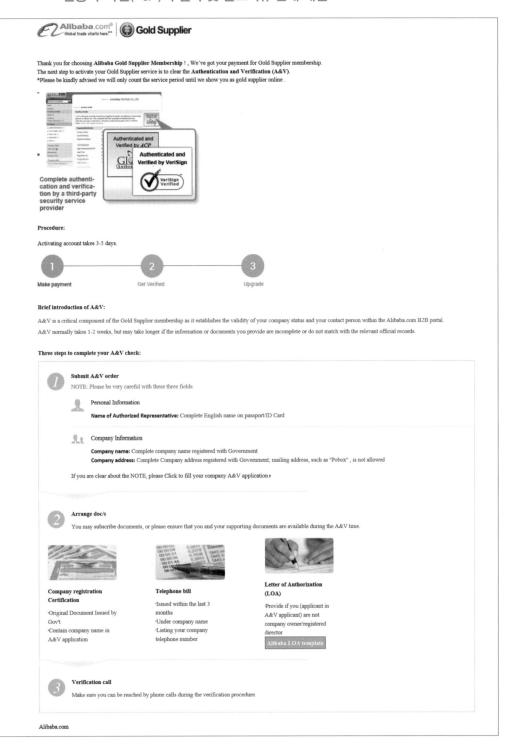

Alibaba.com Global trade starts here.™ | **Gold Supplier**

Thank you for choosing **Alibaba Gold Supplier Membership**！, We've got your payment for Gold Supplier membership.
The next step to activate your Gold Supplier service is to clear the **Authentication and Verification (A&V)**.
*Please be kindly advised we will only count the service period until we show you as gold supplier online .

Complete authentication and verification by a third-party security service provider

Procedure:

Activating account takes 3-5 days.

1 Make payment — 2 Get Verified — 3 Upgrade

Brief introduction of A&V:

A&V is a critical component of the Gold Supplier membership as it establishes the validity of your company status and your contact person within the Alibaba.com B2B portal.
A&V normally takes 1-2 weeks, but may take longer if the information or documents you provide are incomplete or do not match with the relevant official records.

Three steps to complete your A&V check:

1 **Submit A&V order**

NOTE: Please be very careful with these three fields

👤 Personal Information

Name of Authorized Representative: Complete English name on passport/ID Card

👥 Company Information

Company name: Complete company name registered with Government
Company address: Complete Company address registered with Government; mailing address, such as "Pobox" , is not allowed

If you are clear about the NOTE, please Click to fill your company A&V application ▸

2 **Arrange doc/s**

You may subscribe documents, or please ensure that you and your supporting documents are available during the A&V time.

Company registration Certification

·Original Document Issued by Gov't
·Contain company name in A&V application

Telephone bill

·Issued within the last 3 months
·Under company name
·Listing your company telephone number

Letter of Authorization (LOA)

·Provide if you (applicant in A&V applicant) are not company owner/registered director

[Alibaba LOA template]

3 **Verification call**

Make sure you can be reached by phone calls during the verification procedure.

Alibaba.com

폰 영수증으로 전환번호가 정확하게 기재되어 있어야 합니다. ▶ 승인 서한(LOA – Letter of Authorization)은 A&V를 신청하는 고객이 회사의 대표가 아닌 직원, 즉 A&V 등록 대리인인 경우 파트너사에서 별도의 양식을 받아 제출해야 합니다.

위의 서류를 모두 Alibaba.com이나 파트너사에 제출하면, 1주일 전후로 전화 영수증을 제출했던 번호로 회사에 대한 간단한 사항과 함께 Alibaba.com 사용 신청 여부를 홍콩 국제전화로 확인하면 인증과 확인(A&V) 절차는 완전히 끝나게 됩니다. 홍콩에서 전화가 올 때는 한국어를 사용하는 분들이 전화하니 외국어에 능숙하지 않아도 됩니다.

사례 Alibaba.com의 파트너사로 리뉴얼하는 고객들의 경우 인증과 확인을 진행하다 가장 많이 받게 되는 질문은 "우리 회사는 개인사업자에서 법인사업자로 전환하였는데 개인사업자에서 사용하던 Alibaba 계정을 그대로 사용할 수 있습니까?"라는 질문입니다. 하지만, 안타깝게도 사업자등록번호가 바뀌는 경우이기 때문에 Alibaba.com에서는 완전히 다른 회사로 인식해 기존 개인사업자 계정을 그대로 사용할 수 없습니다. 따라서 개인에서 법인으로 전환하게 되면, 새로운 계정이 부여되고, 기존 등록된 상품은 새로운 계정에 다시 등록해야 하며, 이전 이력은 사라집니다. 그 이후에는 Alibaba.com의 관리자 모드인 My Alibaba – Help Center – Authentications & Verifications를 클릭하여 Authentications & Verifications와 Gold Supplier Status 상태를 확인하면 됩니다.

Authentications & Verifications 승인 확인

위 이미지는 Authentications & Verifications 절차가 모두 끝난 후 이미지입니다. Authentications & Verifications 메뉴에서는 인증과 확인(A&V)이 끝난 것을 고객에게 통보하며, 다음과 같이 고객에게 당부하고 있습니다. 내용은 다음과 같습니다.

- Congratulations! Your A&V has been approved.
  축하합니다. 당신의 A&V가 승인되었습니다.
- To be an outstanding Gold Supplier, you will need to:
  뛰어난 Gold Supplier가 되려면 다음이 필요합니다.
- 1. Complete your company profile
  회사 프로필을 완성하십시오.
- 2. Update your product listing frequently
  상품 목록을 자주 업데이트하십시오.

- 3. Reply to buyer's inquiries regularly and effectively

　　바이어의 문의에 정기적, 효과적으로 응답하십시오.

Gold Supplier Status 화면

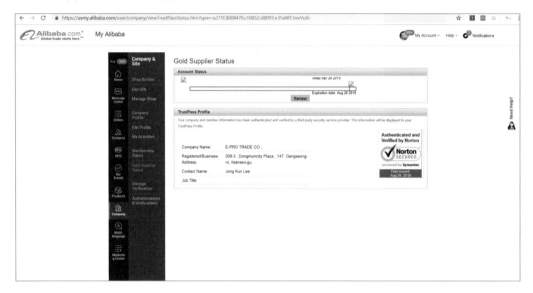

위 이미지는 Gold Supplier Status 화면입니다. Gold Supplier Status 메뉴에서는 유료회원의 유효기간과 계정을 사용하는 회사의 회사명, 주소, 담당자를 보여줍니다. 가끔 문제가 되는 경우가 있는데, 주의해야 할 사항은 인증과 확인(A&V)에서 탈락하게 되면 100달러를 추가로 결제하고 다시 인증과 확인 과정을 거쳐야 합니다. 한국에서는 주식회사라는 표현이 영어로는 Incorporation, Corporation, Company Limited 등 여러 가지가 있습니다. Alibaba.com에 등록한 표현과 영문 사업자등록증명원의 회사명이 다를 경우 다른 회사로 인식할 수 있으니 아이디를 만들 때는 회사명과 영문 사업자등록증명원의 회사명을 반드시 일치시켜야 합니다.

2017년, 중소기업진흥공단의 〈글로벌 온라인 B2B 플랫폼(Alibaba. com) 활용 지원 사업〉 진행 시 Alibaba.com에서 한국은 South Korea로 표기되어 있는데, 한 공급업체에서 Republic of Korea를 찾다가 North Korea로 표기했던 경우가 있었습니다. 그런데, North Korea는 유엔(UN)의 경제 제재를 받고 있기 때문에 수출이 불가한 나라이고, 당연히 Alibaba.com의 사용도 불가능합니다. 그래서, 한바탕 해프닝이 있었고, 해당 업체는 100달러를 추가로 지불하고 인증과 확인 과정을 거쳤습니다.

CHAPTER 3

Alibaba.com
페이지 구성

이 장에서는 Alibaba.com을 구성하고 있는 페이지와 국가관, 상품 검색 시 보이는 View와 이미지, 공급업체로 검색하는 방법과 Wholesaler 검색에 관해 설명하겠습니다.

Alibaba.com의 메인 화면-1

❶ Sourcing Solutions

Sourcing Solutions에서는 바이어에게 우수 공급업체를 추천하거나, RFQ에 대해 설명하고 직접 RFQ를 포스팅할 수 있는 Submit RFQ 기능들을 제공합니다.

- Search For

  ▶ Top Selected Suppliers: 바이어의 선호도가 높은 공급업체를 소개하는 기능입니다.

  ▶ Suppliers by Regions: 공급업체를 국가별로 찾을 수 있는 기능으로 Alibaba.com의 국가관을 의미합니다.

- Source

  ▶ Submit RFQ: 바이어가 RFQ를 포스팅할 수 있는 곳입니다.

  ▶ Instant Quotes: RFQ의 기능에 대하여 바이어가 올바른 공급업체를 빠르게 찾을 수 있다는 장점을 설명하며, RFQ의 유료기능인 공급업체를 10배 빠르게 찾을 수 있는 Urgent Request(9.99달러), 바이어가 최대 20개의 공급업체로부터 견적을 받을 수 있는 Extra Request(2.99달러)에 대한 내용을 확인할 수 있습니다. 또한, RFQ에 대해 바이어가 자주 묻는 질문(FAQ)도 확인 가능합니다.

  ▶ RFQ Sourcing Tool: 바이어가 관심 있는 상품에 대해서 북마크를 사용할 수 있는 툴을 다운받을 수 있습니다.

- Sourcing Tool

  ▶ Source Now Chrome Extension

❷ Services & Membership

Services & Membership에서는 바이어가 사용할 수 있는 Trade Assurance(거래 안심 보증 서비스), Production Monitoring & Inspection Services(상품

검수 서비스), Logistics Service(물류 서비스) 등에 대한 설명을 비롯하여 공급업체 회원(Supplier Membership)의 종류, RFQ의 유료서비스인 Urgent RFQ, Extra RFQ를 설명하고 있습니다.

- Trade Services
  - ▶ Trade Assurance: 거래 안심 보증 서비스로 바이어는 공급업체로부터 Invoice를 수취해서 결재 하게 되므로 공급업체로부터의 횡포로부터 보호받을 수 있는 제도입니다.
  - ▶ Production Monitoring & Inspection Services: 소량 구매시 상품의 배송, 상품 검수 서비스를 확인할 수 있습니다.
  - ▶ Logistics Service: 물류서비스를 확인할 수 있습니다.
  - ▶ Pay Later: 바이어의 지불보증 서비스(미국 바이어만 이용가능)를 확인할 수 있습니다.

- Membership Services
  - ▶ Buyer Business Identity: 바이어 인증제도로 바이어의 신뢰성을 높일 수 있는 Identity Verified 마크를 부여 받을 수 있습니다.
  - ▶ Supplier Membership: 공급업체의 유료회원 제도의 이용 가능 기능에 대한 설명을 확인할 수 있습니다.

- Value–Added Services
  - ▶ Urgent Request: 바이어가 이용할 수 있는 RFQ의 유료기능으로 바이어측에서 급하게 RFQ를 이용해서 공급업체의 견적을 받기 위해 사용하는 기능입니다.
  - ▶ Extra Quotes: 바이어가 이용할 수 있는 RFQ의 유료기능으로 바이어 측에서 10개의 공급업체로부터 받을 수 있는 Inquiry를 20개까지 늘려서 받을 수 있는 기능입니다.

❸ Help & Community

Help & Community에서는 바이어와 공급업체를 위한 규정 및 매뉴얼을 볼 수 있고 거래 분쟁 및 공급업체 지적재산권 침해를 신고, Alibaba.com의 Community인 Insight를 사용할 수 있습니다.

- Help Center
  - ▶ For Buyers: 바이어로서 지켜야 할 규정 및 준수사항, Alibaba.com을 사용할때 팁을 제공합니다.
  - ▶ For Suppliers: 공급업체로서 숙지해야 될 다양한 기능과 주의점 등을 검색을 통해 찾아볼 수 있으며, Alibaba.com의 전자 이용 매뉴얼입니다.
  - ▶ For New Users: 새로운 바이어 회원들에게 어떻게 Alibaba.com을 이용해야 하는지를 설명해주는 기능입니다.
  - ▶ Submit a Dispute: Alibaba.com을 통해 발생한 무역 거래의 Claim을 신고 또는 제기할 수 있는 기능입니다.
  - ▶ Report IPR Infringement: Alibaba.com 등록상품의 지적재산권 침해 문제 발생 시 보고할 수 있는 기능입니다.
  - ▶ Report Abuse: 이미지의 도용, 가짜 브랜드 상품, 등록 금지 물품, 등록상품의 상표권 및 특허권 등의 침해를 신고할 수 있는 곳입니다.

- Community
  - ▶ Insight: 공급업체의 산업, 카테고리, 지역 등에서 일어나는 일을 비롯하여 상품에 대한 중요한 정보 등을 제공하는 커뮤니티입니다.
  - ▶ Discussion Forum: 바이어 커뮤니티로 글을 포스팅하고 자유롭게 의견을 적을 수 있습니다.

- Value-Added Services
  - ▶ Urgent Request: 바이어가 이용할 수 있는 RFQ의 유료기능으로 바이어 측에서 급하게 RFQ를 이용해 공급업체의 견적을 받기 위해 사용하는 기능입니다.
  - ▶ Extra Quotes: 바이어가 이용할 수 있는 RFQ의 유료기능으로 바이어 측에서 10개의 공급업체로부터 받을 수 있는 Inquiry를 20개까지 늘려서 받을 수 있는 기능입니다

❹ 검색창

검색어를 입력하여 상품(Products)이나 검색어 관련 공급업체를 찾을 수 있습니다. 최근에는 상품 사진을 입력해서 찾을 수 있는 기능도 추가되었습니다.

❺ My Alibaba, Order Protection, Favorites

- My Alibaba: Alibaba 회원이 이용할 수 있는 관리자 모드입니다.
- Order Protection: 바이어가 이용할 수 있는 거래 안심 보장 서비스(Trade Assurance)에 대한 기능 및 설명을 확인할 수 있습니다.
- Favorites: 바이어가 관심 있는 공급업체를 즐겨찾기할 수 있는 기능입니다.

❻ My Markets

상품 분류 카테고리입니다.

❼ 프로모션 배너

Alibaba.com에서 진행하는 기획전, 프로모션의 배너입니다.

❽ 카테고리별 우수 상품 추천

카테고리별 우수 상품을 추천해 놓은 곳입니다.

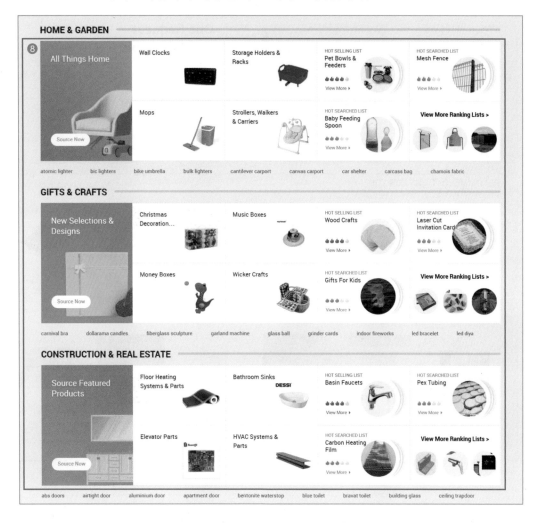

1 Request For Quotation

RFQ를 포스팅할 수 있습니다.

2 Recommendation For You

로그인 후 이전에 찾았던 상품 카테고리의 추천 상품을 볼 수 있습니다.

3 Choose Your Suppliers By Regions

공급업체를 17개 국가별로 분류해 놓은 국가관입니다.

4 Download Trademanager

공급업체와 바이어의 실시간 연결을 위한 메신저 프로그램입니다.

5 Alibaba.com Site: International

Alibaba.com의 다국어 사이트 연결 링크로 영어를 제외한 총 16개국 언어로, 스페인어, 포루투갈어, 독일어, 프랑스어, 이탈리아어, 인도어, 러시아어, 한국어, 일본어, 아랍어, 태국어, 터키어, 네덜란드어, 베트남어, 인도네시아어, 히브리어 순서입니다.

Alibaba.com의 국가관

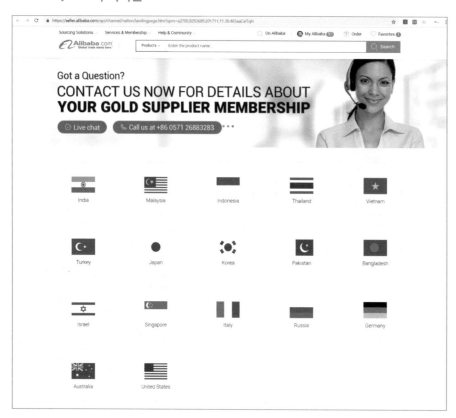

2017년 초까지 Alibaba.com의 국가관(Choose Your Suppliers By Regions)은 대륙별로 분류해 놓고 해당 국가별로 대표 키워드를 보여주었습니다. 그 중 한국의 대표 키워드는 Skin Care였고, 중국의 대표 키워드는 Textile이었습니다. 그 이후 2017년 중반 중소기업진흥공단의 〈글로벌 온라인 B2B 플랫폼(Alibaba.com) 활용 지원 사업〉에서 한국 상품을 모아 South Korea Pavilion인 독립매장을 구성하였고, 그 이후 동시다발적으로 많은 국가관들이 구성되어 오픈되었습니다. 현재는 총 17개 국가의 국가관이 있으며 그 국가는 인도, 말레이시아, 인도네시아, 태국, 베트남, 터키, 일본, 한국, 파키스탄, 방글라데시, 이스라엘, 싱가포르, 이탈리아, 러시아, 독일, 오스트레일리아, 미국입니다.

한국 국가관(South Korea Pavilion)

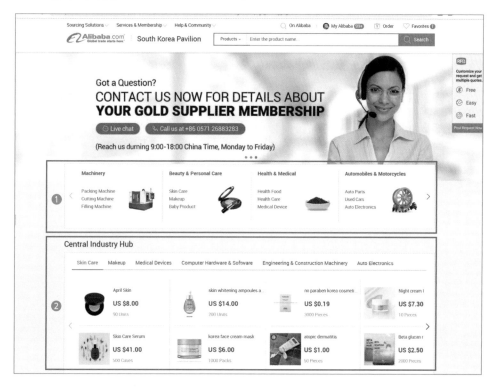

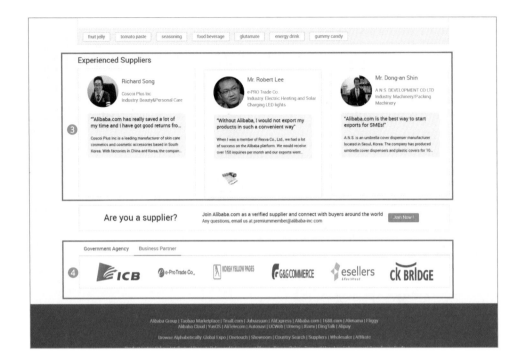

❶ 국가관의 카테고리

❷ General Industry Hub

국가별 인기 키워드와 키워드 상품입니다.

❸ Experienced Suppliers

국가별로 수출 성공사례를 소개한 곳입니다.

❹ Government Agency / Business Partner

제휴 정부 기관과 한국 내 Channel Partner를 소개한 곳입니다.

3 상품(Products)의 검색

01 | List View 페이지

다음 이미지는 Products에 검색어 Nupharm을 입력하고 검색했을 때의 결과입니다. 우선 검색어를 넣고 검색을 하게 되면, List View는 50개의 상품, Gallery View는 36개의 상품이 보여집니다.

❶ Product 검색창

  상품의 검색어를 넣고 Search를 클릭합니다.

❷ Related Category

  검색어와 관련 있는 상품이 전시된 카테고리를 보여줍니다.

❸ Products Features

  상품의 특징으로 상품을 분류할 수 있습니다.

❹ Suppliers Features

  • Supplier By Area: 공급업체가 위치한 대륙을 확인할 수 있습니다.

Products 검색 후 List View 결과 페이지

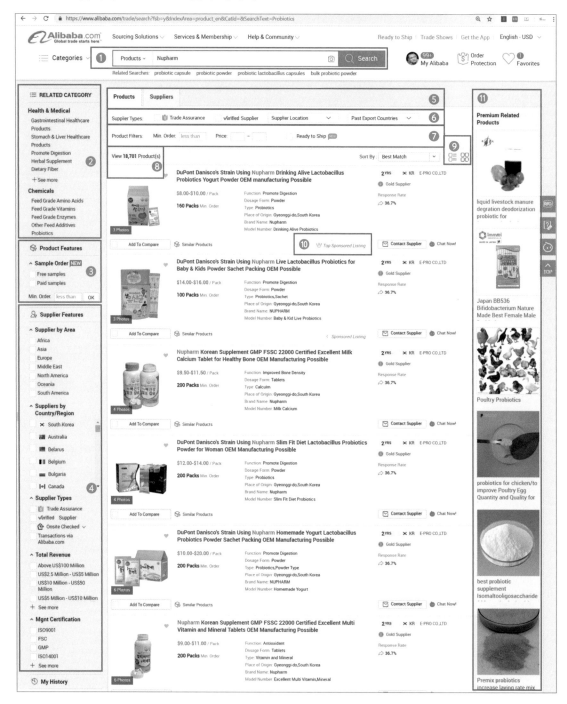

- Supplier By Country/Region: 공급업체가 속한 국가를 확인할 수 있습니다.
- Supplier Types: 공급업체의 신뢰성을 확인할 수 있습니다.
- Total Revenue: 공급업체의 연간 매출액을 확인할 수 있습니다.
- Mgnt Certificate: 공급업체 및 상품이 획득한 인증서를 확인할 수 있습니다.

● 공급업체 타입(Supplier Types)에는 거래 안심 보증 서비스를 이용하는 공급업체만 볼 수 있는 Trade Assurance, 최상위 유료회원제인 Premium Membership을 이용하는 공급업체만 볼 수 있는 Verified Supplier, 제 3자가 직접 공급업체를 방문해서 운영과 회사의 법적 존재를 확인한 Onsite Checked와 유료회원으로 전환할 때의 A&V Checked, 거래 안심 보증 서비스인 Trade Assurance를 통해서 Alibaba.com에서 거래가 있었던 공급업체를 확인할 수 있는 Transaction via Alibaba.com의 메뉴 등이 있기에 바이어 입장에서는 신뢰를 가지고 수입물품을 구매할 수 있습니다. 단, 위의 기능 중 Verified Supplier와 A&V Checked를 제외하고는 모두 한국에서 이용할 수 없습니다.

❺ Products / Suppliers

Products는 검색한 검색어의 상품을 볼 수 있으며, 오른쪽의 Suppliers를 선택하면, 해당 검색어의 상품을 취급하는 공급업체를 확인할 수 있습니다.

❻ Supplier Types

여기서는 공급업체를 Trade Assurance, Verified Supplier로 확인할 수 있으며, 국가별로 선택해서 확인할 수 있는 Supplier Location, Alibaba.com을 통해 과거 거래가 이루어진 국가와 거래 횟수를 확인할 수 있는 Past Export Countries로 분류해 상품을 확인할 수 있습니다.

❼ Product Filters

최소 주문 수량으로 분류할 수 있는 Min. Order, 상품가격의 범위로 분류할 수 있는 Price, 그리고 바로 상품을 받을 수 있는 Ready to Ship으로 분류해서 상품을 확인할 수 있습니다.

❽ View ○○○○ product(s)

검색한 키워드와 관련된 전체 상품 숫자를 보여줍니다.

❾ 상품 검색시 보여지는 방법을 선정하는 아이콘

상품을 검색해서 보여지는 방법을 설정하는 아이콘으로 왼쪽은 50개의 상품 리스트를 보여주는 List View이고, 오른쪽은 상품의 이미지를 바둑판 방식으로 한 줄에 4개씩 36개의 검색 결과를 보여주는 Gallery View 입니다.

❿ Sponsored Listing

유료서비스인 키워드 광고 서비스(KWA: Keyword Advertising)를 활용하고 있는 상품이 우선적으로 5개 보이는데, 바이어의 피드백이 우수한 Top Sponsored Listing 상품이 있으면 총 6개가 키워드 상품입니다.

⓫ Premium Related Products

유료서비스인 키워드 광고 서비스(KWA: Keyword Advertising)를 활용하고 있는 상품을 보여주는 장소이고, 50개의 상품 리스트가 끝나는 부분에 마찬가지로 Premium Related Products가 있는데, 이 우측 편에 전시된 상품과는 다른 키워드의 광고 중인 상품이 보입니다.

Products에서 키워드로 검색한 상품 개별 페이지

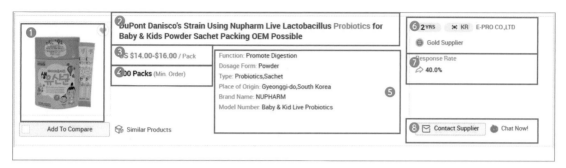

키워드로 검색된 상품을 List View로 봤을 때 상품 개별 페이지에 대한 설
명입니다.

❶ 상품의 메인 이미지

❷ 상품명

❸ 상품의 단가

❹ 최소 주문 수량(Min. Order)

❺ 상품의 속성

❻ 유료회원(Gold Supplier) 이용 연한 및 공급업체 국가 및 회사명

❼ 24시간 이내의 Inquiry 답변율

❽ Contact Supplier / Chat Now

바이어가 Inquiry를 남길 수 있고, 그 옆의 Chat Now 부분이 파란색으로
활성화되어 있다면 Trademanager에 해당 공급업체가 현재 로그인되어 있
어 채팅 가능한 상태이고, 회색으로 Leave Messages라고 되어 있다면 해당
업체가 현재 Trademanager에 로그인되어 있지 않다는 것을 의미합니다.

Products 검색 후 Gallery View 결과 페이지

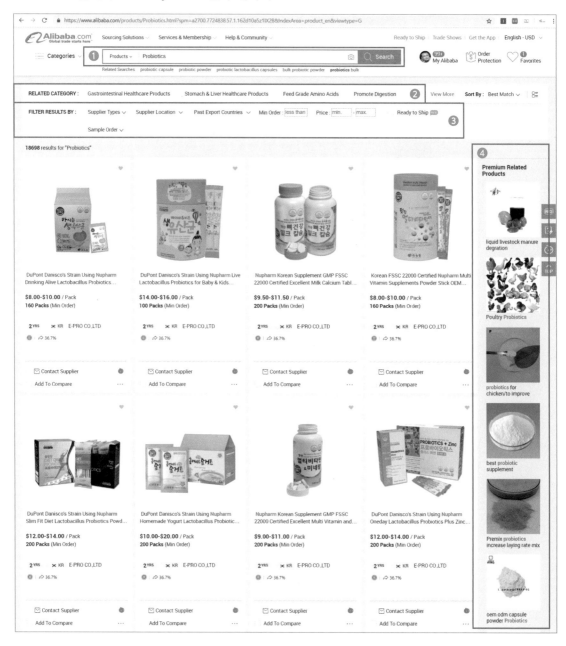

❶ Product 검색창

상품의 검색어를 넣고 Search를 클릭합니다.

❷ Related Category

검색어와 관련 있는 상품이 전시된 카테고리를 보여줍니다.

❸ Filter Results by

- Supplier Types: Trade Assurance(거래 안심 보장 서비스 사용 공급업체)와 Verified Supplier(프리미엄 패키지 사용 공급업체)를 선택할 수 있습니다.

- Supplier Location: 국가별로 공급업체의 위치 확인이 가능합니다.

- Past Export Countries: 과거 거래가 이루어진 국가와 거래 횟수를 확인할 수 있는 기능입니다.

- Min Order: 최소 주문 수량입니다.

- Ready to Ship, Sample Order: 무료 샘플, 유료 샘플을 선택후 검색할 수 있는 곳입니다.

❹ Premium Related Products

유료서비스인 키워드 광고 서비스(KWA: Keyword Advertising)를 활용하고 있는 상품을 보여주는 장소로, 50개의 상품 리스트가 끝나는 부분에도 마찬가지로 Premium Related Products가 있는데, 이 우측 편에 전시된 상품과는 다른 키워드 광고 중인 상품이 보입니다.

Products 이미지 검색 후 결과 페이지

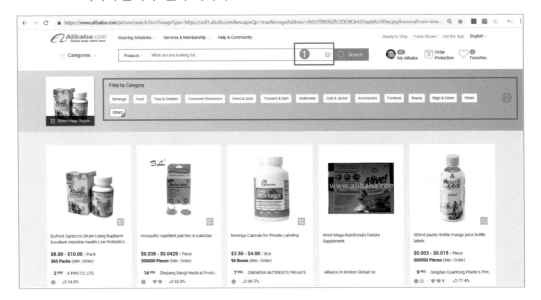

❶ Products 검색창

카메라 이미지를 클릭하면 찾고자 하는 상품을 이미지로 업로드가 가
능합니다.

❷ Filter by Category

상품 이미지와 관련 있는 카테고리를 보여줍니다. 최근 생긴 기능으로
Search 버튼 옆에 있는 카메라 이미지를 클릭한 후에 찾으려는 상품의
이미지를 업로드하면 Filter by Category에서 관련 제품의 카테고리를
확인할 수 있으며, 인공지능 시스템으로 매칭이 되는 상품을 보여줍니다.

**Suppliers
(공급업체) 검색**

Suppliers(공급업체)로 검색할 때는 상품명과 공급업체의 영어 회사명으로 찾을 수가 있으며 검색 결과는 Alibaba.com에 상품 등록한 공급업체나 비슷한 회사 이름을 가진 업체가 페이지당 38개씩 보여줍니다.

❶ Suppliers 검색창

공급업체명이나 상품명으로 검색 가능합니다.

❷ Categories

검색어 관련 카테고리입니다.

❸ Top 3 Markets

검색된 공급업체들의 주요 판매 지역(대륙)을 표기해 줍니다.

❹ Total Revenue

검색된 공급업체들의 연간 매출액 규모를 보여줍니다.

Suppliers(공급업체) 검색 후 결과 페이지

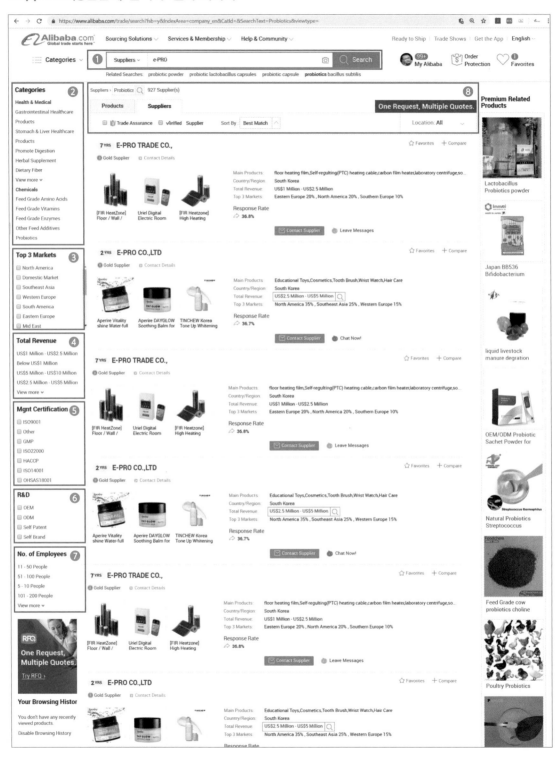

⑤ Mgnt Certification

검색된 공급업체들의 보유 인증서를 보여줍니다.

⑥ R&D

검색된 공급업체들의 OEM, ODM, 특허권(Self Patent) 보유, 상표권(Self Brand) 보유 현황을 보여줍니다.

⑦ No. of Employees

검색된 공급업체들의 직원 수를 보여줍니다.

⑧ 그 외 검색결과

검색된 공급업체들의 숫자 및 거래 안심 보장 서비스(Trade Assurance), Premium Membership 이용 여부(Verified Supplier), Sort By에서는 검색어 매칭 정도(Best Match), 거래 규모(Transaction Level), 답변율(Response Rate)을 Location: All에서는 국가별(Location) 분류 검색 확인이 가능합니다.

Suppliers에서 공급업체명으로 검색한 공급업체 페이지

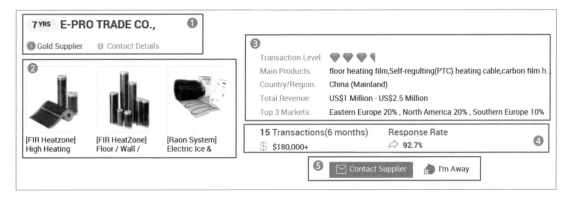

❶ 공급업체의 회사명과 유료회원(Gold Supplier) 가입 연한을 보여줍니다.

❷ 검색어와 관련된 공급업체 상품 이미지(최대 3개)를 보여줍니다.

❸ • Transaction Level: 판매가 이루어진 거래 규모를 최대 다이아몬드 4개로 표시해 줍니다.

• Main Products: 공급업체에서 회사의 프로필 등록 시 입력한 주요 제품 키워드를 보여줍니다.

• Country/Region: 공급업체의 국가를 보여줍니다.

• Total Revenue: 공급업체의 연간 매출액을 보여줍니다.

• Top 3 Markets: 공급업체의 주요 매출 지역(대륙별)을 보여줍니다.

❹ 6개월 이내 거래가 이루어진 건수와 거래 규모, 24시간 이내 Inquiry 답변 율을 보여줍니다.

❺ Contact Supplier 버튼을 클릭하면 공급업체에게 Inquiry를 발송할 수 있으며, 그 옆의 Trademanager가 파란색으로 활성화되어 있으면 실시간으로 공급업체와 채팅 할 수 있고, 회색이면 현재 Trademanager를 이용하고 있지 않다는 것입니다.

5 **Wholesaler 검색**

Wholesaler 검색 기능은 Alibaba.com의 메인 페이지에서는 볼 수 없으며, Products로 상품 검색을 하고 검색 결과 페이지에서 검색창의 Products 를 누르면 Whosaler라는 검색기능이 추가된 것을 확인할 수 있습니다. Alibaba.com은 B2B 사이트이기 때문에 물량거래가 기본이지만, 샘플 을 판매하거나 직접적으로 소량 구매가 가능한 상품을 모아놓은 곳이 Wholesaler Market입니다. 하지만, 한국 공급업체는 이용 불가능합니다.

❶ Categories

검색어 관련 카테고리입니다.

❷ Brands

검색어 브랜드 등록 상품입니다.

❸ Countries & Regions

Wholesaler Market 상품 판매업자의 국가 및 지역(대륙)을 보여줍니다.

Wholesaler 검색

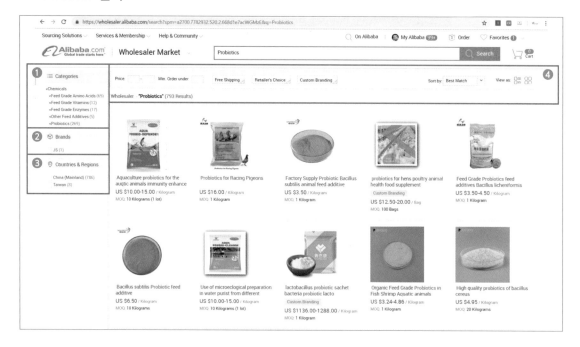

❹ • Price: 상품 가격의 범위를 설정할 수 있습니다.

• Min. Order under: 최소 주문 수량 설정을 할 수 있습니다.

• Free Shipping: 무료 배송 상품인지 확인 가능합니다.

• Retailer's Choice: 소량 바이어들이 많이 구매하는 상품을 보여줍니다.

• Custom Branding: 원하는 브랜드 지정이 가능합니다.

• Sort by

▶ Best Match: 검색어와 매칭이 높은 상품을 보여줍니다.

▶ Lowest Price: 최저가순 상품을 보여줍니다.

▶ Highest Price: 최고가순 상품을 보여줍니다.

▶ Most Orders: 판매인기순 상품을 보여줍니다.

CHAPTER **4**

내 상품은
Alibaba.com을 통해서
수출될 수 있을까?

이 장에서는 Alibaba.com의 거래 절차와 바이어가 어떠한 경로로 상품을 찾게 되는지,
Alibaba.com을 활용하기 위한 개인 및 기업의 요건과 내 상품은 과연 수출이 가능한지를 알아
보는 방법에 대해 설명하겠습니다.

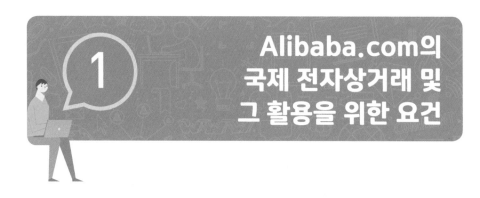

Alibaba.com의 국제 전자상거래 및 그 활용을 위한 요건

01 | Alibaba.com을 통한 국제 전자상거래 절차

국제 전자상거래(B2B Cross-Border e-Commerce) 절차

상거래가 어떻게 발생하는지의 절차입니다. 공급업체로 회원가입 후 회사정보(Supplier Profile)를 우선 등록합니다. 공급업체에서 상품이 등록되면 바이어들은 검색을 통해 상품 정보 및 무역 정보, 공급업체의 정보를 확인하고, 관심있는 상품의 공급업체에 Inquiry를 보내게 됩니다. 그리고, 공급업체에서는 바이어가 보낸 Inquiry를 확인 후 문의 사항에 대한 답변 및 상품 견적을 제공합니다. 여기까지가 일반적인 절차입니다.

　Alibaba.com은 B2C와 다르게 주문, 결제, 배송, 상품평 등의 작업이 없습니다. B2C와 확연하게 구분되는 것은 Inquiry를 받고 답변하는 데까지가 업무의 끝입니다. 주의해야 할 내용은 앞에서도 설명했듯이 어떤 바이어의 경우는 우연히 Alibaba.com을 방문해서 Inquiry를 보내고 잊어버릴 수도 있기 때문에 공급업체는 반드시 답변을 준 후 바이어가 수시로 접속해서 메시지를 확인할 확률이 높은 바이어의 개인 이메일로 같은 답변을 한 번 더 보내는 것도 중요합니다. 답변을 준 이후부터는 바이어의 질문이나 요구사항에 응대하는 커뮤니케이션 과정을 거치면서 실질적인 수출입 무역거래로 연결해 가는 것입니다. 바이어 측이 상품에 대한 관심이 크다면 샘플 구매 발송, Proforma Invoice 등을 발송하여 실질적인 무역거래로 연결되는 'Official Order'로 발전할 수 있도록 합니다.

02 | Alibaba.com의 일반적인 바이어 상품 접근법

일반적인 바이어 상품 접근법

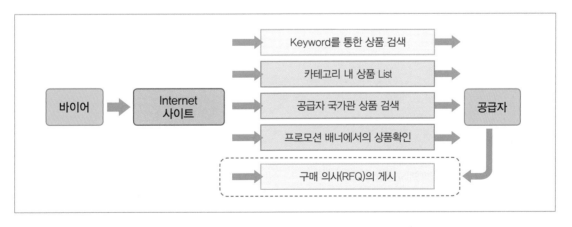

바이어의 일반적인 상품 접근 방법은 B2C 사이트와 크게 다르지 않습니다. 검색창에서 검색어(Keyword)를 통해 상품을 직접 찾는 방법을 가장 선호하며, 이는 B2B, B2C 또는 C2C 쇼핑몰에서 가장 애호되는 방법으로 Alibaba.com에서도 95%에 가까운 상품 접근 방법입니다. 또한, 바이어가 보내는 Inquiry 중 95%는 1~3페이지 이내에 상품을 등록한 공급업체에 집중됩니다. 그 외 카테고리 분류를 차근차근 밟아오면서 접근하는 방법, 프로모션 배너를 클릭한 후에 참가중인 상품으로 접근하는 방법, 전체 메인 화면 하단에 위치한 공급업체별 국가관 지역에 따라 공급업체들을 선택)에서 선택하여 접근하는 방법 등이 있습니다.

끝으로 바이어에게 Alibaba.com이 제공하는 특징 중 하나는 앞서 설명해 드렸던 RFQ(Request For Quotation, 견적 요청)입니다. 공급업체에서는 바이어가 등록한 견적 요청을 확인하고 선착순으로 최대 10개 업체가 견적을 등록해 바이어의 연락처를 받아 직접 바이어와의 소통을 통해 수출로 연결시키는 기능입니다.

다음은 Alibaba.com에서 바이어가 많이 찾는 10대 품목입니다.

바이어 선호 10대 품목(Global Buyer TOP 10 Industry)

Rank	Industry
1	Consumer Electronics(소비자 가전)
2	Apparel(의류)
3	Automobiles & Motorcycles(자동차 & 오토바이)
4	Machinery(기계류)
5	Home & Garden(홈 & 가든)
6	Beauty & Personal Care(뷰티 및 화장품)
7	Sports & Entertainment(스포츠 & 엔터테인먼트)

8	Health & Medical(건강 & 의료)
9	Timepieces, Jewelry, Eyewear(시계, 보석, 안경)
10	Gifts & Crafts(선물 및 공예품)

출처: Alibaba.com 2017. 3월

03 | Alibaba.com을 통한 바이어의 주문 받는 방법

공급업체와 바이어의 연결

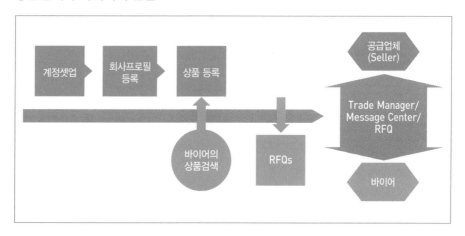

위의 그림은 공급업체가 어떻게 바이어로부터 수출 주문을 받을 수 있는 지를 설명하는 것입니다. 공급업체가 수출 주문을 받는 방법은 크게 3가지가 있습니다. 첫 번째는 바이어가 공급업체에 보낸 Inquiry를 관리자 모드(Back Stage)인 My Alibaba – Communications – Message Center에서 확인하고 답변을 주고, 바이어에게 직접 메일 발송, 전화 통화 등으로 수출 주문을 연결하는 방법이며, 두 번째는 바이어가 올린 RFQ에 공급업체가 해당 견적 제출, 승인 후 바이어에게 직접 메일 발송, 전화 통화 등으로 수출 주문을 받는 방법입니다. 세 번째는 메신저인 Trademanager를 다운 받아 휴대폰 등의 모바일 기기나 PC에 설치한 후 실시간으로 들어오는 바이어의 Inquiry에 답을 주며, 수출 주문을 받는 방법입니다.

04 | Alibaba.com의 활용을 통한 공급업체의 성공요건

Alibaba.com을 통해 성과를 얻기 위해 기업들이 기본적으로 갖추어야 할 요건을 알아보도록 하겠습니다. Alibaba.com은 전자 무역을 위한 B2B 쇼핑몰입니다. 즉, 인터넷 쇼핑몰이고, B2B도 인터넷 쇼핑몰의 한 형태임을 인지하는 것이 중요합니다. 그렇기 때문에 회사 자체 인터넷 쇼핑몰을 구축해 직접 운영중이거나 국내의 B2C, C2C 쇼핑몰 이용 경험이 있는 기업들, 아마존(amazon.com)이나 이베이(ebay.com), 타오바오(taobao.com) 등 해외 쇼핑몰에서의 국경 간 전자상거래(cross-border e-commerce)를 경험한 공급업체는 분명 유리한 부분이 있습니다. 특히나 인터넷 쇼핑몰 환경에서의 SCM이나 CRM 프로그램 사용이 익숙하지 않은 기업은 인터넷 쇼핑몰인 Alibaba.com 관리자 모드에 대한 이해도가 많이 낯설 것입니다.

알리바바는 수출하기 위한 B2B 플랫폼입니다. 그렇다 보니 수출하기 위한 기반시설(Infra-Structure)이 필요합니다. 즉, 수출에 필요한 다른 나라와의 커뮤니케이션이 원활한 직원 채용을 비롯한 외국어로 만들어진 회사의 카탈로그, 소개서 및 동영상 등의 홍보자료 등 수출 준비도가 높은 기업이 더 큰 효과를 볼 수 있습니다.

또한, 단일품목이나, 판매하려는 상품 품목이 적은 기업보다는 다양한 기업이 유리하며, 바이어의 경우 한 공급업체에서 단일 상품을 구매하는 경우보다는 여러 상품을 한 공급업체에서 구매하는 것이 관리하기에 유리하기 때문입니다. 그리고, 수출하려고 하는 상품에 대한 수출 타깃 지역의 해외 규격 인증 취득도 중요합니다. 즉, 내가 취급하는 상품이 유럽과 미국을 타깃으로 한다면 해당 지역의 수출을 위한 여건을 미리 조사해서 해당 지역의 상품 관련 규격 인증을 미리 수취하는 것도 중요합니다. 일부 상품의 경우는 인증서를 수취하는 데에도 상당히 오랜 기간을 소요하기 때문입니다.

사례 2016년, 건축자재 상품 수출을 대행했을 때의 경험은 해외규격 인증서를 미리 받아두는 것이 얼마나 중요한가를 보여주는 사례이기에 소개해 드립니다. 영국 바이어에게 Inquiry를 받아, 20피트 컨테이너 한 대 분량을 5만 달러 상당의 금액으로 주문받았습니다. 물품은 전기 난방 자재였고, 영국도 유럽이니 유럽의 전기안전 인증인 CE와 별도로 RoHS라는 인증이 필요하였습니다. 그런데, 바이어에게 Proforma Invoice를 발송하고 선금 입금을 요청하던 중 공급업체의 RoHS 인증서 유효기간이 만료된 것을 바이어 측에서 확인하였습니다.

공급업체 측에 RoHS의 갱신을 요청했으나, 공급업체는 선수금을 먼저 받으면 갱신 신청을 하겠다 하고, 바이어는 갱신 신청한 것이 확인되면 선수금을 입금하겠다고 하여 실랑이가 벌어졌습니다. 결국 이 문제가 해결되지 않아 바이어는 RoHS가 없으면 영국에서 판매할 수 없기에 주문을 취소한다는 내용과 수출 업무 처리에 있어 공급업체에게 큰 실망을 하였다는 내용의 메시지를 보내왔습니다. 그 이후 필자가 보낸 메일에 영국 바이어는 단 한 번의 답변도 주지 않았습니다. 이 경험을 통해 해외 시장 수출을 위해서는 타깃이 되는 시장의 해외규격 인증서의 사전 수취는 필수적이라는 것을 뼈저리게 느꼈습니다.

- RoHS(Restriction of the use of Hazardous Substances in EEE): 유럽연합(EU)에서 제정한 전기 및 전자 장비 내에 특정 유해물질 사용에 관한 제한 지침 기준으로 납, 수은, 카드뮴. 6가 크롬, PBB 및 PBDE(총 6종) 등 인체 유해 물질을 사용제한 하고 있습니다. 2006. 7. 1일부터 위의 물질이 포함된 신규 전기/전자제품은 EU 내에서 판매가 금지됩니다.

또한, 적은 금액이라도 기존 수출 경험이 있거나 수출 거래처를 확보한 기업들은 많은 부분 유리합니다. 하지만, 이 경험에 있어서 주의사항은 내국인 해외 거래 형태는 진정한 수출형태가 아니기에 주의해야 할 필요가 있습니다.

사례 필자는 중소기업체 중 지인의 소개로 해외 거주 교포에게 수출하는 업체를 많이 보게 됩니다. 대체로 그 기업들의 수출 과정을 살펴보면, 내국인 해외 거래인 수준으로 진행되는 부분들이 많습니다. 그 교포분이 한국 내 거주하는 지인이나 친인척들로부터 수출 결제 대금을 수취하고 그분들을 통해 커뮤니케이션하는 경우들도 많고, 심한 경우에는 수출 대금의 결제도 한국 내에 거주하는 분들을 통해 하다 보니 미수금까지 발생하는 거래들도 많습니다. 하지만, 수출이라는 것은 국제 규정에 맞는 과정을 거쳐 수출대금의 수취, 수출 면장의 발행, 수출 물품의 운송, 수출 서류의 송부 등을 처리해야 하는 중요한 일입니다. 위와 같은 경우는 결국 거래 관계가 오래 이어지지 못하여 공급업체에 금전적 손실을 초래하는 경우가 많습니다.

끝으로, 수출 효과를 극대화하려면, 온라인과 오프라인이 상호 보완될 수 있는 양립 병행의 구조를 만드는 것이 중요합니다. 즉, 잠재적 바이어를 발굴하고, Inquiry를 많이 발송하고, RFQ가 많이 포스팅되어 있는 니즈가 높은 지역의 잠재적 바이어 리스트를 확보하고, 직접 전시회에 참가하면서 바이어들을 초대한다든지, 코트라(Kotra) 등에서 진행하는 시장개척단 등의 방법으로 오프라인 바이어들을 개척해 활용한다면 수출을 위한 좋은 포트폴리오가 될 것입니다.

05 | Alibaba.com의 활용을 위한 공급업체 사용자의 요건

Alibaba.com의 활용을 위한 요건

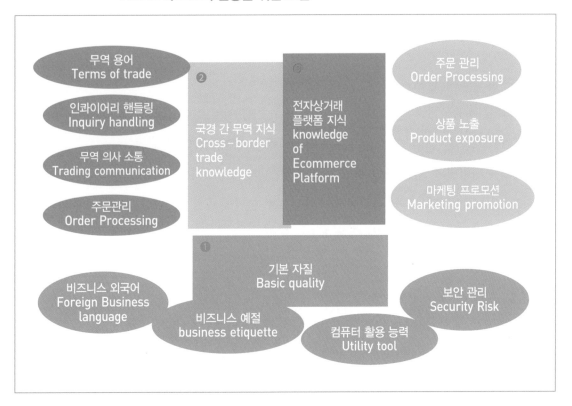

다음은 Alibaba.com의 활용을 위한 개인적인 요건들을 알아보도록 하겠습니다. Alibaba.com은 비즈니스에 대한 기본적 자질을 갖추고, 전자상거래 플랫폼에 대한 이해를 통해 국제무역을 진행하는 B2B 플랫폼입니다.

❶ 우선 기본적 자질(Basic Quality)부터 알아보도록 하겠습니다.

• 비즈니스 외국어 활용 능력(Foreign Business Language)

해외의 바이어와 영어를 기본으로 어느 정도의 의사소통이 가능한 비즈니스 외국어 능력을 말합니다.

• 비즈니스 예절(Business Etiquette)

글로벌 스탠다드에 부합하는 비즈니스 예절을 말합니다.

• 컴퓨터 활용 능력(Utility Tool)

오피스 프로그램 및 웹브라우저를 활용, 기본적으로 문서 작성 및 검색을 할 수 있는 업무 능력을 말합니다.

• 보안 관리(Security Risk)

Alibaba.com을 통해 받게 되는 피싱메일이나 스팸 메일로부터 내 PC의 정보를 포함해서 회사의 자산이 되는 유료회원(GGS: Global Gold Supplier) 계정을 지켜낼 수 있는 보안 관리 능력을 말합니다.

❷ Alibaba.com은 국제무역을 위하여 사용하는 B2B 인터넷 쇼핑몰입니다. 그렇기에 국경 간 국제무역 지식(Cross-border Trade Knowledge)은 필수요건입니다.

• 무역 용어(Terms of Trade)

국제무역 계약에 사용되는 거래 조건에 대한 인코텀스(Incoterms: International Commercial Terms)를 비롯한 물품의 선적, 운송 및 통관 등과 관련한 무역 용어에 대한 이해 능력을 말합니다.

- 인콰이어리 핸들링(Inquiry Handling)

바이어로부터 수취한 Inquiry에 원하는 답변을 빠르게 보내주고, 무역 거래 비즈니스의 기회로 변환할 수 있는 능력을 말합니다.

- 무역 의사소통(Trading Communication)

무역 용어 및 무역 진행 절차에 대한 충분한 지식을 바탕으로 한 바이어와의 무역 관련한 내용의 의사소통이 가능한 능력을 말합니다.

- 주문 관리(Order Processing)

바이어로부터 수취한 주문의 생산 및 선적 일정, 바이어가 필요로 하는 주문과 관계된 무역 관계 서류의 발행 및 전달, 클레임 등을 관리할 수 있는 능력을 말합니다.

❸ Alibaba.com은 인터넷을 기반으로 한 전자상거래 플랫폼입니다. 그렇기에 전자상거래 플랫폼의 지식(Knowledge of Ecommerce Platform)이 필요합니다.

- 주문 관리(Order Processing)

전자상거래에서의 주문 관리는 바이어로부터 받은 Inquiry에 빠르고 효과적인 답변을 주는 방법과 바이어가 게재한 RFQ를 선택해서 답변을 주는 것에 관계된 내용입니다.

- 상품 노출(Product Exposure)

모든 인터넷 쇼핑몰에서 상품구매 의사를 가진 바이어나 바이어에게 보여지는 과정인 상품 노출은 매우 중요하며, 매출의 출발 지점이라 할 수 있습니다. 이는 Alibaba.com에서도 마찬가지이며, 효과적인 상품노출을 위해서는 적절한 상품 관련 카테고리의 선택, 유효한 상품 관련 키워드의 선택, 효과적인 검색이 가능한 상품명을 만드는 것이 중요합니다.

- 마케팅 프로모션(Marketing Promotion)

상품의 노출과 더불어 마케팅 활성화를 위한 프로모션의 참여는 상품을 바이어들에게 재인식시키고 매출로 연결할 수 있는 효과적인 방법입니다. 계절별 테마별로 진행되는 프로모션에 참여하는 것도 매출의 활성화를 위해서는 필요합니다.

간혹, 정부 기관 관계자들과 인터넷을 통한 국경 간 전자상거래(Cross-Border Ecommerce) 활성화를 위한 교육 프로그램 등을 협의하면서 토론을 벌이게 됩니다. 그 토론의 내용은 무역을 하는 분들을 대상으로 Alibaba.com의 플랫폼에 대해 교육하는 것이 효과가 빠를 것인가, 전자상거래에 종사하는 외국어 가능한 분들에게 교육해 무역으로 전환시키는 것이 효과가 빠를 것인가하는 질문입니다.

필자는 항상 전자상거래에 종사하는 외국어가 가능한 분들에게 무역으로 전환시키는 교육을 하는 것이 보다 효과적이라 주장합니다. 이유는 무역이란 정해져 있는 프로세스가 한정적이라 커머셜 인보이스(Commercial Invoice), 패킹 리스트(Packing List)를 발행해야 수출 면장(Export Licence)이 발행되고, 면장이 발행돼야만 원산지증명서(C/O: Certificate of Origin)를 발행할 수 있는 등의 절차가 있습니다.

하지만, 전자상거래는 컴퓨터 활용능력을 비롯한 규정되어 있는 내용 자체가 없으므로, 다양한 분석을 해야 하거나 또 배워야 할 스킬들이 상당히 많습니다. 즉, 무역은 일정 기간이 지나면 배울 수 있지만, 전자상거래는 배우고 익히는 데 상당한 시간이 소요된다는 이야기입니다. 그렇기 때문에 전자상거래에 대한 이해력이 높고 외국어가 가능한 직원을 채용해 Alibaba.com을 활용하는 것이 유리하다는 말씀을 드리지만, 사실 그러한 직원들을 찾기가 쉽지 않기 때문에 대개는 무역하던 분들이 배워 더 빠른 성과를 내는 것을 자주 보았습니다.

2 Alibaba.com을 통한 수출 가능성 파악 절차
(내 상품은 Alibaba.com을 통해서 수출 가능한가?)

Alibaba.com을 통한 수출 가능성 파악 절차

1. RFQ 분석 (Buying Needs 분석)	2. 상품 등록 확인 (경쟁 제품 및 한국 공급자 확인)	3. Biz Tresnds – Hot Keyword (세부 경쟁업체, 검색 빈도 확인)

01 | Alibaba.com의 RFQ 분석

❶ 검색창

바이어의 RFQ 포스팅 건수를 조사하고자 하는 상품 검색어를 입력, Search
를 클릭합니다.

RFQ(견적 요청)의 확인

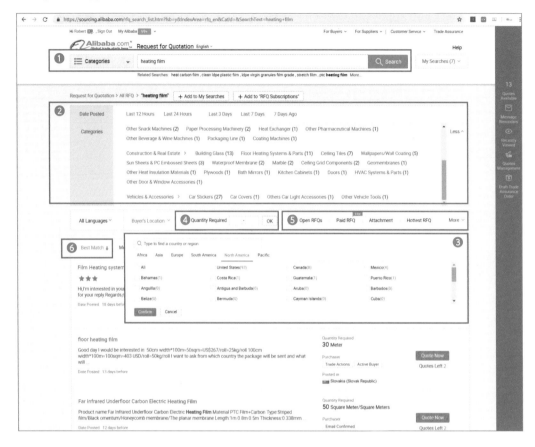

❷ Categories(상품 카테고리)

상품과 관련 있는 카테고리를 찾아서 클릭합니다.

❸ Buyer Location(바이어 위치)

바이어의 대륙별, 국가별 숫자를 확인합니다.

❹ Quantity Required(바이어의 요구 수량)

바이어의 주문 요구 수량을 나(공급업체)의 최소 주문 수량으로 변경하여
바꾸어 놓습니다.

❺ Open RFQs

RFQ의 종류별로 바이어가 지불한 금액을 Paid RFQ, 첨부파일이 있는 Attachment 등으로 정렬할 수 있습니다.

❻ Best Match / Most Recently

내(공급업체) 상품과 잘 매칭되는 RFQ(Best Match), 바이어가 포스팅한 순서 중 최신 순서(Most Recently)로 정렬합니다.

내 상품이 팔릴까 안 팔릴까를 판단할 때 가장 먼저 해야 할 일은 내 상품을 찾고 있는 바이어가 있는지를 직접 포스팅한 RFQ(견적 요청)를 통해 알아보는 것입니다. RFQ는 http://sourcing.alibaba.com으로 접속할 수 있으며, 내(공급업체)가 팔고 있는 상품을 RFQ 검색창에서 키워드로 검색하면 됩니다. 상품을 검색한 이후 수출하고자 하는 상품과 관련 있는 카테고리를 우선 선택하여 RFQ의 숫자를 확인합니다. 그 이후에는 대륙별, 국가별로 바이어 숫자를 확인, 즉, 한국에서 수출을 많이 하는 지역에서 RFQ가 포스팅 되었는지를 확인합니다.

수출은 항상 상품 운송이 뒤따르기 때문에 한국과의 수출 거래가 드문 아프리카, 중남미의 경우는 운송 시간도 오래 걸리고, 상품을 바로 바이어의 목적지 항구로 선적하지 못하므로 아프리카의 경우는 대개 프랑스 파리, 중남미 국가는 미국에서 상품을 하역했다가 옮겨 싣는 환적의 과정을 거쳐야 합니다. 그렇기에 배송 시간이 오래 걸리고 파손, 분실의 위험도 있고, 상품의 변질도 발생할 수 있어 상대적으로 수출 바이어를 개척하기가 어렵습니다. 또한, Alibaba.com은 물량거래를 기준으로 하는 B2B 사이트입니다. 즉, 바이어의 경우 소량 주문을 하게 되면 통관, 운송 등에 발생하는 비용도 크기 때문에 견적 요청의 경우는 물량이 어느 정도 되는 바이어를 선별해서 시장성을 파악하는 것도 중요합니다.

경기도의 한 대학에서 전자 무역 수업을 하면서 학생마다 한 개의 상품을 선정, RFQ(견적 요청)을 통해 시장성 분석을 하는 과제를 준 적이 있습니다. 그중 한 학생이 트랙터(Tractor)를 시장 분석, 약 1,500건의 RFQ가 있고, 아프리카가 바이어 숫자가 가장 많고, 트랙터를 수출하기에 가장 유망한 시장이라고 발표하였습니다. 하지만, 필자는 '과연 아프리카에 트랙터를 수출하면 잘 팔릴까?' 라는 석연치 않은 의문이 들었고, 예전 유료회원 전환을 상담했던 인천 송도의 중고차 수출업체와의 상담이 떠올랐습니다. 중고차의 경우는 40피트 컨테이너에 3~4대 정도가 선적된다고 들었던 기억을 더듬어 트랙터의 경우도 컨테이너에 선적될 수량이 3~4대라는 가정하에 RFQ 창에 트랙터를 치고, 실제 바이어가 주문할 수 있는 컨테이너 주문 단위인 3대 이상으로 수정하고 검색했더니 거의 1/5 수량인 300여 건으로 줄었습니다. 즉, 1대를 구매하겠다고 올린 RFQ가 1,200여 건 가까이 되었고, 1대씩 RFQ를 포스팅했던 건들은 실질적으로 트랙터를 필요로 하는 최종 소비자가 가격조사를 위해 올린 허수일 수 있음을 알게 되었습니다.

02 | Alibaba.com의 상품 등록 확인

❶ Relate Category

내 상품과 관계있는 카테고리를 클릭합니다.

Products로 검색한 후 페이지

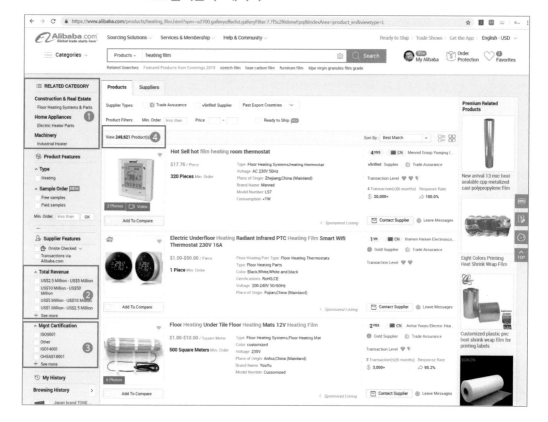

② Total Revenue

공급업체 특징별로 우리 회사와 비슷한 매출 규모의 공급업체를 정렬합니다.

③ Mgnt Certification

공급업체 특징별로 우리 회사와 같은 인증서를 보유한 공급업체를 정렬합니다.

④ View ○○ Product(s)

전체 상품 숫자를 확인합니다.

RFQ 분석을 마친 후에는 실질적으로 내가 판매 중인 상품 키워드로 직접

상품을 검색해서 분석해야 합니다. 검색어로 검색한 이후에는 내 상품과
관련 있는 카테고리를 선택, Suppliers Feature에서 타깃이 비슷한 수출지
역 업체 중 우리 회사와 매출 규모가 비슷하거나, 비슷한 인증서를 보유
하고 있는 업체의 상품을 체크하고, 적어도 1~3페이지까지 Inquiry를 많
이 받은 공급업체의 상품 특징들을 분석합니다.

Suppliers(공급업체)로 검색한 후 페이지

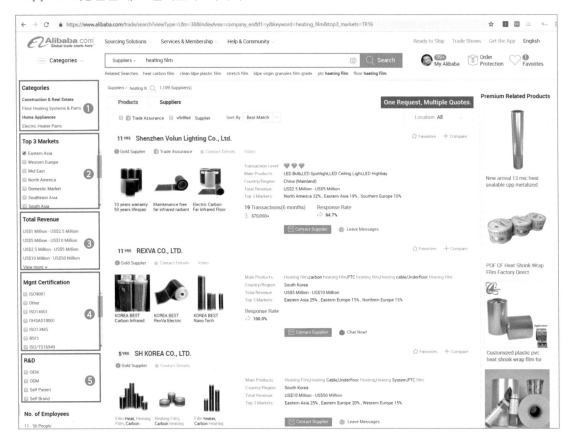

① Categories

내가 판매중인 상품의 관련 카테고리를 선택합니다.

❷ Top 3 Markets

Eastern Asia를 선택합니다.

❸ Total Revenue

우리 회사와 비슷한 연간 매출을 보유한 공급업체를 선택합니다.

❹ Mgnt Certification

우리 회사가 보유한 인증서를 복수로 선택합니다.

❺ R&D

능력별로 OEM, ODM 등의 제조 가능 여부를 선택합니다.

상품 분석을 끝내면 검색어로 검색한 결과에서 Products 옆에 위치한 Suppliers(공급업체)의 검색 결과도 확인해야 합니다. Suppliers의 검색 결과도 검색한 이후에는 내 상품과 관련 있는 카테고리를 선택하여 Top 3 Markets에서 Eastern Asia 지역을 선택해야 합니다. 무역은 지역적인 영향을 받을 수 있기에 수출을 위해서는 한국의 다른 공급업체를 비롯한 동아시아 지역 다른 공급업체들과도 경쟁해야 하기 때문입니다. 그런 후에는 타깃이 비슷한 수출지역의 업체 중 우리 회사와 매출 규모가 비슷하거나 비슷한 인증서를 보유한 업체들을 체크하고, R&D 능력별로 OEM, ODM이 가능한지도 체크하기 바랍니다.

많은 한국 공급업체들은 상품 검색을 하거나 공급업체를 검색할 때 한국의 다른 공급업체들이 없는 경우를 선호하는 경우가 많습니다. 하지만, 바이어 입장에서는 한국의 다른 공급업체들이 존재하지 않는다면, 한국 내수 시장의 독과점 업체로 오해할 수도 있고, 기술 수준이 아직 낮다고 생각할 수도 있으므로, 다른 공급업체들이 있는 것이 수출에 유리한 부분도 있으니 다른 공급업체들도 확인해야 합니다.

마지막으로 Analytics에서 Trending Keywords를 선택, Hot Keywords를 확인해야 합니다. Hot Keywords는 내가 판매하려는 상품의 키워드로 검색하면 관련된 키워드들이 한 페이지당 30개씩 보입니다. 여기서 우선 확인해야 할 것은 Supplier Competition입니다. Supplier Competition은 해당 키워드를 사용하고 있는 유료회원의 숫자를 보여줍니다. 그 이후에는 Showcased Products를 확인합니다. 이것은 유료회원의 상품 중 전시 우선권이라고 할 수 있는 Product Showcase를 사용하여 전시된 상품의 숫자를 보여줍니다. Supplier Competition의 공급업체 숫자와 Showcased Products의 비율은 상품에 따라서 다를 수 있는데, Showcased Products의 비율이 높으면 해당 상품은 공급업체가 주로 제조업체임을 의미하는 것이며, Showcased Products의 비율이 낮으면, 해당 상품은 공급업체가 도매유통업자 또는 무역중개업자가 많다는 것을 의미합니다. 즉, 제조업체의 경우는 제조 물품의 품목이 한정적이기에 Product Showcase에 동일한 상품을 많이 전시할 확률이 높지만, 도매유통업자나 무역중개업자는 상대적으로 상품의 품목이 다양하기 때문에 Product Showcase에 다양한 상품을 전시하기 때문입니다.

❶ 검색창

상품 키워드를 입력합니다.

❷ Keywords

키워드와 관련 있는 파생 키워드를 보여줍니다.

Analytics – Trending Keywords 확인

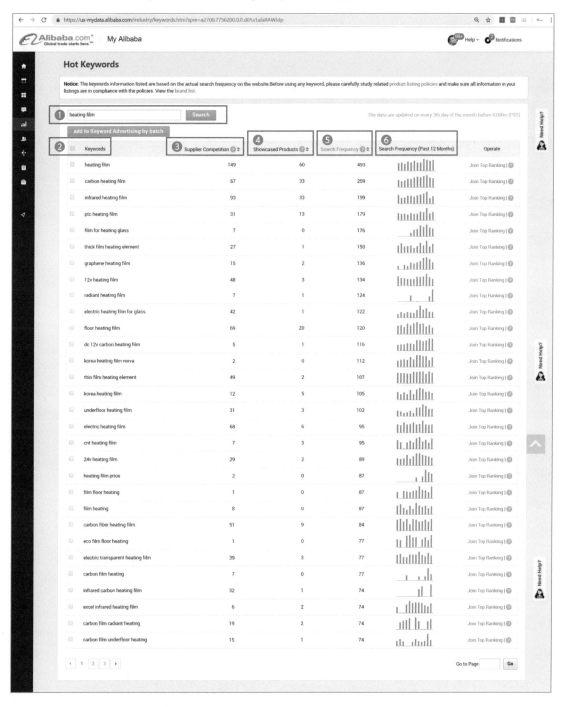

❸ Supplier Competition

Gold Supplier 중 해당 키워드를 Showcase Products를 사용하는 업체의 숫자를 보여줍니다.

❹ Showcased Products

Products Showcase에 전시된 상품의 숫자를 보여줍니다.

❺ Search Frequency

최근 1개월 간의 바이어 검색 빈도를 보여줍니다.

❻ Search Frequency(Past 12 Months)

과거 12개월 동안의 바이어 검색 빈도를 보여줍니다.

사례 가로등을 뜻하는 Led Street Light를 검색하면 Supplier Competition이 1,466개, 유료회원 광고 상품이라 할 수 있는 Showcased Products가 810개, 바이어의 월간 검색 빈도(Search Frequency)는 2,782회입니다. 하지만, 화장품인 Essence Oil을 검색하면 Supplier Competition가 95개, 유료회원 광고 상품이라 할 수 있는 Showcased Products가 2개, 바이어의 월간 검색 빈도(Search Frequency)는 952회입니다. 즉, 이를 통해 Led Street Light의 경우는 제조업체가 직접 수출을 위해 노력하는 상품이고, Essence Oil의 경우는 도매유통업자나 무역중개업자가 많이 취급하는 상품임을 확인할 수 있습니다.

Search Frequency는 바이어가 해당 검색어를 월 단위로 검색한 빈도입니다. 그 옆의 Search Frequency(Past 12 Months)는 12개월간의 바이어 검색 빈도를 그래프로 옮겨놓은 것입니다. 이 검색 빈도를 보면서 파악할 수 있는 것은 그래프의 형태가 산모양이 되거나 U자형이 되는 것을 볼 수 있는데 이는 계절영향을 받는 상품에 나타나는 현상입니다. 즉, 한국과 같은 북반구에 많은 바이어가 위치하다 보니 난방 관련 상품이나 냉방 관련 상품의 경우 바이어의 검색 빈도가 계절에 따라 크게 영향을 받는 것을 확인할 수 있습니다.

사례 최근 중소기업진흥공단 상품소싱팀에서 소싱된 상품의 수출 유망 여부에 전문가 의견을 듣는 프로젝트가 있었는데 바이어의 RFQ 포스팅 건수를 조사하고 Hot Keywords의 Search Frequency를 조사해서 비교하던 중 재미있는 사실을 알게 되었습니다. 어떤 상품은 바이어의 Search Frequency는 높지만, RFQ 포스팅 건수가 전혀 없는 상품이 있고, 어떤 상품은 Search Frequency도 많고, RFQ의 포스팅 건수도 많은 상품을 볼 수 있었습니다.

바이어가 상품 검색은 많이 하지만 RFQ 포스팅을 통해 비교 견적을 받지 않는 경우는 화장품 같이 상품의 가격보다는 품질에 집중하는 상품이 많았습니다. 반면, Search Frequency도 많고 RFQ의 포스팅도 많은 대표적인 상품으로는 Electric Cable이었습니다. 2019년 4월 30일 현재, 바이어의 검색 빈도는 1,321회였고, 포스팅한 RFQ도 767건으로 거의 1/2 이상 RFQ가 포스팅되어 있었습니다. 이는 RFQ를 통해 최대 10개의 공급업체로부터 견적을 받음으로 비교가 가능하고, 바이어가 상품의 가격에 민감한 상품이라 할 수 있을 것입니다.

CHAPTER 5

상품 Listing 정책

이 장에서는 Alibaba.com에 상품 Listing을 하기 위한 규정을 알아보도록 하겠습니다. 1년에 몇 차례 정도는 등록했던 상품이 삭제된다든지 계정이 삭제되어 쓸 수 없게 되었는데 이유를 모르겠다는 유료회원 고객들의 문의를 받는 경우가 있습니다. 유료회원들의 등록 상품이나 계정이 삭제되는 경우는 상품 Listing 정책을 위반하여 수차례 경고를 받았지만 이를 무시하고 같은 위반 상황을 수차례 반복한 경우입니다. Listing 정책은 상품 등록 전 반드시 숙지해야 할 중요한 내용으로 Alibaba.com의 규정 그대로 번역하였습니다.

Alibaba.com의
상품 규정
(버전No. : 2018. 5. 10, 공표일: 2018. 5. 10))

01 | 일반 규정

❶ 판매자는 어떤 나라 또는 사법관할권에서 연방법, 주법, 또는 지방법에 의해 규제를 받거나 금지되는 품목을 게시하거나 판매할 수 없습니다. www.alibaba.com(이하 Alibaba.com으로 칭하며, 이는 서브도메인 wholesale.alibaba.com, Wholesale Marketplace을 포함하는 것이고 그에 국한되는 것이 아니다)과 www.AliExpress.com(이하 AliExpress.com)은 글로벌 장터이고, 따라서 품목의 판매와 게시는 판매자가 거주하는 사법관할권 밖의 법을 원인으로 하여 금지될 수 있음을 인지해야 합니다. 아래에 일부의 금지 또는 제한 품목 카테고리를 열거해 두는데, 그러나 그 리스트는 품목 전체를 망라한 것이 아닙니다. 어떤 사법관할권에서든 법에 의해 금지되는 품목을 게시하지 않을 의무는 판매자에게 있습니다. 아래에 맞게 별도로 표시되고 설명되지 않는 한, 열거된 금지 또는

규제 품목 리스트는 Alibaba.com과 AliExpress.com 모두에 적용될 수 있습니다. 이 상품 게재 정책을 위해 The Alibaba.com Transaction Services Agreement(Alibaba.com 거래 서비스 계약)가 적용되는 거래는 '관련 온라인 거래'입니다.

❷ Alibaba.com은 법에 의해 규제 또는 금지되지는 않지만 그런데도 다음과 같이 논란이 될 만한 품목의 게시 또한 금지하기로 결정했습니다.

- 불법 행위를 유발하는 품목(예: 자물쇠 따기 도구, 약물 검사를 속이기 위한 합성 소변)
- 인종, 종교, 또는 민족을 모욕하는 품목, 또는 혐오와 폭력을 장려하고 인종적·종교적인 무관용을 장려하는 품목
- 무료 증정품, 복권, 제비뽑기, 또는 시합(contests)
- 주식, 채권, 투자이익, 기타 유가증권
- 포르노 또는 본질적으로 성적인 품목
- 실제 상품이나 서비스를 판매용으로 제공하지 않는 품목, 이를테면 디지털 화폐, 그리고 사용자 정보 취합만을 목적으로 하는 광고

❸ Alibaba.com은 독자적이고 독점적인 결정권에 의거해 부가적인 규제와 금지를 가할 수 있습니다.

❹ 이 정책의 내용이 Alibaba.com 플랫폼의 다른 어떠한 조건과 불일치, 불명확, 대립하는 경우, 또는 이 정책의 영어 버전과 기타 언어 버전이 불일치, 불명확, 대립하는 경우, 완전한 결정권에 의거하여 내려진 Alibaba.com의 결정과 영어 버전이 언제나 우선합니다.

❶ 불법 약물, 전구체 및 기구

- Alibaba.com은 마취제, 진정제, 향정신성 약물, 천연 약물, 합성 약물, 스테로이드, 기타 규제 약물(Uniform Controlled Substances Act, 21 U.S.C. 801의 Schedules I, II, III, IV와 V에 명시된 모든 약물 포함)의 모든 게재 또는 판매를 명시적으로 금지합니다. 그런 행위를 하는 경우 판매자 계정이 삭제될 수 있습니다.

- 모든 약물 전구체 화학물질(Convention on Psychotropic Substances of 1971에 명시된)의 게재나 판매는 엄격히 금지됩니다.

- 일차적으로 규제 약물의 제조, 은폐, 또는 사용에 이용될 목적으로 의도되거나 고안된 모든 품목을 포함한 약물 및 기구는 사이트에서 엄격히 금지됩니다. 그런 품목은 워터 파이프, 카뷰레터 파이프, 체임버 파이프, 아이스 파이프, 물 담뱃대 등과 같은 파이프류를 포함하여, 불법 약물의 흡입에 사용되는 품목들을 포함하나 그것에만 국한되는 것은 아닙니다.

- 규제 약물을 담는 데 이용될 수 있는 포장재, 불법 약물의 밀수, 저장, 밀매, 제조에 도움을 주는 물질(예: 마리화나 생장 촉진 램프), 불법 약물의 생산과 관련된 정보를 제공하는 출판물과 기타 미디어의 게재 또는 판매를 금지합니다.

❷ 인화성, 폭발성, 그리고 유해 화학물질

- 폭발물 그리고 그와 관련된 점화 및 폭발 장치의 게시는 엄격히 금지됩니다. 그런 행위를 하는 경우 판매자 계정이 삭제될 수 있습니다.

- 방사성 물질, 유독성 및 중독성 화학물질은 금지됩니다.

- 유해 또는 위험물질(국제 해사 위험물 운송규칙International Maritime Dangerous Goods Code에 정의된 위험 상품 카테고리 등)의 판매 또는 구입을 위한 게시는 금지됩니다.
- 오존층 파괴 물질은 게재할 수 없습니다.
- 해로운 물질을 함유한 상품(예: 석면 함유 품목)의 판매 또는 구입을 위한 게시도 금지됩니다.
- 불꽃놀이, 폭죽, 그리고 관련 상품의 게재는 관련 온라인 거래를 위한 Wholesaler Marketplace와 AliExpress 플랫폼 모두에서 금지됩니다. 판매자가 중국 본토에서 이들 상품에 대해 적합하게 인가된 판매자인 경우, 그리고 그 판매가 관련 온라인 거래로 간주되지 않는 경우에는 예외가 허용될 수 있습니다.

❸ 총류와 탄약

- 생물학적, 화학적, 또는 핵무기, 또는 기타 대량살상무기(WMD) 또는 연관 재제로 알려진 것은 무엇이든 국제법에 의해 엄격히 금지되며 따라서 사이트에서 금지됩니다. 이 정책을 위반하는 경우 Alibaba.com이 정부 당국에 신고하고 계정은 삭제됩니다.
- 무기, 탄약, 군수품, 총기(폭발물 포함) 또는 관련 부품 및 부속물(일습이든 아니든)의 판매 또는 구입을 위한 게시는 엄격히 금지됩니다. 그런 행위를 하는 경우 판매자 계정이 삭제될 수 있습니다.
- Alibaba.com은 복제, 유사, 또는 모조 소형화기 또는 관련 부품 및 부속물(일습이든 아니든)의 판매 또는 구입을 위한 게시를 허용하지 않습니다. 이 금지조항은 공기총, BB총, 페인트볼총, 작살, 작살총, 그리고 기타 가스, 화학물질, 또는 폭발물질을 함유한 발사체를 발사할 수 있는 무기 상품에 적용됩니다.

❹ 무기

- 타인에게 심각한 신체적 상해를 입히거나 유발할 수 있는 무기(예: 전기충격기, 경찰봉, 석궁)의 판매 또는 구입을 위한 게시를 허용하지 않습니다.

- 대부분의 칼과 기타 날이 있는 도구는 허용되지만, 칼날이 튀어나오는 나이프, 중력 칼, 브라스 너클(날이 있든 없든), 날을 세운 손 무기, 위장된 나이프는 금지됩니다.

- Alibaba.com은 어떤 품목이 적합한지, 어떤 품목이 무기로 간주되어 게재의 삭제를 유발할 수 있는지에 관한 결정권을 가집니다.

❺ 행정, 법 집행, 군 조직 지급 품목

- 다음 품목은 게재가 허용되지 않습니다

  (a) 행정기관 유니폼이라 주장하거나 비슷해 보이는 의류 또는 식별품 품목

  (b) 법 집행관의 배지 또는 공공기관의 공식적인 법 집행관 식별품(예: 카운티 정부가 발행한 배지 등)

  (c) 군대 훈장, 메달, 상패, 그리고 상당히 비슷한 디자인의 품목

- 경찰 유니폼, 경찰 계급장, 경찰 차량이 게시되는 경우는 구식인 경우와 현재 사용하는 경찰 유니폼, 경찰 계급장, 경찰 차량과 흡사하지 않은 경우에만 허용됩니다. 이러한 사실은 상품 설명에 명확히 서술돼 있어야 합니다.

- Alibaba.com에 게재될 수 있는 일부 경찰 품목은 다음의 가이드라인을 준수하여야 합니다.

  (a) 공인된 일반 기념품, 이를테면, 모자, 머그컵, 핀, 펜, 단추, 커프스 링크, 티셔츠, 배지와 흡사하지 않은 지폐 클립, 그리고 배지를 포함하지 않은 사진 등입니다.

  (b) 진짜가 아닌 또는 공식적이지 않은 배지(예: 장난감 배지)

ⓒ 현대 법 집행관 배지와 흡사하지 않은 과거의 배지로, 품목 설명에서 배지가 적어도 75년 이상 된 역사적 유물이거나 더 이상 존재하지 않는 정부가 발행한 것임을 명확히 설명해야 합니다.

• 다음의 대량운송 관련 품목은 게재가 허용되지 않습니다.

ⓐ 운송기업 관련 의류 또는 식별품, 이를테면 민간 항공사 조종사, 여객 승무원, 공항 서비스 직원, 철도회사 직원, 대량운송기업 보안요원 의류 또는 식별품을 포함하지만 그것에만 국한되는 것은 아닙니다. 민간 항공사 또는 기타 대량운송기업 관련 구식 의류가 게재될 수 있는데, 단 상품 설명에서 품목이 적어도 10년 이상 된 것이고, 더 이상 사용되지 않으며, 현재의 어떠한 유니폼과도 흡사하지 않음을 명확히 서술해야 합니다.

ⓑ 민간 운송기업 관련 설명서 또는 기타 자료로, 이를테면 민간 항공사나, 철도, 기차, 버스를 운영하는 업체가 출간한 안전 매뉴얼 등입니다. 그런 품목이 게재될 수 있는 경우는 상품 설명에서 그 자료가 과거의 것이고 더 이상 사용되지 않음을 명확히 서술할 때뿐입니다.

ⓒ 모든 공적, 내부, 기밀, 비공개 문서

• 경찰 장비와 관련 상품의 게재는 관련 온라인 거래를 위한 Wholesaler Marketplace와 AliExpress 플랫폼 모두에서 금지됩니다. 판매자가 중국 본토에서 이들 상품에 대해 적합하게 인가된 판매자인 경우, 또 그 판매가 관련 온라인 거래로 간주되지 않는 경우에는 예외가 허용될 수 있습니다.

❻ 의약품

• 처방약, 향정신성 약물, 마취제의 게시는 엄격히 금지됩니다.

• 경구 투여 성적 흥분 식품 및 보조제의 게재 또는 판매는 금지됩니다.

• 동물용 처방약은 게재될 수 없습니다.

- 회원은 적절한 생산 및 판매 허가서를 Alibaba.com에 제출한 뒤 웹사이트에 시중에서 처방없이 구매할 수 있는 약품을 게시할 수 있으나 이들 상품의 거래는 관련 온라인 거래로 취급되는 것이 엄격히 금지됩니다.

Alibaba.com에서 판매중인 일반의약품

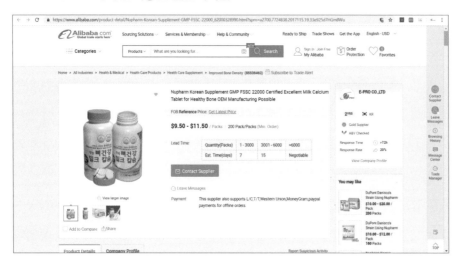

Alibaba.com에서 판매 가능한 의약품은 적절한 생산 및 판매 허가를 제공한 후에 일반의약품(OTC: Over the Counter Drug)으로 판매가 가능합니다. OTC는 간단하게 24시간 편의점에서 살 수 있는 의약품이라고 보면 되고, 일반적으로 아스피린 등의 진통제, 건강보조식품으로 섭취하는 비타민제, 영양제 등입니다.

사례 2017년 필자의 오프라인 세미나에 참석한 경기도의 한 업체는 유료회원 계정(GGS: Global Gold Supplier)을 사용하는데 계정 접속이 되지 않는다고 문의하였습니다. Alibaba.com의 고객관리 프로그램(Customer Relationship Management)에서 위 회사의 계정을 조회해 봤더니 삭제되어 있었습니다. 이 업체는 주근깨 및 안면 점을 제거할 때 쓰는 안면마취 크림을 등록해서 중앙아시아 등지로 판매했던 적이 있었습니다. 안면마취 크림의 경우는 처방전이 필요한 전문적인 의약품이었기 때문에 상품등재 규정 위반에 해당하여 해당 상품이 삭제되었지만, 이를 무시하고 수차례 같은 상품을 등록하였고 상품 규정 위반이 누적되어 결국 사용 중이던 유료회원 계정까지 삭제당하게 되었던 것입니다.

❼ 의료기기

Alibaba.com은 비인가 의료기기의 게시를 허용하지 않습니다. 회원은 적절한 생산 및 판매 허가서를 제출한 뒤에만 공인 의료기기를 게시할 수 있으나, 이들 상품의 거래는 관련 온라인 거래로 취급되는 것이 엄격히 금지되고 있습니다.

> **사례** 2017년 경기도의 한 미용 관련 의료기기를 생산하는 공급업체는 회사의 의료기기 품목 제조 허가서가 기관에서 심사 중으로 발급되기 전이지만 상품 등록이 완료되면 정부 보조금을 먼저 받을 수 있기에 상품 등록부터 마쳤습니다. 그러나, 1~2주 지나서 등록되었던 일부 상품들이 삭제되고, Alibaba.com에서 경고 메세지를 받았다는 문의를 하였습니다. 확인 결과, 의료기기 품목 제조허가서가 미제출된 건으로, GMP 인증서를 수취하여 등재한 이후에는 문제 없이 상품 등록을 할 수 있었습니다.

❽ 성인물과 음란물

• 포르노물의 게시 또는 판매는 엄격히 금지됩니다. 포르노는 정의하기 어

렵고 기준이 나라마다 다르지만, Alibaba.com은 일반적으로 홍콩과 중화인민공화국에서 인정되는 가이드라인을 준수합니다.

- 수간, 강간 성행위, 근친상간 또는 생생한 폭력이나 학대가 결부된 성행위를 묘사 또는 시사하는 품목, 그리고 미성년자가 결부된 성행위를 묘사 또는 시사하는 품목은 엄격히 금지됩니다.

- Alibaba.com과 AliExpress.com의 게재 또는 정보 삭제 기준은 이미지, 그림, 글을 포함한 게시물의 전체 내용을 고려해 결정합니다.

- 섹스토이와 관련 상품은 게재가 허용되지만 상품 설명은 나체나 기타 성적으로 노골적인 이미지를 포함할 수 없습니다.

❾ 기만적 장치 및 불법적 목적을 위해 이용되는 기타 장치

- 텔레비전 프로그래밍(위성 및 케이블 TV 등), 인터넷 접속, 전화, 데이터, 또는 기타 보호, 규제되는 서비스나 프리미엄 서비스에 허가없이 접근하는 데 이용되는 디스크램블러 및 기타 품목은 금지됩니다. 교육 또는 실험 목적으로 품목을 설명한다고 해서 부적합한 상품이 정당화되지는 않습니다. 허용되지 않는 품목의 사례에는 스마트카드와 카드 프로그래머, 디스크램블러, DSS 에뮬레이터, 해킹 소프트웨어가 포함됩니다.

- 이와 비슷하게, 케이블 TV와 위성 텔레비전, 또는 기타 서비스를 권한 또는 대금 지불 없이 프로그래밍을 해제하거나 시청하는 '방법'에 관한 정보는 금지됩니다. Alibaba.com의 정책은 이런 유형의 행위를 어떤 식으로든 권장하는 것을 금지하고 있습니다.

- 공인된 전파 통신, 이를테면 휴대전화 및 개인통신 서비스, 경찰 레이더, 위성항법 시스템(GPS), 무선 네트워킹 서비스(Wi-Fi)를 의도적으로 차단, 방해, 간섭하기 위한 기기는 금지됩니다.

- 유선, 구두, 전자 통신의 도청에 사용되는 스파이 장비와 기기의 게재 또

는 판매는 사이트에서 허용되지 않습니다.

- 숨겨진 사진 장치(Spycam)는 성적 또는 불법적인 목적에 사용되지 않는 한 허용됩니다.

- 은행 카드리더기와 스키머는 게재가 금지됩니다.

- 위에 포함되지 않은 모든 비인가 기만적 장치 또한 엄격히 금지됩니다.

❿ 불법 서비스

- 행정 서비스 및 관련 상품의 게재는 엄격히 금지됩니다. 금지 사례에 포함되는 것은,

  (a) 공식적인 정부 발행 신원 증명 문서, 예를 들어 출생증명서, 운전면허증, 여권 및 비자

  (b) 위에 언급된 문서를 위해 작성된 신청서

  (c) 정부 발행 신원 증명 문서 생산에 사용되는 모든 재료, 장치, 또는 절차(예: 운전면허증 홀로그램, 여권 수첩)

  (d) 섬유 쿼터의 판매 또는 구매 제안은 금지됩니다.

- 모든 형태의 청구서 또는 영수증(공란이거나 미리 작성된, 또는 부가세 표기 청구서나 영수증)은 엄격히 금지됩니다.

- 금융 서비스, 이를테면 이체, 은행지불보증과 신용장 발행, 대출, 사적 투자 목적의 모금과 자금 조달 등을 제안하는 게재를 금지합니다.

- 사용자 정보 수집 또는 모금만을 목적으로 하는 게재를 금지합니다.

- 의료 및 건강관리 서비스, 이를테면 진료, 재활, 접종, 건강검진, 심리상담, 식이요법, 성형수술 및 마사지를 제공하는 게재를 금지합니다.

- 이름, 주소, 전화번호, 팩스번호, 이메일 주소를 포함하여 개인을 식별할 수 있는 정보를 함유한 대량 이메일 또는 메일링 리스트의 게시 또는 판매는 엄격히 금지됩니다. 무작위로 발송되는 상업 이메일(즉 스팸)을 보

내기 위해 고안되거나 그에 이용되는 소프트웨어 또는 기타 도구 또한 금지됩니다.

- 피고용인을 직접 채용할 수 있는 공장 · 회사 · 기관의 구인광고는 사이트에서 금지됩니다.

- Alibaba.com은 온라인 B2B 정보 플랫폼입니다. 개인적이고 사업 외적인 정보는 금지됩니다.

- 양도 불가능한 품목은 게시되거나 판매될 수 없습니다. 복권, 항공권, 그리고 이벤트 티켓을 포함한 많은 품목은 재판매되거나 양도될 수 없습니다.

⓫ 수집품, 복원품, 귀금속

- 화폐, 동전, 지폐, 주식, 채권, 우편환, 신용카드와 직불카드, 투자이익, 디지털 화폐 또는 모든 가상화폐(예: 암호화폐), 그리고 그런 물품을 제조하는 데 이용되는 장비와 재료의 판매 및 구입을 엄격히 금지합니다.

- 위에 명시된 법정 화폐의 위조품은 엄격히 금지됩니다.

- 수집 품목인 동전의 재현물 또는 복제품에는 'Copy', 'Rerproduction' 또는 'Replica'라는 단어가 명확하게 표시되어야 하며 모든 관련 현지법을 준수해야 합니다.

- 금, 은, 기타 귀금속(쥬얼리는 포함하지 않음)의 판매나 구매를 제안하는 게재는 금지됩니다.

- 미가공 다이아몬드와 분쟁국에서 채취된 '분쟁 광물'은 게재할 수 없습니다.

- 복원 유물, 문화적 유물, 역사적 묘석, 그리고 관련 품목들은 중화인민공화국, 미국, 기타 사법관할권의 법률에 의거하여 보호되며 게시 또는 판매될 수 없습니다.

⓬ 인체 부위, 인간의 유해, 보호종 동식물

- 인체 부위와 유해의 게재를 금지합니다. 장기, 뼈, 피, 정자, 난자 등은 그런 금지 품목의 사례일 뿐 그것에만 국한되지 않습니다. 사람의 모발로 만들어진 품목, 이를테면 상업적으로 이용되는 가발은 허용됩니다.

- 멸종위기에 처한 야생동식물종의 국제거래에 관한 협약(CITES) 또는 기타 지역법과 규제에 의해 보호되는 모든 종의 게재 또는 판매(모피, 피부, 장기, 치아, 갈고리발톱, 갑각, 뼈, 어금니, 상아 같은 동물 신체 부위와 통나무, 뿌리, 기타 식물 부위 포함)는 엄격히 금지됩니다.

- 상어 또는 해양 포유류의 신체 부위 또는 거기서 얻은 어떠한 요소라도 함유하고 있는 상품의 게재 또는 판매는 금지됩니다.

- 고양이, 개, 곰으로 만들어진 상품, 그리고 모든 가공 장비의 게재 또는 판매도 금지합니다.

- 가금류, 가축, 반려동물의 상업적 목적의 게재 또는 판매는 금지됩니다. 즉, 살아 있는 동물은 게재가 금지됩니다.

⓭ 국가 안보를 위협하는 유해 자료와 정보

- 국가 안보 또는 공공질서를 위협하는 국가 기밀 또는 정보를 함유한 모든 출판물과 기타 미디어는 금지됩니다. 그런 행위를 하는 경우 판매자 계정이 삭제될 수 있습니다.

- 국가 자주권의 침해, 테러 집단, 또는 인종, 성별, 종교를 토대로 한 차별을 지지 또는 옹호하는 모든 정보는 엄격히 금지됩니다. 그런 행위를 하는 경우 판매자 계정이 삭제될 수 있습니다.

- 민족적 또는 인종적으로 공격적인 게시물은 사이트에서 금지됩니다. 판매자와 바이어는 모든 표현에 있어 게시물을 읽을 수 있는 이들에 대한 적합한 감수성과 자신들이 공격성을 내포한 품목 또는 서비스를 제공하

거나 구매하고 있지 않은지에 대해 살펴보아야 합니다.

- 때로 자료들이 역사적인 가치를 지니거나 품목에 필수적인 경우(책 제목처럼) 회원은 게시물의 주제와 설명에 Yong Guizi 같은 공격적인 낱말이나 구문을 사용하기도 합니다. Alibaba.com은 그런 품목의 삭제를 결정할 독자적인 결정권을 지니며, 자신이 대우받고자 하는 대로 타인을 대우하기를 모든 회원에게 권장하고 있습니다.

- 파시즘, 나치즘, 기타 극단적인 이데올로기를 옹호, 홍보, 또는 지지하는 자료는 엄격히 금지됩니다.

⑭ 담배 상품

- 담배 상품의 게시는 금지되는데, 담배 상품은 여송연, 궐련, 말아 피우는 담배, 파이프 담배, 물담배, 씹는 담배, 담뱃잎을 포함하나 이에만 국한되는 것은 아닙니다.

- 전자담배와 부대 용품의 게시는 허용되지만 전자담배용 니코틴과 기타 액체(액상)는 금지됩니다.

- 중국 본토에 위치한 회원이 담배 가공 및 담배 상품 제조에 사용되는 기구를 게시할 수 있으려면 먼저 적절한 생산 및 판매허가서를 웹사이트에 제출해야 합니다.

⑮ 도박 장치

특히 도박에 사용되는 장치의 게재 또는 판매는 금지됩니다. 기타 합법적인 용도를 지닌 상품(예: 주사위와 카드 게임)은 일반적으로 허용됩니다.

⑯ 제재 및 금지 품목

- 세계의 모든 관련 국가 또는 사법관할권에서 법, 규제, 제재 및 거래 제한에 의해 금지된 상품은 엄격하게 금지됩니다.

- 이란에서 생산된 석유, 석유 상품과 석유화학 상품의 게재 또는 판매는

엄격히 금지됩니다.

- 북한에서 생산된 석탄, 철, 철광석, 금, 티타늄 광석, 바나듐 광석, 희토류의 게재 또는 판매는 엄격히 금지됩니다.

- 중국 본토에 위치한 판매자와 바이어에 의한 원유의 게재 또는 판매는 금지됩니다.

⑰ 기타 게재 제재 규정

- 유해물질을 함유한 모든 상품(예: 납 페인트를 칠한 장난감)의 게시는 금지됩니다.

- 자동차 에어백은 폭발 물질을 함유하고 있으므로 명백히 금지됩니다.

- 리퍼 상품, 핸드폰, 노트북, 컴퓨터의 리퍼 상품의 판매 및 구매는 금지됩니다.

- 중고 상품

  (a) 중고 속옷은 사이트에 게재 또는 판매될 수 없습니다. 기타 중고 의류는 게재될 수 있으나 단, 완전히 세탁이 이루어진 뒤 가능합니다. 부적합하거나 무관한 설명이 포함된 게시물은 삭제됩니다.

  (b) 중고 화장품의 게재 또는 판매는 금지됩니다.

- 계약서와 티켓

  (a) 판매자는 거래가 법을 준수하고 어떠한 계약의 의무도 위반하지 않도록 책임을 져야 합니다. 사이트에 품목을 게시하기 전에, 판매자의 상품이 판매자의 권리를 제한할 수도 있는지 꼼꼼히 확인해야 합니다. 항공권 같은 일부 품목의 경우, 품목에 인쇄된 약관이 그 품목을 판매하는 판매자의 권한을 제한할 수 있습니다. 이를테면 판매자가 한 회사 상품을 유통시키고 있는데 그 상품을 판매하는 권한을 제약하는 별개의 계약에 판매자가 서명했을 수도 있습니다.

(b) Alibaba.com은 이런 문제를 일으킬 수 있는 품목을 조사하지 않고 사적인 계약서를 검토하지 않으며 사적인 계약 분쟁에서 판결을 내리거나 편을 들지 않습니다. 다만 판매자는 품목의 게시가 자신의 계약상 의무를 위반하는 경우에 제3자와 분쟁을 겪게 될 수 있음을 명심해야 합니다. 따라서 Alibaba.com은 품목을 게재하기 전에 관련 계약 또는 협약을 충분히 검토하고 사이트에서 품목을 판매하는 일이 합법적임을 판매자 스스로가 확인하기를 촉구합니다.

(c) 계약 또는 협약에 따른 판매자의 권리에 관해 문의 사항이 있다면, 판매자가 계약을 맺은 기업에 문의하고 또는 변호사와 상담하기를 권합니다.

• 이벤트 티켓 재판매 정책은 공연, 스포츠, 엔터테인먼트 행사 티켓의 게재를 법이 허용하는 한도에서 허락합니다. 그러나 판매자의 특별한 거래가 관련 법 또는 티켓 자체에 명시된 약관을 전혀 위반하지 않음을 보증할 책임은 티켓 판매자인 판매자에게 있습니다.

• 부동산 게시물을 통해 바이어는 판매자와 접촉하여 더 많은 정보를 얻고 게재된 부동산에 관한 관심을 표현할 수 있습니다. 부동산의 판매 또는 구매와 관련된 게시물을 등록하기 전에 판매자는 모든 관련 법과 규제에 합치되는지 확인해야 합니다.

• 절도 자산

(a) 절도 자산의 게시 또는 판매는 국제법 위반으로 엄격히 금지됩니다. 절도 자산은 개인으로부터 훔친 품목뿐 아니라 기업 또는 정부에서 권한없이 빼돌린 자산을 포함합니다.

(b) Alibaba.com은 절도 자산의 반환과 책임져야 할 개인에 대한 기소와 관련하여 법 집행관의 업무를 지원하고 협력합니다. 판매자의 품목 설

명에 포함된 이미지 또는 글을 판매자의 허락없이 사이트의 다른 이용자가 도용했다고 생각하거나, 판매자의 지적재산권이 그런 사용자들에 의해 침해되었다고 생각하는 경우 서비스팀 alibaba@service.alibaba.com에 문의하기 바랍니다.

03 │ 지적재산권 보호 정책

❶ 얼굴, 이름, 서명

- 사람의 사진, 이미지, 이름 또는 서명이 사용된 사람이 제작하거나 그의 허가를 받은 상품이 아닌 한, 타인의 사진, 이미지, 이름 또는 서명이 들어 있는 품목은 금지됩니다.

❷ 복제 및 위조 품목

- 위조품, 무면허 복사품 또는 무허가 품목, 이를테면 위조된 디자이너 의류, 시계, 핸드백, 선글라스, 기타 액세서리는 사이트에서 엄격히 금지됩니다.

- 판매되는 상품에 기업의 명칭 또는 로고가 들어 있지만 그 기업의 상품이 아니거나 허가를 받지 못한 경우, 그런 상품은 사이트에서 금지됩니다.

- 브랜드 상품은 브랜드 소유주에게 사용 허가를 받은 경우 게시가 허용됩니다.

- 복사품, 위조품, 기타 무허가 품목의 판매 또는 구매를 제안하는 게시물은 삭제됩니다. 위조품 또는 무허가 품목을 반복적으로 게시하는 경우 판매자의 멤버십은 즉각 정지됩니다.

❸ 소프트웨어

- 학문용 소프트웨어

    ⓐ 학문용 소프트웨어는 학생, 교사, 공인된 학습기관의 피고용인들에게 할인 가격으로 판매되는 소프트웨어입니다.

    ⓑ 판매자가 자격이 있는 경우에만 사이트에 학문용 소프트웨어를 게재할 수 있습니다. Alibaba.com의 학문용 소프트웨어 정책을 위반한 게시물은 공표 전에 삭제될 수 있습니다.

    ⓒ 공인된 교육용 재판매자 또는 교육기관 대신 교육용 소프트웨어를 게시하기 위해서는 그러한 면허 인가 사실을 게시물에 명확히 명시해야 합니다. 공인된 교육용 재판매자(또는 교육기관)가 발행한 자격인증서 또한 Alibaba.com에 제출해야 합니다.

- OEM 소프트웨어

    ⓐ OEM 또는 번들 소프트웨어 상품은 컴퓨터 하드웨어와 함께 판매하지 않는 한 게재할 수 없습니다. OEM 또는 번들 소프트웨어는 새 컴퓨터 구입 때 딸려가는 소프트웨어입니다. OEM 소프트웨어 라이선스는 일반적으로 구매자가 컴퓨터 없이, 또는 일부 경우에 어떤 컴퓨터 하드웨어도 없이 소프트웨어를 재판매하는 것을 금지합니다.

❹ 지적재산의 비인가 상품

- 소프트웨어 프로그램, 비디오 게임, 음악 앨범, 영화, 텔레비전 프로그램, 사진 또는 기타 법의 보호를 받는 작품의 비인가 상품(해적판, 복제판, 백업판, 불법판)의 게재 또는 판매는 사이트에서 금지됩니다.

지적재산권(IPR) 보호 정책에 관해 더 알고 싶다면 https://rule.alibaba.com/rule/detail/2049.htm를 참고하시기 바랍니다.

● 공지: 이 항목들은 모든 게 망라된 것이 아니며 꾸준히 수정될 것입니다. 판매자는 사이트에 게재하고자 하는 상품에 관해서 그 적합성 또는 합법성에 관해 확신할 수 없는 경우 고객서비스 부서에 문의해야 합니다.

- 무료 멤버십 계정:

  http://www.alibaba.com/help/contact-us.html#askquestion.

- 골드 공급자 계정:

  https://service.alibaba.com/ensupplier/faq_detail/

  14455109.htm

2 부적합한 상품 게시 관련 미준수 대처 방안 규정
(버전 No.: 2017. 7. 5. 업데이트: 2017. 7. 6.)

01 | 정의

부적합한 상품 게시와 관련된 미준수는 판매자가 상품 정보를 게시함에 있어 미준수를 가리키는 것으로, 부적합한 상품 표제 설명, 상품 범주 오류, 상품 중복 게시, 상품 가격 오류 및 최소 주문량(MOQ) 오류 등을 포함하나 이에만 국한되는 건 아닙니다.

02 | 미준수 유형

❶ 부적합한 상품 표제 설명

부적합한 상품 표제 설명은 다음을 포함하지만 다음에만 국한되는 건 아닙니다. 분명한 상품명이 표제 설명에 미포함, 표제 설명에 연락처 정보 포함, 표제 설명에 과다한 상품명 수록, 표제에 과다한 상품 설명 (과다한 상품명, 브랜드명, 모델 번호, 형용어, 기타 많은 경우 포함), 표제 설명 내 상품명과 상품 그림 간 불일치, 상품 표제 설명에 실린 판매자의 의도와 구체적인 상품 설명 등에 실린 내용의 불일치 등입니다.

❷ 상품 범주 오류

상품 범주 오류는 부적합한 카테고리에 위치한 상품 게시를 가리킵니다. 상품 범주를 선택할 때, 판매자는 상품에 가장 가깝고 가장 적합한 카테고리를 선택해야 하고 다른 적합한 카테고리가 있는데 '기타' 카테고리를 선택해서는 안됩니다. 시스템에서 추천하는 카테고리는 참고용일 뿐이므로 판매자는 상품을 설명해 주는 특성들에 맞는 적합한 연관 카테고리를 신중하게 선택해야 합니다.

금지 및 규제 카테고리의 경우, 판매자는 상품 게시에서 해당 카테고리를 선택해야 하며 그렇지 않은 판매자는 금지 및 규제 카테고리 관련 규정을 회피하려는 것으로 간주되며 Alibaba.com은 Enforcement Actions for Displaying Prohibited and Controlled Items(금지 및 규제 품목 표시에 관한 시행 조치)에 따라 시행 조치를 부과할 권리를 갖고 있습니다.

❸ 상품 중복 게시

상품 중복 게시는 판매자가 게시한 상품 정보가 동일하거나 비슷한 경우, 또는 상품의 주요 속성이나 설명(브랜드, 사양, 모델, 재료, 그림 등을 포함하나 이에만 국한된 것은 아님)이 동일하거나 비슷한 경우를 가리킵니다.

❹ 상품 가격 오류 및 최소 주문량 오류

이러한 미준수에 해당하는 것은 다음을 포함하나 다음에만 국한되는 것은 아닙니다. 게시된 상품 가격 범위가 동일 업계 유사 상품의 시장가와 현저히 다른 경우, 게시된 상품 가격은 저렴하나 배송비가 평균보다 현저히 높은 경우, 실제로 지불되는 배송비가 판매자가 게시한 배송비보다 비싼 경우, 상품 최소 주문량을 잘못 알리는 경우 등입니다.

03 | 시행 조치

부적합한 상품 게시와 관련하여 앞에서 설명한 것처럼 판매자가 미준수한 경우, 또는 판매자가 미준수했다고 판단하는 경우 Alibaba.com이 취하는 시행 조치는 다음과 같습니다.

❶ 상품에 대해

부적합한 상품 게시(상품 중복 게시는 제외하고)에 연루된 상품은 검색 결과에서 차단됩니다. Alibaba.com은 그러한 상품 게시를 내리게 하거나 삭제하는 것, 또한 이외의 조치를 취할 권리를 지닙니다. 상품 중복 게시에 연루된 상품에 관해서 그러한 상품의 정보는 검색 결과에서 딱 한 번만 나타납니다. 즉 바이어가 특정 키워드로 유사 상품을 검색할 때는 최고 바이어 선호도와 최고 기록 결과를 지닌 상품이 나타나고 기타 중복된 상품 정보는 검색 결과에 나타나지 않습니다.

❷ 계정에 대해

부적합한 상품 게시 관련하여 어떤 미준수라도 발견되는 경우, 7일 동안 검색 결과에서 상점 자체의 순위를 하락시킵니다. 또한 상품 표제 설명, 상품 가격 오류 및 최소 주문량 오류 관련 미준수의 경우, 특정 연도에 최초 3번의 위반에 대해서는 벌점 0점을 감하고, 4번째와 이후 계속되는 위반(시스템이 감지하고 확정한 위반 포함)에는 각각 벌점 2점씩 감합니다.

- 이 규정은 2017. 7. 16일부터 실행됩니다.
- Alibaba.com은 법과 규정의 변화, 기업 환경 및 기타 요인의 변화에 맞게 이 규정을 즉시 수정하고 발표할 권리를 가집니다. 수정된 규정은 공표에 적시된 날로부터 효력을 지닙니다.
- 이 규정은 Alibaba.com 거래 규정의 필수적인 부분입니다. 이 규정과 Alibaba.com 거래 규정 간 불일치가 발생하는 경우, 규정이 우선합니다. 이 규정이 다루지 않은 문제들에 대해서는 Alibaba.com 거래 규정이 적용됩니다. 이 규정의 중국어판과 이외 언어판이 불일치, 불명확, 대립하는 경우, The Chinese version(중국어판)이 우선합니다.

전자상거래 분야에서 Alibaba.com을 신뢰할 만한 플랫폼으로 유지하고 보호하기 위해 상품 게시 관련 정책을 포함하여 정책을 위반한 품목을 게시하는 판매자에 대해 강력한 경고 조치, 접근 권한 제한, 모든 온라인 품목 삭제, 멤버십 해지 등의 시행 조치가 취해집니다. 금지 또는 규제 품목을 디스플레이하는 회원들에게 내려지는 조치는 다음과 같습니다.

1) 불법 약물, 전구체 및 기구

① 마취제, 진정제, 향정신성 약물, 천연약물, 합성약물, 그리고 리스트 1 전구체 화학물질	A+ 등급 위반 벌점 48점 부과 및 즉각 계정 폐쇄
② 리스트 2 전구체 화학물질과 스테로이드	A 등급 위반 위반 당 벌점 6점 부과
③ 리스트 3 전구체 화학물질	B 등급 위반 위반 당 벌점 2점 부과
④ 불법 약물 기구(예: 물담뱃대, 아이스 파이프)	B 등급 위반 위반 당 벌점 2점 부과
⑤ 불법 약물의 밀수, 저장, 밀매, 운반 또는 제조에 도움을 주는 물질(예: 마리화나 생장 촉진 램프)	C 등급 위반 위반 당 벌점 1점 부과

⑥ 불법 약물의 생산과 관련된 정보를 제공하는 출판물과 기타 미디어	C 등급 위반 위반 당 벌점 1점 부과

2) 유해물질

① 폭발물	A+ 등급 위반 벌점 48점 부과 및 즉각 계정 폐쇄
② 폭발성 화학물질과 가연성 화학물질	A 등급 위반 위반 당 벌점 6점 부과
③ 방사성 물질	A 등급 위반 위반 당 벌점 6점 부과
④ 유독성 화학물질	A 등급 위반 위반 당 벌점 6점 부과
⑤ 중독성 화학물질	B 등급 위반 위반 당 벌점 2점 부과
⑥ 오존층 파괴 물질	C 등급 위반 위반 당 벌점 1점 부과
⑦ 석면과 석면 함유 상품	C 등급 위반 위반 당 벌점 1점 부과
⑧ 유독성 살충제	C 등급 위반 위반 당 벌점 1점 부과
⑨ 금지된 불꽃놀이와 폭죽(중화인민공화국에 근거를 둔 회원들에게만 적용)	E 등급 위반 위반 당 벌점 0.5점 부과

3) 총류와 탄약

① 총류, 탄약, 군수품, 중화기	A+ 등급 위반 벌점 48점 부과 및 즉각 계정 폐쇄
② 복제 총류(예: 공기총, 출발신호용 권총, BB총, 페인트볼총), 총기 부대용품, 작살, 작살총	A 등급 위반 위반 당 벌점 6점 부과
③ 무기와 흡사하게 생기거나 무기로 오인될 수 있는 품목(예: 폭탄 모양 알람시계)	B 등급 위반 위반 당 벌점 2점 부과

4) 금지된 무기류

① 타인을 제압하는 데 이용되는 상품(예: 전기충격기)	A 등급 위반 위반 당 벌점 6점 부과
② 금지된 나이프류(예: 칼날이 튀어나오는 나이프, 총검)	A 등급 위반 위반 당 벌점 6점 부과

③ 석궁	A 등급 위반 위반 당 벌점 6점 부과
④ 기타 무기류	B 등급 위반 위반 당 벌점 2점 부과

5) 행정, 법 집행, 군 조직 지급 품목

① 경찰 유니폼, 경찰 계급장, 경찰 차량	B 등급 위반 위반 당 벌점 2점 부과
② 금지된 경찰 장비(중화인민공화국에 근거를 둔 회원 들에게만 적용)	E 등급 위반 위반 당 벌점 0.5점 부과

6) 의약품

① 처방약	A 등급 위반 위반 당 벌점 6점 부과
② 규제되는 유독성 한약재	B 등급 위반 위반 당 벌점 2점 부과
③ 경구 투여 성적 흥분 보조제	B 등급 위반 위반 당 벌점 2점 부과
④ 시중에서 처방 없이 구매할 수 있는(OTC) 규제되는 약품	E 등급 위반 위반 당 벌점 0.5점 부과

7) 의료기기

① 금지된 의료기기	E 등급 위반 위반 당 벌점 0.5점 부과

8) 성인물과 음란물

① 수간, 강간 성행위, 근친상간 또는 생생한 폭력이나 학 대가 결부된 성행위를 묘사 또는 시사하는 품목, 미성 년자가 결부된 성행위를 묘사 또는 시사하는 품목	A+ 등급 위반 벌점 48점 부과 및 즉각 계정 폐쇄
② 음란 출판물과 미디어, 성인 서비스, 그리고 성인 웹사 이트 계정 및 초청 코드	A+ 등급 위반 벌점 48점 부과 및 즉각 계정 폐쇄
③ 노골적인 나체를 묘사한 이미지와 노골적인 음란물	B 등급 위반 위반 당 벌점 2점 부과
④ 중고 속옷	E 등급 위반 위반 당 벌점 0.5점 부과
⑤ 저속하고 천박한 표현을 포함한 정보	E 등급 위반 위반 당 벌점 0.5점 부과

9) 불법적 목적을 위해 이용되는 기만적 기기 및 장치

① 개인 또는 비밀 정보를 빼내거나 훔치기 위한 소프트웨어와 기기	A 등급 위반 위반 당 벌점 6점 부과
② 공인된 전파통신을 의도적으로 차단, 방해, 간섭하기 위한 기기(예: 신호 차단기)	A 등급 위반 위반 당 벌점 6점 부과
③ 부정한 사용 또는 기타 불법 행위 목적의 소프트웨어	B 등급 위반 위반 당 벌점 2점 부과
④ 불법적인 이미지 녹화, 음성 녹음, 증거 수집 등에 이용되는 기기	B 등급 위반 위반 당 벌점 2점 부과
⑤ 불법적인 목적에 이용되는 장치(예: 은행카드 복제기)	B 등급 위반 위반 당 벌점 2점 부과
⑥ 텔레비전 프로그래밍(위성 및 케이블 TV 등), 인터넷 접속, 전화, 데이터, 또는 기타 보호, 규제되는 서비스나 프리미엄 서비스에 허가 없이 접근하는 데 이용될 수 있는 디스크램블러 및 기타 품목	B 등급 위반 위반 당 벌점 2점 부과

10) 불법 서비스

① 공식적인 정부 발행 신원 증명 문서(예: 출생 증명서, 운전면허증, 여권, 비자), 신원 증명 문서의 제조에 이용되는 장치	A+ 등급 위반 벌점 48점 부과 및 즉각 계정 폐쇄
② 금융 서비스(예: 이체, 은행지불보증, 신용장, 대출, 모금)	A+ 등급 위반 벌점 48점 부과 및 즉각 계정 폐쇄
③ 영수증, 군 훈장, 기타 양도 불가능한 문서	A 등급 위반 위반 당 벌점 6점 부과
④ 은행카드 및 금융 문서 제조용 기기 또는 서비스의 제공	A 등급 위반 위반 당 벌점 6점 부과
⑤ 개인 정보, 기업 비밀 데이터, 개인의 프라이버시를 침해하는 서비스(예: 개인전화 위치 추적, 통화기록 확인, 은행계좌 확인 서비스)	B 등급 위반 위반 당 벌점 2점 부과
⑥ 건강관리 및 의료 서비스(진료, 재활, 접종, 건강 검진, 심리 상담, 식이요법, 성형수술 및 마사지 서비스)	B 등급 위반 위반 당 벌점 2점 부과
⑦ 법률 상담 서비스, 도박 조장 및 교육 관련 증명 위조 서비스	B 등급 위반 위반 당 벌점 2점 부과
⑧ 채권 추심 및 여행 간편화 서비스	E 등급 위반 위반 당 벌점 0.5점 부과

11) 수집품, 복원품, 귀금속

① 화폐, 주식, 채권, 기타 금융 수단; 위에 언급된 금융상품의 제조에 사용되는 재료와 장비(예: 은행카드 홀로그램, 지폐 인쇄기)	A+ 등급 위반 벌점 48점 부과 및 즉각 계정 폐쇄
② 가상화폐	A 등급 위반 위반 당 벌점 6점 부과
③ 금, 은, 기타 귀금속	B 등급 위반 위반 당 벌점 2점 부과
④ 국가적으로 보호되는 복원유물	B 등급 위반 위반 당 벌점 2점 부과

12) 인체 부위, 인간의 유해, 보호종 동식물

① 인체, 인체 부위, 인간의 유해	A+ 등급 위반 벌점 48점 부과 및 즉각 계정 폐쇄
② 보호종 동식물(예: 멸종위기에 처한 야생동식물종의 국제 거래에 관한 협약(CITES)에 의해 보호되는 종)	B 등급 위반 위반 당 벌점 2점 부과
③ 고양이, 개, 곰, 상어, 해양 포유류로 만들어진 상품	B 등급 위반 위반 당 벌점 2점 부과
④ 보호종 동물과 부위를 가공하는 데 사용되는 장비	B 등급 위반 위반 당 벌점 2점 부과
⑤ 보호종 식물과 부위(예: 멸종위기에 처한 야생동식물종의 국제거래에 관한 협약(CITES)에 의해 보호되는 종)	C 등급 위반 위반 당 벌점 1점 부과

13) 국가 안보를 위협하는 자료

① 국가 안보 또는 공공질서를 위협하는 자료 또는 정보	A+ 등급 위반 벌점 48점 부과 및 즉각 계정 폐쇄
② 국가 자주권의 침해 또는 테러 집단을 지지 또는 옹호하는 자료와 정보	A+ 등급 위반 벌점 48점 부과 및 즉각 계정 폐쇄
③ 인종, 성별, 종교를 토대로 한 차별을 지지 또는 옹호하는 자료와 정보, 파시즘, 나치즘, 기타 극단적인 이데올로기를 옹호, 홍보, 또는 지지하는 자료와 정보	B 등급 위반 위반 당 벌점 2점 부과
④ 기타 공격적인 내용을 함유한 자료와 정보	E 등급 위반 위반 당 벌점 0.5점 부과

14) 담배와 담배 관련 상품

① 궐련과 기타 담배 상품	A 등급 위반 위반 당 벌점 6점 부과

② 전자담배에 사용되는 액상	A 등급 위반 위반 당 벌점 6점 부과
③ 궐련 제조용 재료(중화인민공화국에 근거를 둔 회원들에게만 적용)	E 등급 위반 위반 당 벌점 0.5점 부과

15) 도박 장치

① 온라인 도박 관련 또는 조장하는 정보	B 등급 위반 위반 당 벌점 2점 부과
② 도박과 도박 장치(예: 슬롯머신)	B 등급 위반 위반 당 벌점 2점 부과

16) 제재 품목 및 기타 금지 품목

① 법, 규제, 제재 및 거래 제한에 의해 금지된 상품	C 등급 위반 위반 당 벌점 1점 부과
② 기타 제재 관련 상품	C 등급 위반 위반 당 벌점 1점 부과

17) 기준 이하 및 위험 상품

① 품질 문제로 인해 제조자 또는 규제 당국이 리콜한 상품	B 등급 위반 위반 당 벌점 2점 부과
② 리스크가 높고 잠재적으로 위험한 상품	C 등급 위반 위반 당 벌점 1점 부과

- 시행 조치: 해당하는 벌점제 시행 조치 수준에 관해서는 Rules for Enforcement Actions Against Non-compliance on Alibaba.com(Alibaba.com 미준수 대상 시행 조치 규정을 참조 바랍니다. (달리 명시되지 않는 한 Alibaba.com 에서 벌점은 누적됨)
- 알림: 48점이 부과될 때를 제외하고는 하루에 최대 벌점 12점까지 부과됩니다. 심각한 경우, 벌점 48점이 부과되고 이어서 계정이 만료됩니다. 이들 가이드라인은 모든 금지 상품을 망라하고 있지 않으며 Alibaba.com의 원칙에 따라 언제든 업데이트됩니다. 모든 벌점은 365일 기간 동안 보존됩니다.

이 공표일로부터, 모든(주장되거나 또는 의심이 가는) 금지 또는 규제 품목은 Alibaba.com 판매자 프로파일에서 삭제합니다. 2011년 2월을 기점으로 금지 및 규제 품목이 발견되는 대로 회사는 적절한 시행 조치를 취하고 있으며, 이는 멤버십 제한 및 만료를 포함하지만 그것에만 국한되는 것은 아닙니다. 판매자의 관심에 감사를 표합니다.

- 금지 품목: 홍콩과 중화인민공화국의 법률, 그리고 국제법에 의해 금지된 모든 품목, 또한 Alibaba.com 정책에 따라 금지하는 모든 품목(http://www.alibaba.com/help/safety_security/policies_rules/product_listing/003.html)입니다.
모든 브랜드 상품의 제조 또는 판매를 위해서는 관련 브랜드 소유주에게 사용 허가를 받아야 합니다.

회사의 정책(금지 및 규제 품목에 관한 상품 게재 정책 등)을 위반하는 상품 게재를 지속하는 회원, 또는 반박할 수 없는 지적재산권 침해 항의를 반복적으로 당하는 회원에 대해서 맞춤형 공급자 정렬(Customized Sourcing) 서비스에 참여하는 것을 불허하거나 배제할 재량권을 Alibaba.com이 갖습니다.

4 지적재산권(IPR) 보호 정책

지적재산권(IPR: Intellectual Property Rights)의 보호 정책을 알아보고 이를 위반당해 클레임을 제기했을 때의 시행조치를 알아보도록 하겠습니다. 그리고 판매중인 상품이 지적재산권을 침해받았을 때 효과적으로 클레임을 제기하는 방법에 대해서도 알아보겠습니다.

01 | 지적재산권(IPR) 보호 정책

❶ 총론

- Alibaba.com 홍콩지사(이하 Alibaba.com)는 타인의 지적재산권을 존중하며, 우리는 우리 사용자들 또한 그러하기를 기대합니다. Alibaba.com은 www.alibaba.com과 www.aliexpress.com(일괄적으로 '사이트'라 일컬음)에서 발생하는 지적재산권 침해 주장에 진지한 태도로 대처합니다. 우리는 또

한 지적재산권 소유주와 협력합니다.

❷ 지적재산권(IPR) 보호

- 위조, 복제, 기타 무허가 품목의 게재는 사이트에서 엄격히 금지됩니다. 위조, 복제, 기타 무허가 품목의 판매 또는 구매를 제안하는 게재는 삭제됩니다.

❸ IPR 정책을 반복적으로 위반하는 경우 취해지는 조치 범위는 다음을 포함하나 다음에만 국한된 것은 아닙니다.

- 게시물 삭제
- 게시 금지
- 계정 정지
- 멤버십 서비스 계약 해지

● www. Alibaba.com을 위한 시행 조치는 지적재산권 침해 주장을 위한 시행 조치(Enforcement Actions for Intellectual Property Right Infringement Claims)에서 확인할 수 있습니다.

Alibaba.com은 지적재산권 보유자가 이미 소송을 제기한 경우 등을 포함하지만 이에만 국한되지 않고 특정 심각하거나 현저한 상황에 대해서 언제든 시행 조치를 취할 완전한 재량권을 지닙니다.

❹ 권리 침해 주장

- 모든 지적재산권 침해 주장은 위증죄 처벌법의 영향 아래에서 이루어져야 합니다. 더 나아가 지적재산권 보유자는 지적재산권 침해 주장에 따라 제품 게시를 삭제하면서 비롯되는 모든 청구, 소송 원인, 손해배상 및 판결로부터 Alibaba.com이 면책됨을 보증한다는 데 동의해야 합니다.

- 중립적인 온라인 상거래 플랫폼으로서 Alibaba.com은 지적재산권 침해 분쟁을 판결하지 않습니다.
- Alibaba.com이 취하는 모든 조치는 어떠한 지적재산권 침해 주장을 보증하는 것으로 해석되어서는 안 됩니다. 분쟁중인 모든 지적재산권 침해 주장은 Alibaba.com과 사이트와 별개로 관련 분쟁중인 당사자들에 의해 해결되어야 합니다.

❺ IP 보호 플랫폼(IP Platform)과 온라인 보고 시스템(AliProtect)

- 특정 심각하거나, 현저한 상황에서 Alibaba.com은 멤버십 계약 또는 서비스 계약, 멤버십 계정, 그리고 Alibaba.com의 독자적인 재량권으로 그런 계정과 연관되어 있다고 판단되는 모든 계정을 해지하고, 그리고(또는) Alibaba.com이 적합하다고 생각하는 기타 조치를 취할 권리를 지닙니다. '심각하거나, 현저한 상황'은 다음을 포함하나 다음에만 국한된 것은 아닙니다.
  - ⓐ 사용자가 저지른 권리 침해 행위가 매우 심각한 것으로 여겨지는 경우
  - ⓑ 소송이 이미 시작되었거나 지적재산권 보유자가 Alibaba.com을 상대로 법률상 청구를 제기한 경우
  - ⓒ 사용자가 지적재산권 보유자에게 소송을 당한 경우, 또는 권리 침해 의혹과 관련하여 사법, 법 집행, 행정 당국의 조사를 받는 경우
  - ⓓ 사법, 법 집행, 행정 당국이 특정 계정 해지 또는 관련 조치의 이행을 요청하는 경우

- 본 내용은 Alibaba.com에 2017. 11. 23. 업데이트된 Intellectual Property Rights(IPR) Protection Policy를 번역한 내용입니다.

❶ 지적재산권 침해

Alibaba.com 사용자는 Alibaba.com에서 어떠한 지적재산권 침해 행위를 해서는 안됩니다. 권리 침해 유형은 다음을 포함합니다.

- 일반적 침해 행위에 포함되는 것은,
    - (a) 상품 설명, 상호명 또는 하이퍼링크에서 상표권, 저작권, 기타 권리의 부당한 사용
    - (b) 상품의 판촉 또는 판매에서 상표권, 저작권, 기타 권리의 부당한 사용
    - (c) 혼돈, 사칭, 기타 상황을 야기하는 상품 설명 또는 기타 정보의 게시
- 심각한 침해 행위에 포함되는 것은,
    - (a) 저작권 소유주의 허가없이 인쇄물, 오디오 및 영상물 또는 소프트웨어 등 그(그녀)의 저작물을 재생산하여 판촉 또는 판매에 사용
    - (b) 등록 상표 소유주의 허가없이 소유주의 상표 발행국 또는 상표 사용 허가국에서 그(그녀)의 상품을 판촉 또는 판매에 사용

❷ 지적재산권 침해의 처벌

- 일반적 침해

삭제 이유	벌점 계산
IPR 소유주의 항의	항의당 벌점 6점 발생 ※ 최초의 항의에는 벌점이 부과되지 않으며, 최초 항의로부터 5일 이내에 제기된 동일한 지적재산권 관련 모든 항의는 하나의 항의로 간주합니다. 이후 최초 항의로부터 6일째부터 제기되는 항의는 항의당 벌점 5점이 부과되고, 1일 이내에 제기된 동일한 지적재산권 관련 다수의 항의는 하나의 항의로 간주합니다. 관련 시간은 항의가 제기된 때로부터 계산됩니다.

Alibaba.com의 임의 확인	각 권리 침해는 하루에 벌점 2점부터 최대 6점까지 발생시킵니다. 침해가 심각한 경우(거래 분쟁에서 위조품 판매 및 기타), 각 침해는 하루에 벌점 4점부터 최대 12점까지 발생시킵니다.

여기서 '항의'라는 용어는 성공적인 항의를 가리키는 것으로, 예를 들어 항의를 제기했으나 명시된 기한 내에 사용자가 아무런 반박 의견을 제출하지 않은 경우, 또는 사용자가 제출한 반박 의견이 거부된 경우 등입니다.

- 점수 기반 시행 조치 기준에 관해서는 Rules for Enforcement Actions against Non-compliance on Alibaba.com(Alibaba.com에서 미준수에 대한 시행 조치 규정) 참고, 별도로 명시되지 않는 한, 벌점은 Alibaba.com에서 누적됩니다.

- 심각한 침해

스트라이크 수	시행 조치
첫 번째 스트라이크	7일간 금지+심사 (7일 이내에 심사에 통과하지 못하면 30일간 금지)
두 번째 스트라이크	14일간 금지+심사 (14일 이내에 심사에 통과하지 못하면 60일간 금지)
세 번째 스트라이크	계정 해지

위 세 번째 스트라이크는 Alibaba.com에서 심각한 지적 재산권 침해를 처벌하는 원리로 채택된 것입니다. 심각한 침해에 관한 모든 항의는 원 스트라이크로 간주합니다. 3일 이내에 동일한 사용자에 대하여 제기되는 심각한 침해에 대한 다수의 항의는 원 스트라이크로 간주합니다. 관련 시간은 최초의 항의가 제기된 때로부터 계산됩니다. 동일한 사용자에게 쓰리 스트라이크가 누적되면 계정은 해지됩니다.
- 여기서 '항의'라는 용어는 성공적인 항의를 가리키는 것으로, 예를 들어 항의를 제기했으나 명시된 기한 내에 사용자가 아무런 반박 의견을 제출하지 않은 경우, 또는 사용자가 제출한 반박 의견이 거부된 경우 등입니다.
- 세 번째 스트라이크로 인해 해지된 계정을 제외하고, 사용자는 1회 스트라이크를 받을 때마다 지적재산권 교육을 받고 심사에 통과해야 합니다. 시험에 통과한 사용자는 금지 기간이 종료되자마자 계정을 정상 상태로 회복할 수 있습니다. 더 자세한 내용은 'Alibaba.com 심사 규정'을 참고하기 바랍니다.
- 심각한 침해로 인해 받은 스트라이크는 365일 동안 저장됩니다. 스트라이크 수는 365일 동안 지속적으로 누적됩니다.

• 특정 심각하고, 현저한 상황에서, Alibaba.com은 멤버십 계약 또는 서비스 계약, 멤버십 계정, 그리고 Alibaba.com의 독자적인 재량권으로 그런 계정과 연관되어 있다고 판단되는 모든 계정을 해지하고, 그리고(또는) Alibaba.com이 적합하다고 생각하는 기타 조치를 취할 권리를 지닙니다. '심각하고 현저한 상황'은 다음을 포함하나 다음에만 국한된 것은 아닙니다.

(a) 사용자가 저지른 권리 침해 행위가 매우 심각한 것으로 여겨지는 경우

(b) 소송이 이미 시작되었거나 지적재산권 보유자가 Alibaba.com을 상대로 법률상 청구를 제기한 경우

(c) 사용자가 지적재산권 보유자에게 소송을 당한 경우, 또는 권리 침해 의혹과 관련하여 사법, 법 집행, 행정 당국의 조사를 받는 경우

(d) 사법, 법 집행, 행정 당국이 특정 계정 해지 또는 관련 조치의 이행을 요청하는 경우

• 기타

(a) Alibaba.com은 위와 모든 관련 조건에 관해 최종 해석과 결정의 권리를 지닙니다.

(b) Alibaba.com은 법과 규제의 개정, 기업 환경의 변화, 또는 기타 이유로 인하여 이들 규정을 수정할 권리를 지니고, 수정안을 공표합니다. 이들 규정의 개정판은 공표에 명시된 날짜로부터 효력을 지닙니다.

(c) 이 규정은 Alibaba.com 규정의 불가결한 부분입니다. 이 규정과 Alibaba.com 기타 규정 간 불일치가 발생하는 경우, 이 문서의 규정이 우선합니다. 여기서 다뤄지지 않은 문제들에 대해서는 Alibaba.com 기타 규정이 적용됩니다.

(d) 이 규정의 중국어판과 이외 언어판이 불일치, 불명확, 대립하는 경우는 중국어판이 우선합니다.

공급업체에 주문한 상품이 납품 지연, 주문 상품의 품질 및 수량 불일치 또는 기타 프로세스 문제 등의 주문 계약 조건을 충족시키지 못하여 거래 클레임을 제기할 경우, 또는 공급업체가 판매중인 상품의 사진을 내가 촬영한 이미지를 도용한 경우, 위조품을 판매하는 경우, Alibaba.com의 상품 게재 정책에 위반하는 상품을 등록한 경우, 내 회사의 상표권을 도용하는 경우나 특허권을 침해한 경우의 보고를 위해서는 개별 상품에 있는 Report Suspicious Activity(의심스러운 활동 보고)를 이용하는 것이 가장 효과적입니다. 클레임을 제기할 때는 반드시 컴플레인의 내용을 증빙할 수 있는 자료를 모아 압축파일로 첨부해야 합니다.

상품 검색 후 상품 페이지

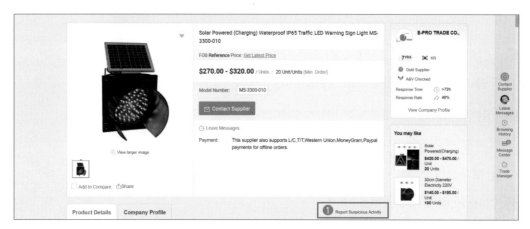

❶ **Report Suspicious Activity**(의심스러운 활동 보고)

공급업체와의 거래에서 발생한 거래 분쟁, 지적재산권 침해를 보고하는 기능입니다.

Report Suspicious Activity(의심스러운 활동 보고) 화면

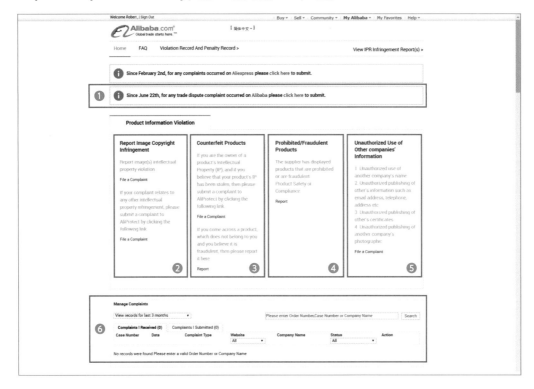

❶ Trade Dispute(무역 거래 분쟁) 보고 기능

무역 거래 분쟁(Trade Dispute)을 보고하는 기능입니다.

❷ Report Image Copyright Infringement(이미지 저작권 침해 보고)

이미지 저작권의 침해를 보고하거나, 다른 지적재산권 침해와 관련 있는 경우 AliProtect에 불만 사항을 제출합니다.

❸ Counterfeit Products(모조품)

해당 상품의 지적재산권(Intellectual Property) 소유자인 경우는 상단의 File a Complaint(불만 제기)를 선택해서 보고하고, 지적재산권을 소유하고 있지 않지만, 공급업체에서 판매중인 상품이 모조품으로 의심되는 경우는 상단의 File a Complaint(불만 제기)를 선택해서 보고합니다.

❹ Prohibited / Fraudulent Products(금지 / 사기성 제품)

공급업체에서 등록한 상품이 Alibaba.com의 상품 게재 정책(Product Listing Policy)에 금지된 상품이거나, 사기성이 의심되는 상품을 등록했을 때 보고하는 기능입니다.

❺ Unauthorized Use of Other companies' Information(타사 정보의 무단 도용 보고)

아래 경우를 보고하는 기능입니다.

• 다른 회사의 이름을 무단으로 사용하는 행위

• 이메일 주소, 전화번호, 주소 등 타인의 정보를 무단으로 게시하는 행위

• 다른 사람의 인증서를 무단으로 게시하는 행위

• 타사 사진을 무단으로 게시하는 행위

❻ Manage Complaints(컴플레인의 관리)

제기하거나 수취한 컴플레인의 이력을 확인할 수 있습니다.

CHAPTER 6

Alibaba.com의
상품 노출 순위 정책

이 장에서는 Alibaba.com이 어떤 원칙으로 상품 노출 순서를 정하는가에 대해 알아보도록 하겠습니다. 공식적인 상품 노출 순위 정책에서 가장 중요하게 여겨지는 것은 공급업체의 유지 관리 품질(Suppliers' Maintenance Quality)입니다. Alibaba.com 본사에서 공급업체를 대상으로 교육하는 자료를 소개하겠습니다.

처음 상품 등록할 때의 상품 노출 순위 정책

1

B2C든, B2B든 인터넷 쇼핑몰로 물품을 판매할 때 가장 중요한 것은 상품이 우선순위에 노출되어 고객들이 많이 보고 관심을 갖는 것입니다. 그런 후에, 상품의 이미지를 클릭해서 상품 확인 후 B2C의 경우는 구매자로부터 주문을 많이 받고, B2B의 경우는 바이어 Inquiry를 많이 받는 것입니다.

이 장에서는 Alibaba.com이 어떤 원칙으로 상품 노출 순서를 정하는가에 대해 알아보도록 하겠습니다. 상품 노출 순위 정책은 공식적으로 'Rules on Search Results Ranking on www.alibaba.com'로 표현됩니다. 공식적인 상품 노출 순위 정책에서 가장 중요하게 여겨지는 것은 공급업체의 유지 관리 품질(Suppliers' Maintenance Quality)입니다. 하지만, 공급업체가 유료회원(Gold Supplier) 계정을 처음으로 취득하고 상품을 등록할 초기에는 공급업체의 유지 관리 품질을 측정할 수가 없을 것입니다. 따라서 중국 Alibaba.com 본사에서 공급업체를 대상으로 교육하는 자료를 소개하겠습니다.

상품 랭킹의 원칙 Buyer-Oriented, Fraud punished

상품 랭킹의 원칙에는 Buyer-Oriented, Fraud punished가 있습니다. 바이어를 최우선에 두고, 사기성 짙어 보이는 정보에 대해서는 처벌을 내리는 내용입니다.

이런 방침 아래 큰 카테고리를 ❶Sorting(정렬), ❷Matching(일치), ❸ Trick Filtering(속임수 필터링) 영역으로 구분합니다. Sorting(정렬) 영역에는 ▶ 공급업체 프로필(Suppliers' Profile), ▶ 상품 정보(Product Information), 바이어의 선호도(Buyers Preference)가 중요도 순이고, Matching(일치) 영역에는 ▶ 상품 상세설명의 연관성(Relatedness of Product Descriptions), ▶ 상품 카테고리의 연관성(Relatedness of Product Categories) 순서이며, 마지막으로 Trick Filtering(속임수 필터링) 영역은 ▶ 속임수 검색(Trick Searching)이 상품의 랭킹을 결정하는 요소입니다.

필자가 가장 많이 받은 질문 중 하나는 B2C 인터넷 쇼핑몰과 B2B 인터넷 쇼핑몰의 상품 등록이 같은지를 묻는 말입니다. 결론부터 말씀드리자면, B2C와 B2B는 다릅니다. B2C 인터넷 쇼핑몰에서는 상품 등록을 해서 구매자의 상품 문의를 많이 받으면 상품이 잘못 등록된 것이라고 할 수 있지만, B2B 인터넷 쇼핑몰에서는 바이어의 Inquiry를 받지 못하면 잘못된 등록이라 말할 수 있습니다.

❶ Sorting(정렬)

첫 번째, Sorting(정렬)에서 가장 중요하게 생각하는 것은 공급업체의 프로필(Suppliers' Profile)입니다. 일반적으로 B2C 인터넷 쇼핑몰에서는 상품을 검색했을 때 기본적인 정렬 기준은 '판매 인기순'이기 때문에 공급업체의 프로필의 등장이 쉽게 이해가 안 될 것입니다. 그러나, B2B인 Alibaba.com에서는 공급업체 프로필이 아주 중요합니다.

B2C 인터넷 쇼핑몰은 현재 잘 팔리는 상품, 그리고 판매가 될 확률이 높은 상품 순으로 전시가 됩니다. 즉, 사는 사람 선호도에 초점이 맞춰진 전시가 일반적입니다. 하지만, Alibaba.com은 B2B 인터넷 쇼핑몰입니다. 물건을 누가 만들었는지의 판매자 정보가 가장 중요합니다. 즉, 공급업체 프로필이 제대로 등록되지 않는다면 상품의 품질이 높더라도 상품 등록 랭킹이 뒤처질 수밖에 없습니다. 바이어는 생산자의 공급 능력, 인증서 보유 유무, 업체의 규모 등을 집중해 살피기 때문에 공급업체의 프로필을 충실하게 등록하는 것이 중요합니다. 그다음이 상품 정보가 꼼꼼히 기록돼 있는지 여부, 바이어 들의 선호도가 높은지를 확인합니다. B2C 인터넷 쇼핑몰의 상품 전시 순서와는 정반대인 점을 유의하기 바랍니다.

B2B라는 것을 더 쉽게 이해할 수 있도록 설명하자면, 여러분들이 목이 말라 생수 한 병을 사기 위해 단골 편의점을 방문했을 때, 편의점 문이 닫혔다고 그냥 돌아오지는 않습니다. 다른 편의점을 찾아가 생수를 사서 마시면 그만입니다. 하지만 여러분들이 A사 생수를 한 트럭 사서 고객 회사에 납품해야 하는 대리점 운영자라면, 거래하는 제조사가 회사 일정상 문을 닫았더라도 백방으로 뛰어 이유를 알아보고 어떻게든 물량을 받아내 고객 회사에 납품할 것입니다.

또 여러분들이 B전자와 대리점 계약을 맺고 B전자의 간판을 달고 영업을 한다고 가정해 보겠습니다. 그런데 물품을 공급하던 B전자가 어느 날 부도가 나서 폐업한다면 여러분도 더이상 B전자의 간판을 달고 영업할 수 없습니다. 이는 해외 바이어도 마찬가지입니다. 공급업체의 상품을 수입해서 자신들의 나라에서 상품을 되팔아야 하기에 B전자라는 공급업체와 대리점 계약을 한 경우와 같습니다. 그러니까 부도의 위험은 없는지, 믿을 만한지, 공급은 원활한지, 꼼꼼히 따져보는 것이 1순위입니다.

바이어는 믿지 못하는 공급업체에게는 절대 주문하지 않습니다. 공급업체의 연간 생산 공급 능력이 1만개인데, 연간 10만개를 주문하는 바이어는 없습니다. 생산 능력을 세밀히 살피는 이유입니다. 바이어도 일단 공급업체에 주문하게 되면 빠른 시일 내에 상품을 받아 자국이든 다른 나라든 판매를 해서 현금화하는 것이 중요한 업무이기 때문에 바이어가 공급업체의 프로필을 꼼꼼히 따져보는 것은 당연합니다. 그렇기에 처음 상품 등록할 때부터 프로필 등록은 중요합니다. 그러나 공급업체 프로필이 중요한 때는 상품을 처음 등록해서 노출할 때까지이고, 상품 등록이 끝나서 노출된 이후에는 공급업체의 유지 관리 품질

(Suppliers' Maintenance Quality)로 중요도가 대체됩니다. 상품을 등록해서 랭킹을 유지하는 방법은 바이어의 Inquiry에 빠른 답변을 주면서 또 주기적으로 상품을 교체하거나 상품에 대해 수정 보완해 가는 작업이 중요합니다.

❷ Matching(일치)

두 번째는 Matching(일치), 상품 정보의 매칭입니다. 상품 정보의 매칭이란 상품명과 상품 정보가 다르지 않게 관련된 카테고리에 잘 들어가 있는지입니다. Matching(일치)과 관련해 흥미로운 사례 2가지를 소개하겠습니다.

사례 　2017년 의료용 온열매트로 중소기업진흥공단의 〈글로벌 온라인 B2B 플랫폼(Alibaba.com) 활용 지원 사업〉 대상자로 선정된 경기도의 한 업체가 있었습니다. 그해 11월 필자에게 열심히 상품 등록을 하였지만, 바이어 Inquiry 받는 횟수가 적고 별 효과를 못 보고 있다고 상담을 요청하였습니다. 필자가 업체 담당자가 보내준 웹페이지를 보아도 상품 설명이나 구성, 상품 이미지도 문제가 없어 보였습니다. 더구나 등록에 큰 노력을 기울인 듯하여 직접 방문해 다시 살펴보기로 하였습니다.

　그 업체의 상품 등록 내용을 유심히 살피다가 'Heating Mat'로 상품을 검색하니 관련된 카테고리가 많은 것을 확인할 수 있었는데, (a)건축용으로 난방을 위해서 설치되는 히팅 케이블이나 난방 필름과 같은 Heating Mat, (b)가전용으로 전기장판 같은 Heating Mat, (c)산업용으로 온열 기기의 부품이 되는 Heating Mat, (d)농업용으로 식물의 성장을 촉진시키기 위한 Heating Mat, (e)끝으로 해당 업체에서 생산하는 의료용 재활 치료용품(Rehabilitation Therapy Supplies)으로 사용하는 Heating Mat 등 모두 5개의 관련 카테고리를 확인할 수 있었습니다. 해당 업체는 자사의 상품과 관련 없는 다른 카테고리까지 골고루 이용하고 있는 문제점이 보였습니다. 이렇게 여러 개의 관련 카테고리는 오히려 독이 됩니다. 건강 & 의료(Health & Medical) – 의료용 재활치료용품(Rehabilitation Therapy Supplies)으로 정확히 카테고리를 수정하는 것만으로도 수일 내 당장 검색순위에 큰 변화가 있었습니다.

사례 다음은 필자 사무실에서 있었던 사례입니다. 최근 필자는 직원에게 건축용 자재로 사용되는 온돌 난방용 히팅케이블의 온도조절기(Thermostat)를 상품 등록하라고 하였고, 해당 직원은 1개월 동안 열심히 상품 상세 설명을 만들어 올렸습니다. 하지만 1~2주가 지나도 직원이 등록한 온도조절기 상품은 찾아보기 힘들었고, 겨우 찾아보니 노출 위치가 20페이지를 벗어나 있었습니다. 직원을 불러 어떻게 등록했는지 묻자 6년 전 필자가 등록했던 온도조절기의 상품 등록을 참고했다는 답변이 돌아왔습니다. 직원이 등록한 우리 상품과 첫 페이지에 올라온 다른 상품들을 비교해 보니 상품의 카테고리가 다른 것을 발견하게 되었습니다.

6년전 필자가 등록한 상품은 온돌 난방용(Floor Heating) 온도조절기의 카테고리가 별도로 없어 가전(Home Appliances) – 기타 가전 부품(Other Home Appliance Parts)의 카테고리에 등록했었는데 직원이 그 카테고리를 그대로 따라서 등록했던 것입니다. 다시 상품의 카테고리를 건축 & 부동산(Construction & Real Estate) – 온돌난방 시스템 & 부품(Floor Heating Systems & Parts) 카테고리로 바꾸니 상품 등록 1시간 만에 첫 페이지에 검색되었습니다.

Alibaba.com에서는 공급업체들의 상품 등록이 계속 늘어나니 상품의 카테고리도 더 세분화되어 전에 없던 카테고리가 생성되기도 하고 없어지기도 하기 때문에 상품 등록을 할 때는 반드시 내가 팔고자 하는 상품을 나의 경쟁업체에서는 어느 카테고리에 전시해서 판매하는지를 체크하는 것도 상품 등록 전 매우 중요합니다.

❸ 속임수 필터링(Trick Filtering)

마지막으로 속임수 필터링(Trick Filtering)에 있어서 거짓 검색(Trick Searching)은 요즘 사회적 이슈가 되는 매크로 등의 사용을 금지하는 것과 하이퍼링크 삽입 금지입니다. 모든 인터넷 쇼핑몰에서 사이트의 트래픽이 이동할 수 있는 하이퍼링크의 사용을 금지하듯이 Alibaba.com에서도 하이퍼링크의 사용을 금지하고 있습니다.

- 매크로(macro): 자주 사용하는 여러 개의 명령어를 묶어서 하나의 키 입력 동작으로 만드는 것을 말합니다.
- 하이퍼링크(hyperlink): 하이퍼텍스트 문서 내의 단어, 어구(phrase), 기호, 이미지와 같은 요소와 인터넷의 다른 요소 또는 다른 하이퍼텍스트 문서 내의 다른 요소 사이의 연결하는 기술을 말합니다.

가끔 유튜브의 회사 소개 동영상이나 제품 소개 동영상을 넣을 수 있는 방법을 물어보는 경우가 많은데, Products - Videos에 동영상을 넣을 수 있는 공간을 제공하기 때문에 이를 활용하면 되고, 웹페이지 주소를 넣어야 하는 경우는 Alibaba.com에서 필터링으로 걸러낼 수 없기 때문에 디자인 페이지에 입력하는 게 좋습니다.

2 상품 등록 이후의 상품 노출 순위 정책
(www.Alibaba.com 검색 결과 순위 규정(2014년 판))

Alibaba.com에 게재된 상품 검색 결과 순위 규정과 상품 중복 게시를 막기 위한 규정을 알아보도록 하겠습니다. www.alibaba.com(공급자 판) 검색 결과 순위 규정 문서는 www.Alibaba.com(이하 Alibaba.com) 검색 결과 순위 운영의 알고리즘을 서술하고, Alibaba(중국) Technology Co., Ltd.가 작성하여 2014년 9월에 최초 공표한 것입니다. 이 문서는 Alibaba.com 공급자 회원들에게 이용시 가이드라인과 지원을 제공하는 것이 목표입니다. 검색 결과 순위는 사용자의 요구, 기업 환경, 법적 규제에 따라 지속적으로 업데이트되며, 수많은 변수의 작용에 따라 변화할 수 있습니다. 이 문서에 제시되는 사례들은 참고용일 뿐이며 어떤 식으로든 보증용으로 간주하여서는 안됩니다.

- Alibaba.com의 Back Stage에서 Help Center - Policies & Terms의 Rules on Search Results Ranking on www.alibaba.com(2014. Edition)을 찾으면 원문 확인 가능하며, 이 단원은 그 내용을 번역한 것입니다.

01 | 검색 결과 순위의 정의와 원칙

❶ 검색 결과 순위의 정의와 목적

검색 결과는 웹사이트에 중요한 요소이고, 사용자들이 원하는 바를 빨리 얻게 해주는 역할을 합니다. 순위는 검색 결과가 나타나는 방식으로 Alibaba.com은 사용자들이 검색 결과 순위를 통해 가장 적합한 상품, 공급자, 또는 정보를 찾을 수 있도록 도와줍니다.

❷ 검색 결과 순위 유형

Alibaba.com은 현재 카테고리, 상품, 공급자, 특정 Minisite내의 상품을 기준으로 검색 결과 순위를 지원합니다. 이런 유형의 순위 방식 알고리즘은 일반적으로 다른 인터넷 사이트와 비슷합니다. 전체가 포괄적으로 정렬되고 사소한 영역에서만 차이가 납니다.

❸ 검색 결과 순위 알고리즘

- 알고리즘은 바이어 중심이고, 바이어가 필요로 하는 상품 또는 공급자에게 유리한데, 이는 검색 기능을 주로 사용하는 것이 바이어이기 때문입니다. 구매자의 필요 또는 관심에 부합하고, 공급자가 자신의 상품이 효과적으로 나타 나도록 하는 공급자 정보가 권장됩니다.

- 상품의 정보를 속이거나 거짓으로 올리는 행위는 바이어와 기업 환경 모두에 좋지 않습니다. Alibaba.com은 이런 기만적 행위에 대해 강력한 처벌 원칙을 심각하게 고려하고 있습니다. 기만적인 공급자는 강력한 처벌을 받게 될 것입니다.

02 | 검색 결과 순위의 알고리즘

❶ 전반적인 구조

검색 결과 순위는 바이어 중심이고, 알고리즘은 바이어의 관점에서 여러 단계를 거쳐 검색 결과를 정렬합니다. 상품에 의한 검색 결과 순위를 예로 들어보겠습니다. 검색 결과 순위의 알고리즘은 주요 세 단계로 구성됩니다. ▶ Trick filtering(속임수 필터링), ▶ Matching(매칭), ▶ Sorting(정렬) 순입니다. 첫 번째 단계로 고객을 속이는 기만적인 상품을 걸러내고, 두 번째로 상품 카테고리 연관성과 상품 설명 연관성에 따라 검색어에 부합하는 상품을 걸러내고, 마지막으로 바이어의 선호도, 상품 및 공급자 유지 관리 품질에 따라 검색 결과를 정렬합니다. 아래 이미지는 상품 순위 절차 도형입니다.

● 아래 이미지는 상품 등록을 마친 이후의 상품 노출 순위 랭킹으로 앞서 처음 상품 등록 시 소개했던 표(상품 랭킹의 원칙)와 차이가 있습니다.

상품 순위 절차

❷ Matching(일치)

매칭은 사용자가 입력한 키워드와 연관된 결과를 선택하는 절차입니다. 상품 카테고리 연관성과 상품 설명 연관성은 이때 고려되는 두 가지 주요한 측면입니다.

• 상품 카테고리 연관성

검색 기능은 상품 카테고리가 검색어와 관련 있음을 보장하고, 바이어가 찾고 있는 상품 유형을 빠르게 찾아냅니다. 공급자들은 상품을 게재할 때 올바르고 적합한 상품 카테고리를 선택해야 합니다.

▶ 부적합한 카테고리에 게시된 상품은 부정행위로 간주하고, 그러한 공급자는 처벌 조치를 받게 되며 그들의 상품은 순위에서 하락합니다.

▶ 적합한 카테고리가 존재하는 경우에 상품은 '기타' 카테고리에 게시되어서는 안 됩니다. 공급자는 적합한 상품 카테고리를 찾을 수 없는 경우 또는 상품 카테고리가 합당하게 설정되어 있지 않은 경우에는 알리바바 고객 상담원에게 문의하기 바랍니다.

• 상품 설명 연관성

검색 기능은 상품 표제, 세목, 문자열 검색을 위한 키워드를 검색하고, 그것들을 상품 설명 문자열의 연관성과 매치시킵니다. 공급자는 정확하고 완전한 상품 정보를 제공해야 합니다.

▶ 상품명은 사실대로 정확히 표제에 드러나야 합니다. 적절한 형용사나 상품 키워드가 표제에 부가되면 바이어들의 검색 기회가 높아질 수 있습니다.

▶ 상품 키워드는 마구잡이로 사용해서는 안 됩니다. 마구잡이로 반복적으로 사용하는 상품 키워드는 상품 설명 연관성을 높이지 못하고 오히려 검색에 미치는 영향력을 낮춥니다.

❸ Sorting(정렬)

정렬은 양질의 상품, 양질의 공급업체 또는 바이어의 선호도를 우선순위로 표시하게 됩니다. 정렬에 영향을 미치는 세 가지 주요 요소는 바이어 선호도, 상품 설명, 공급업체의 품질 유지 관리입니다.

• 상품 정보

더 높은 순위가 주어지는 상품 정보는 쉽게 읽히고 설명이 잘 되어 있으며 일관성이 있는 것입니다.

▶ 공급업체를 위한 제안

ⓐ 상품 표제는 정확하고 명료하게 상품명, 모델 번호, 세목을 포함하여 바이어들이 상품을 빠르게 이해하도록 해야 합니다. 동일하거나 유사한 표현이 들어간 반복적인 설명은 절대 피하도록 합니다. 긴 상품 표제는 핵심 의미의 이해와 파악을 어렵게 합니다.

ⓑ 바이어들이 상품을 명료하게 이해하기 위해, 상품 세목은 가능한 한 완전하고도 정확해야 하며 주요 상품 이미지는 명료하게 보여야 합니다.

ⓒ 상품 설명은 사실과 같고 정확해야 합니다. 상품 표제와 모순 또는 불일치하지 않아야 합니다. 상품 기능, 특징, 품질, 강점을 설명하기 위해 적절하게 사용하는 이미지와 표는 바이어들이 상품을 빠르게 이해하도록 돕습니다. 또한 부자연스럽거나 심하게 반복되는 상품 설명은 상품 순위를 하락시킵니다.

• 공급업체의 유지 관리 품질

완전하고도 사실대로 정보를 제공하는 공급자와 자신의 Minisite와 상품에 관해 매우 적극적이고 세심하게 유지 관리하는 공급자에게 더 높은 순위가 주어집니다.

▶ 공급업체를 위한 제안

(a) 공급자 세부항목과 인증의 세부내용은 가능한 한 많이 제공합니다. 일반적으로 말해서, 공급자 정보가 많이 제공될수록 바이어들은 공급자에 대해 의심이 적어집니다. 의심이 적어지면 바이어와의 의사소통에 부담이 적어지고 성공적인 거래 가능성이 높아집니다.

(b) 공급자의 적극적이고 시기적절한 Minisite 유지 관리, 이를테면 게시 상품의 수를 합리적으로 유지, 핵심 상품 강조, 기한이 지나거나 인기 없는 상품 삭제 등은 매우 바람직합니다. 바이어들은 Minisite에서 유사하거나 흥미롭지 않은 상품이 끝도 없이 게시되어 있는 걸 보다가 쉽게 지칩니다. 그런 문제가 있는 공급자는 순위가 낮아집니다.

(c) 바이어의 질의에 시기 적절하게 응답하면 소중한 비즈니스 기회를 놓치지 않고, 바이어에게 긍정적인 인상을 남길 수 있으며, 성공적인 거래에 이르는 데 도움이 됩니다.

• 바이어의 선호도

순위 기능은 바이어의 선호도를 파악하고 바이어가 무엇을 좋아하는지 알려줍니다.

▶ 공급업체를 위한 제안

(a) 관련 업계의 동향을 주시하고 바이어의 요구를 민감하게 파악함으로써 상품의 강점과 특징을 상품 표제, 키워드, 속성, 설명에서 구체적으로 제시합니다.

(b) 바이어의 선호도는 바이어의 조달 초점(Procurement Focus)에 의해 결정됩니다. 서로 다른 바이어들이 동일한 키워드를 검색해도 바이어의 선호도와 요구의 차이 때문에 서로 다른 상품과 공급자가 검색 결과로 나타납니다.

❹ Trick Filtering(속임수 필터링)

일부 공급자는 의도적으로 상품을 중복시키거나 상품을 부정확한 상품 카테고리에 둠으로써 더 많이 검색될 기회를 얻으려 합니다. 알리바바는 이러한 속임수를 조사하고, 위반한 공급자에게 중한 처벌을 내립니다.

• 상품 중복

상품 중복은 상품을 마구잡이로 중복 게시함으로써 더 많이 검색될 기회를 얻으려는 거짓 행위를 가리킵니다. Alibaba.com은 특히 이 유형의 위반을 금지합니다.(관련 정책에 관해 http://rule.alibaba.com/rule/detail/2050.htm 참조) 공급자는 이미지, 표제, 세목, 설명에서 각 상품의 구체적인 차이점과 특징을 분명하게 설명함으로써 상품 중복을 피해야 합니다.

• 카테고리 오류 상품

일부 공급업체는 자신의 상품과 무관한 카테고리에 의도적으로 상품을 게시하여 더 많이 검색될 기회를 불법적으로 얻으려 합니다. 알리바바는 이들 상품의 순위를 하락시키거나 이런 사례를 발견하는 즉시 검색되지 못하게 차단합니다. 공급업체는 자기 상품의 특성에 일치하는 카테고리에 상품을 게시하고 정확한 설명을 제공하여야 상품이 검색될 최상의 기회를 얻을 수 있음에 유념해야 합니다.

검색 결과 순위에 영향을 미치는 기만적 행위는 이상의 것들에만 국한되어 있지 않습니다. 속임수 또는 트릭이 발견된 공급업체는 처벌받게 됩니다. 따라서, 공급업체는 My Alibaba에서 검색 분석(searching analysis) 도구를 실행하면 중복 게재 위반과 부정확한 상품 카테고리 위반 여부를 미리 자체 점검할 수 있고 만약 발견된다면 안내 절차에 따라 수정할 수 있습니다. 공급업체는 중복 게재 위반과 부정확한 상품 카테고리 위반에 경각심을 지니고 처벌 조치를 받지 않도록 각별히 신경 써야 합니다.

알리바바는 사용자 중심의 검색 결과 순위 알고리즘을 통해 공정한 비즈니스 환경을 만들고 공급자에게 훌륭한 서비스를 제공하기 위해 노력합니다. 비즈니스 환경의 이해당사자인 공급업체는 이런 내용을 준수하고, 그 근본적인 원리를 이해하여 바이어와의 신뢰 확립과 전자상거래 비즈니스 생태계 발전에 앞장서야 할 것입니다.

3 상품 중복 게시를 막기 위한 업데이트 규정

Alibaba.com은 공정성, 개방성, 이용 용이성을 표방하는 상업적 플랫폼을 구축하는 데 최선을 다하고 있습니다. 따라서 본사는 상품 중복 게시에 관한 규정을 계속 업데이트하고 있습니다. 판매자는 이 새로운 게시 규정을 숙지하고 준수해야 합니다. 상품 중복 게시를 피하기 위한 규정은 플랫폼에서 상품 게시의 품질을 보장하기 위한 것입니다. 중복된 게시물의 수, 특히 수준 낮은 게시물의 중복 수는 고품질 게시물의 발견 용이성에 부정적이고도 직접적인 영향을 미칩니다. 광범위한 바이어와 판매자와의 상담을 포함하여 이 문제에 관한 철저한 조사를 수행한 이후에 본사는 Alibaba.com 상품 게시 규정을 다음과 같이 수정했습니다.

- Alibaba.com의 Back Stage에서 Help Center – Policies & Terms의 Updated Rules for Preventing Duplicate Product Postings을 찾으면 원문 확인 가능하며, 이 단원은 그 내용을 번역한 것입니다.

❶ 상품 중복 게시의 정의

이는 일부 판매자가 동일한 상품을 여러 개의 다른 품목을 판매하는 것처럼 게시하는 방법을 가리킵니다. 각 상품의 고유한 특성은 상품 표제, 설명, 그림 등에서 명확히 이해할 수 있어야 하며 그렇지 않은 경우 중복 게시로 간주합니다.

❷ 중복된 상품 게시 식별(다음 조건을 포함하나 다음에만 국한되는 건 아님)

동일한 판매자가 동일한 그림, 매우 유사한 표제, 특징을 지닌 동일한 상품들을 판매하는 경우, 이는 중복된 상품 게시로 간주합니다. 모든 중복된 상품 게시는 게시 규정의 심각한 위반으로 취급됩니다.

❸ 상품 중복 게시의 결과

판매자가 중복 상품을 게시함으로써 게시 규정을 위반하는 일이 반복적으로 발견되는 경우, 판매자는 많은 경고를 받게 됩니다. 판매자가 규정을 준수하지 않으면 그 결과 대응 조치는 강화됩니다.

- 시스템이 정기적인 점검을 통해 중복 게시를 감시합니다. 중복 게시가 발견되면, 그 게시물은 삭제되고 중복되지 않은 최고 품질의 게시물만 남겨둡니다.
- 다수의 중복 게시 사례가 발견되면 판매자의 Minisite 순위는 하락합니다. 심각한 경우에 Minisite 중지 또는 폐쇄됩니다.

❹ 운영자를 위한 조언

- 중복된 게시는 시의적절하게 편집 또는 삭제합니다. 판매자는 검색 & 진단센터(Search & Diagnosis Center) – 상품 진단과 최적화 도구(Commodity Diagnosing and Optimizing Tool)를 이용하여 자체 점검 및 최적화를 수행할 자격이 있습니다.
- 새 상품을 게시할 때, 게시하는 상품들을 차별화합니다.

❺ 상품 게시가 중복된 경우

• 상품 표제, 설명, 그림을 기준으로 볼 때 동일한 상품이 유의미한 차별 없이 여러 번 전시되는 경우

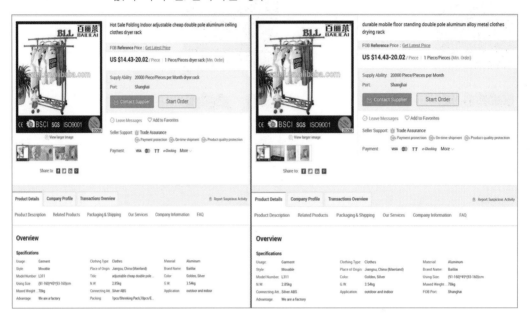

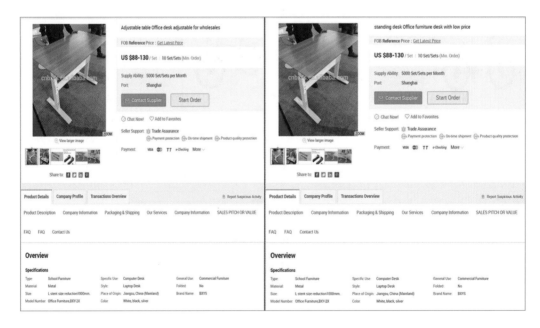

• 동일한 상품이 크기, 설명, 색상을 달리하여 여러 번 전시되는 경우

• 동일한 상품이 그림을 달리하여 여러 번 전시되는 경우

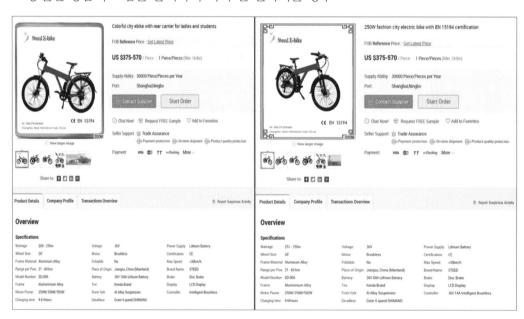

• 판매자가 명시한 사양이 동일한 상품으로 여러 번 전시되는 경우

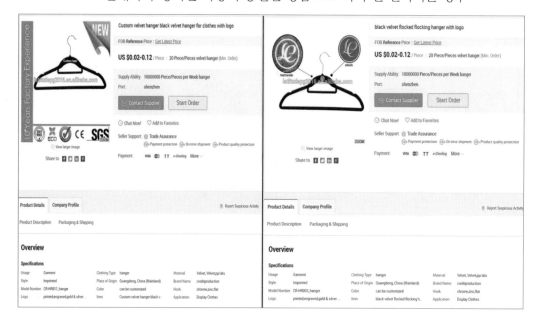

• 중요하지 않은 여러 속성만을 달리하여 동일 상품을 여러 번 전시하는 경우

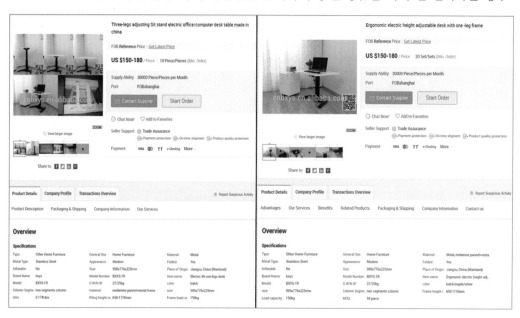

• 사양 간에 유의미한 차별화 없이 동일 상품을 여러 번 전시하는 경우

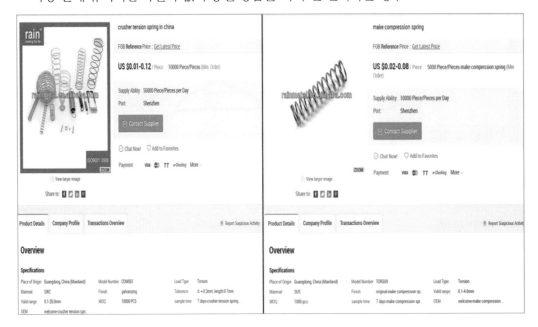

위 업데이트된 규정들을 숙지하여 우리 사용자들이 안전하고 공정하며 정당한 거래를 수행할 수 있기를 바랍니다.

CHAPTER **7**

Alibaba.com의
공급업체 관리자 모드
(Back Stage)

이 장에서는 Alibaba.com의 관리자 모드(Back Stage)에 대해서 알아보도록 하겠습니다. 관리자 모드 중에는 중국과 일부 국가의 공급업체들만 이용 가능한 'Orders 기능'이 있는데 우리나라 공급업체들이 사용할 수 없기 때문에 설명해 드리지 못하는 점 양해 바랍니다.

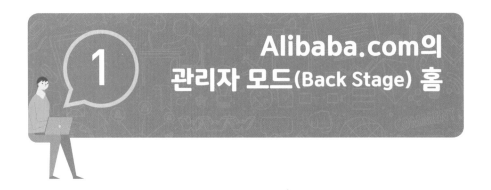

Alibaba.com의
관리자 모드(Back Stage) 홈

유료회원의 Supplier 관리자 모드(Back Stage)

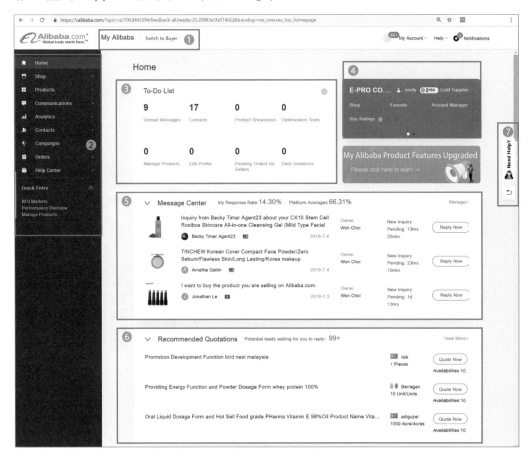

❶ Switch to Buyer

바이어가 관리자 모드를 사용하고 싶을 때 선택하면 관리자 모드를 보여줍니다. 바이어의 관리자 모드는 14장의 〈Alibaba.com을 통한 효과적인 수입 방법〉에서 상세히 다루겠습니다.

❷ Home

- Shop: Minisite와 회사 프로필을 관리할 수 있는 메뉴입니다.
- Products: 상품 등록과 관리, 상품의 최적화 관리를 위한 메뉴입니다.
- Communications: 바이어로부터 수취한 Inquiry의 확인 및 답변, 바이어가 포스팅한 RFQ 관련 메뉴입니다.
- Analytics: 내 계정의 운영 성과와 효율을 분석할 수 있는 메뉴입니다.
- Contacts: 바이어와의 연결 관리 메뉴입니다.
- Campaigns: 키워드 광고 및 이벤트 참여 메뉴입니다.
- Orders: 바이어의 주문과 관련한 사항을 체크할 수 있는 메뉴입니다.
- Help Center: 다양한 Alibaba.com의 정책과 규정을 확인할 수 있고, 내 계정의 인증과 확인(A&V) 상태 등을 볼 수 있으며, Alibaba.com의 활용법을 공부할 수 있는 메뉴입니다.
- Quick Entry: 내가 자주 쓰는 메뉴를 5개까지 편집해서 빠르게 접근할 수 있도록 돕는 기능입니다.

❸ To–Do List(해야 할 일)

- Unread Messages: 바이어 Inquiry 중에서 읽지 않은 메시지 숫자입니다.
- Contacts: 나에게 Inquiry를 준 바이어와 나의 정보를 주고받은 것을 관리하는 메뉴입니다.
- Product Showcases: 내 상품의 우선 전시 상품을 추천할 수 있는 쇼케이스를 사용하지 않은 개수를 표시해 주는 기능입니다.

- Optimization Tools: 내 상품 중에서 상품 중복 게시 체크 기능에 의해서 노출이 제한중인 상품의 개수를 보여주는 기능입니다.
- Manage Products: 상품 등록 중 추가 편집이 필요한 내용을 보여주는 기능입니다.
- Edit Profile: 회사의 프로필 등록중 추가 편집이 필요한 내용을 보여주는 기능입니다.
- Pending Orders for Sellers: 바이어로부터 Trade Assurance를 통해 진행중인 주문 건수를 보여주는 기능입니다.
- Daily Violations: 지적재산권(IPR) 보호 정책 위반, 상품 등록이 금지된 품목의 등록, 바이어와의 거래 클레임 등의 사항을 체크할 수 있는 기능입니다.

사례 2017년 경기도의 한 업체에서는 나이지리아 바이어로부터 주문을 받았는데 바이어가 요청하는 7~8개의 물품 중에서 1~2개 물품을 구매하지 못해 선적이 지연되는 일이 발생했습니다. 이 지연으로 공급업체 대표는 이메일로 클레임을 받았고, 문제는 공급업체가 바빠 1~2주간 클레임에 대한 답변을 주지 못하였습니다. 그 후 바이어 측에서 Alibaba.com에 정식으로 Submit a Dispute를 이용해 공급업체에 클레임을 제기, 공급업체의 계정 Daily Violations에 이 건을 올렸다고 합니다.(Daily Violations에 등재된 내용의 처리는 메시지를 받은 후 3 영업일 이내에 처리해야 함) 하지만, 공급업체는 그마저도 간과하고 말았습니다. 며칠 뒤 공급업체에서 Alibaba.com 계정에 접속할 수 없다는 연락을 필자에게 주었고 확인 결과, 공급업체는 바이어의 클레임 제기에 불성실한 처리로 1주일간의 접속 제한 조치를 받은 것을 확인할 수 있었습니다.

❹ 내 정보 확인

바로 보이는 첫 페이지에는 회사명, Gold Supplier 이용 연한, Shop
(Minisite 연결), Favorite(내가 관심 있는 상품과 공급업체 등록 확인), Star
Ratings(내 계정의 전반적인 계정 품질 및 커뮤니케이션, 서비스 능력을 별점
으로 체크 ※ Analytics 참조)을 확인할 수 있습니다.

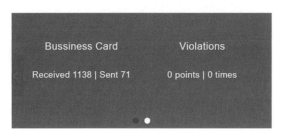

두 번째 페이지에는 Business Card(바이어와의 명함 교환 횟수 체크),
Violations(계정의 상품 리스트 규정, 지적재산권 침해, 바이어의 컴플레인)
등을 확인할 수 있습니다.

❺ Message Center

바이어가 보낸 Inquiry를 보여줍니다.

❻ Recommended Quotation

나에게 추천된 RFQ들을 보여줍니다.

❼ Noted Help

공급업체에서 Help Center에 많이 질문하는 내용의 답변을 확인할 수
있으며, 유용한 사용 방법도 배울 수 있습니다.

2

Shop
메뉴

Shop 메뉴

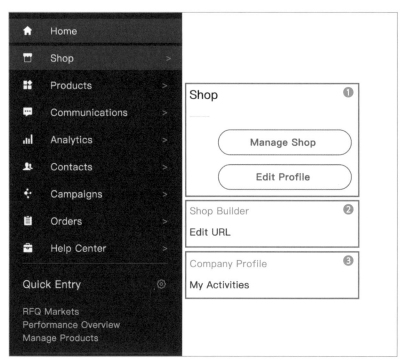

❶ Shop

- Manage Shop: 공급업체의 Minisite를 디자인하고 구성할 수 있는 메뉴입니다.
- Edit Profile: 회사의 프로필을 등록하고 관리하는 메뉴입니다.

❷ Edit URL

이 기능에서는 공급업체별로 Alibaba.com에서 부여된 Minisite의 인터넷 URL을 볼 수 있으며, 그 URL을 공급업체가 바꿀 수 있습니다. 많은 유료회원(Global Gold Supplier)들 또한 잘못 이해하고 있는 부분이 Alibaba.com의 ID는 회원 등록 시에 사용한 이메일 계정으로 알고 있습니다. 하지만, My Account에서 회원가입 정보를 정확하게 확인할 수 있습니다. 회원 가입을 하게 되면 Alibaba.com에서 고유한 ID를 다시 부여하게 되고, 이 부여 받은 ID는 이 Edit URL의 기능에서 바꿀 수도 있습니다.

❸ My Activities

- Average Response Time: 공급업체가 평균적으로 답변을 주는 시간을 체크해 볼 수 있습니다.
- Logging In Days: 1달간 며칠간을 로그인하여 활동하였는지의 횟수를 보여줍니다.
- Credibility Record: 바이어의 컴플레인을 받은 횟수를 알아볼 수 있습니다.

My Account

① My Account에서는 실질적으로 Alibaba.com에서 부여된 Member ID를
확인할 수 있습니다.

Edit URL

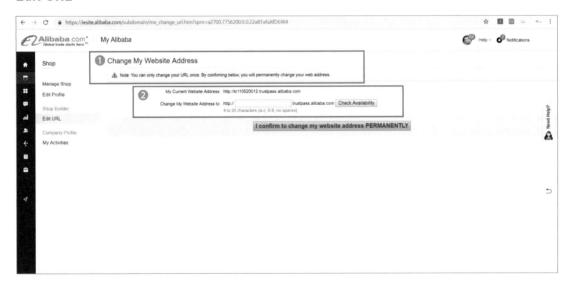

❶ Change My Website Address 아래쪽에 "You can only change your URL once. By confirming below, you will permanently change your web address. (당신은 당신의 URL을 한 번 바꿀 수 있습니다. 아래의 확인에 의하여 당신의 웹 주소를 변경할 수 있습니다)"라는 경고 문구가 나옵니다.

❷ My Current Website Address 옆에 보이는 것은 현재 공급업체의 Minisite의 Website 주소입니다. Edit URL에서 주소를 바꿀 때는 위에서 확인하였듯 한 번만 바꿀 수 있기에 주의하셔서 바꾸시기 바랍니다.

My Activities – Average Response Time

❶ Average Response Time(평균 응답시간)

평균 응답시간(Average Response Time)은 최근 7일 내에 Message Center

를 통해 수취한 Inquiry를 얼마나 신속하게 응답하는지 측정하는 데 사용됩니다. 공급업체의 평균 응답시간을 1단계인 24시간, 2단계인 24~48시간, 3단계인 48~72시간, 4단계인 72시간으로 나누어서 보여줍니다.

❷ Your Average Response Time(평균 응답시간)

공급업체의 바이어 Inquiry 수취 후의 평균 응답시간을 보여줍니다.

❸ How to calculate Average Response Time(평균 응답시간 계산 방법)

평균 응답시간 = (질문에 대한 총 응답 시간 + 응답하지 않은 질문의 총 시간) / 7일간의 유효 기간 내에 수취한 유효 Inquiry의 총 숫자입니다. 7일간의 유효 기간 내 Inquiry에 회신하지 않았다면 이 문의에 대한 응답시간은 7×24시간으로 계산됩니다.

- 계산 방법의 예

  7일간의 유효 기간 내에 7건의 문의를 받고 5건은 응답했고 2건은 응답하지 않았습니다. 유효 기간 내 회신된 질문에 대한 5건의 응답시간은 각각 12시간, 13시간, 14시간, 15시간 및 16시간이었습니다. 그렇다면, 평균 응답시간=(12+13+14+15+16)+(7×24×2)/7=58h인 경우 평균 응답시간은 3단계인 48~72시간에 해당됩니다.

❹ How to improve your Average Response Time(평균 응답시간을 향상 시키는 방법)

바이어의 Inquiry에는 제때 빠르게 답변해야 합니다. 답장이 빠를수록 평균 응답 시간도 짧아집니다. 공급업체의 개인 이메일 주소를 사용하여 답변을 주는 경우는 답변 메시지에 대한 기록이 남지 않으므로 반드시 관리자 모드(My Alibaba)의 메시지 센터(Message Center)를 통해 회신해 주어야 합니다. Reject Inquiry(문의 메시지 거부)를 사용하여 관련 없는 Inquiry는 거부할 수 있습니다. Reject Inquiry와 Report Spam(스팸 보고)로 처리된 Inquiry는 응답하지 않더라도 답변율에 반영되지 않습니다. 출장 중일 경우는 휴대폰의 Alibaba.com App을 사용하여 바이어의 Inquiry에 답변할 수 있습니다.

❺ Quick Response Rate

24시간 이내 바이어 Inquiry에 대한 최근 답변율을 전시(Display)를 선택하여 바이어가 상품을 검색했을 때 보여줄 수 있으며, 숨기기(Hide)를 선택하면 바이어에게 보여주지 않을 수 있습니다.

My Activities – Logging In Days

❶ Logging In Days(로그인 날짜 수)

최근 한 달간 Alibaba.com의 계정에 로그인한 전체 날짜 수를 보여줍니다.

My Activities — Credibility Record

❶ Credibility Record(신뢰성 기록)

최근 90일간 바이어로부터 받은 불만 사항과 해결, 미해결 된 건을 보

여줍니다.

Products 메뉴

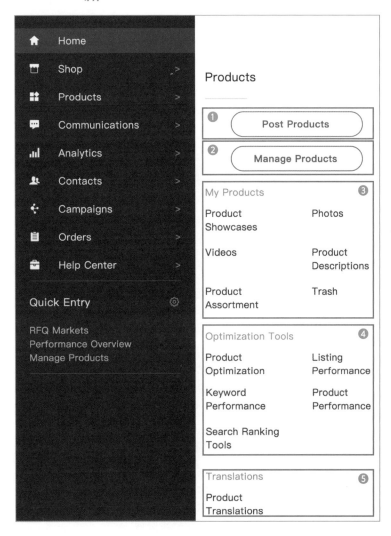

❶ Post Products

새로운 상품을 등록하는 메뉴입니다.

❷ Manage Products

등록된 상품의 담당자 할당, Minisite내의 전시 카테고리 변경, 전시 및 비전시의 관리, 삭제 등의 상품 관리를 할 수 있는 메뉴입니다.

❸ My Products

상품의 등록 및 전시를 위해 사용하는 기능의 메뉴입니다.

- Product Showcases: 등록한 상품 중 우선하여 바이어에게 노출되어야 하는 상품을 선택하여 전시하는 메뉴입니다.

- Photos: 자주 쓰는 상품 상세 설명 이미지나 상품 이미지를 저장하는 장소입니다.

- Videos: 상품 사진에 들어가는 동영상이나 상품 상세 설명 내에 쓰이는 동영상을 저장하는 장소입니다.

- Product Descriptions: 상품 등록 시 Smart Editing을 통해서 등록된 Navigation(상품 단락)을 관리할 수 있는 메뉴입니다.

- Product Assortment: 등록한 상품의 카테고리를 만들 수 있는 메뉴이며, 만들어진 카테고리는 Minisite의 카테고리로 보여집니다.

- Trash: 등록한 상품을 삭제하게 되면 보관되는 장소입니다.

❹ Optimizations Tools

등록한 상품의 최적화를 위한 메뉴입니다.

- Product Optimization: 등록한 상품의 품질을 고품질(High Quality Posting), 평균 품질(Average posting), 저품질(Poor Quality Posting)로 분류해서 해당 상품의 개수를 보여주며, 상품의 최적화된 등록을 위하여 작업 내용별로 필요한 상품의 개수를 보여줍니다.

- Listing Performance: 지난주의 성과를 바탕으로 전반적인 상품의 리스트에 대해 평가하는 메뉴입니다.

- Keyword Performance: 등록한 상품의 검색어(Keyword) 사용의 효율을 체크하는 메뉴로, 바이어에게 ▶ 검색도 많이 되고 클릭률이 높은 상품, ▶ 검색은 많이 되지만 클릭률이 낮은 상품, ▶ 검색은 적지만 클릭률이 높은 상품, ▶ 검색도 적고 클릭률도 낮은 상품의 4가지 분류로 해당 상품 리스트를 보여줍니다.

- Product Performance: 등록한 상품 리스트 중 최적화가 필요한 상품, 중복 등록된 상품, 성과가 없어서 전시에서 빠진 상품의 체크가 가능한 메뉴입니다.

- Search Ranking Tools: 상품 등록할 때 사용한 검색어(Keyword)로 등록한 상품을 검색했을 때 검색 결과 20페이지 내에 노출되는 상품의 정확한 노출 위치를 보여주는 메뉴입니다.

❺ Translations

영어 이외의 외국어로 상품 등록을 할 수 있습니다.

- Product Translations: 영어 이외의 11개국어로 상품 등록이 가능한 메뉴입니다.

Communications 메뉴

Communications 메뉴

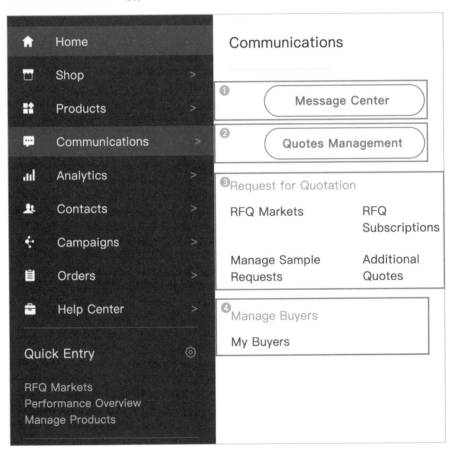

❶ Message Center

바이어로부터 받은 Inquiry를 확인할 수 있습니다.

❷ Quotes Management

바이어가 올린 RFQ에 공급업체에서 제출한 견적에 대한 바이어의 반응을 체크할 수 있습니다.

❸ Request for Quotation

RFQ와 관련하여 공급업체에서 사용할 수 있는 메뉴입니다.

- RFQ Markets: 바이어가 올린 RFQ를 확인할 수 있는 장소로 http://sourcing.alibaba.com과 링크되어 있습니다.

- RFQ Subscriptions: 바이어가 올린 RFQ 중에서 공급업체의 상품과 관련 있는 RFQ를 추천받기 위하여 5개까지의 관련 카테고리를 등록하거나, 키워드를 입력할 수 있습니다.

- Manage Sample Requests: 공급업체에서 바이어가 올린 RFQ에 빠르게 답변을 주기 위하여 답변의 샘플 양식을 저장할 수 있습니다.

- Additional Quotes: 공급업체에서 사용한 RFQ의 실적을 월 단위 누적 점수로 표시하여 다음달에 이용할 수 있는 RFQ의 추가 건수를 확인할 수 있습니다.

❹ Manage Buyers

- My Buyers: 공급업체와 친구로 등록된 바이어가 RFQ를 게시했을 때 확인할 수 있습니다.

Analytics 메뉴

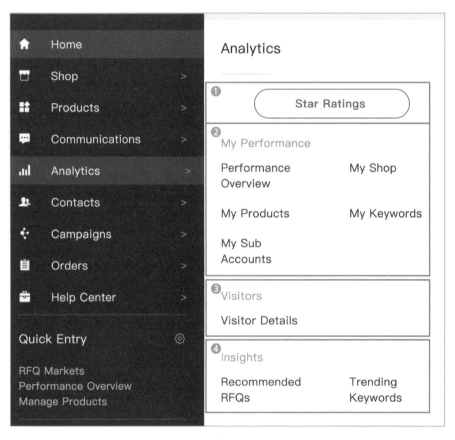

❶ Star Ratings

전반적인 공급업체 유료계정 운영에 대한 평가를 3개의 별 점수로 보여주는 기능입니다.

- Overall Account Quality(전반적인 계정 품질): 공급업체 상품 등록 품질, Minisite의 효율, Alibaba.com의 규정 위반을 평가하여 별 점수로 표시해줍니다.

- Comm & Service Capability(커뮤니케이션 & 서비스 능력): 바이어와의 비즈니스 기회 횟수, 클릭률, 24시간 이내의 Inquiry에 대한 빠른 답변율을 평가하여 별 점수로 표시해줍니다.

❷ My Performance

공급업체의 전체적인 성과를 일간, 주간, 월간별로 분석할 수 있는 기능입니다.

- Performance Overview: 공급업체에서 등록한 전체 상품에 대하여 일간, 주간, 월간별로 바이어에게 보여진 횟수(Views), 클릭 된 횟수(Clicks), 클릭 이후 공급업체의 다른 상품이나 Minisite를 방문한 전체 횟수, 수취한 바이어의 Inquiry 숫자, Trademanager를 통해 방문한 숫자와 빠른 답변율을 공급업체가 상품 등록한 산업군의 평균과 최상위 10개 업체와 비교하여 그래프로 보여주는 기능입니다. 기간별로 접속한 국가, 성과가 없는 상품들의 비율도 도표로 보여줍니다.

- My Shop: 일간, 주간, 월간 단위로 Minisite를 방문한 바이어의 숫자, 방문 횟수, Minisite를 통한 Inquiry 수취 건수 등을 확인할 수 있으며, 바이어가 Minisite를 방문해서 확인한 내용을 알 수 있습니다.

- My Products: 등록된 상품별로 일간, 주간, 월간 단위로 바이어에게 보여진 횟수, 클릭 된 횟수, 클릭률(Click Through Rates), 바이어의 문의

(Inquiries), 바이어가 검색한 검색어, 성과의 경향 등을 보여줍니다.

- My Keywords: 공급업체에 등록된 상품과 관련하여 상품 등록 시 공급업체의 검색어(Keyword) 사용 여부와 관계없이 바이어가 검색한 결과로 보여진 횟수, 클릭 된 횟수 등을 보여줍니다. 공급업체 측면에서는 상품 등록에 사용하지 않았지만, 바이어에게 많이 검색되어 보여지는 검색어(Keyword)를 확인할 수 있습니다.

- My Sub Accounts: 5개까지 생성 가능한 보조 계정(Sub Account)을 운영자별로 관리를 할 수 있는 기능입니다. 운영자별로 로그인 횟수, 전체 관리 상품 개수, 신규 상품 등록 개수, 승인된 RFQ 발송 건수, 분석을 위해 Analytics에 접속한 횟수, 상품이 바이어에게 보여진 횟수, 클릭 된 횟수, 수취한 Inquiry의 개수, 빠른 답변율을 확인할 수 있습니다.

❸ Visitors

- Visitor Details: 공급업체의 Minisite를 방문한 바이어가 Minisite에 머무른 시간, 방문했던 상품, 검색에 사용했던 검색어(Keyword)와 방문 바이어의 활동 내역을 확인할 수 있습니다.

❹ Insights

- Recommended RFQs: 공급업체의 RFQ 사용을 분석해 주고, 공급업체와 매칭되는 RFQ를 추천해 주며, 공급업체의 사용 검색어(Keyword)별로 매칭된 RFQ를 확인할 수 있습니다.

- Trending Keywords: 특정 검색어(Keyword)를 사용하는 공급업체의 전체 상품 개수, 쇼케이스에 전시된 상품의 개수, 1개월간의 바이어 검색 빈도 및 과거 12개월의 검색 빈도를 그래프로 볼 수 있는 기능입니다.

Contacts 메뉴

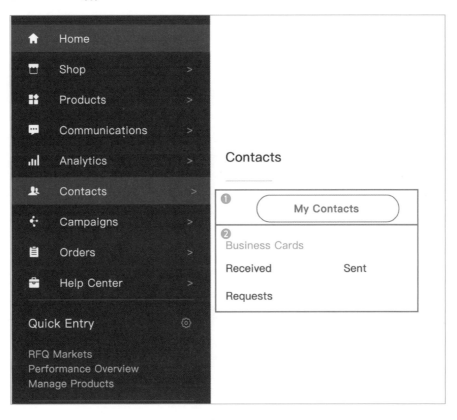

❶ My Contacts

공급업체와 친구로 연결된 바이어의 최근 접속 및 정보 업데이트 상황을 체크할 수 있습니다.

❷ Business Card

공급업체의 명함과 관련된 업무를 확인할 수 있는 기능입니다.

- Received: 공급업체에 명함을 보낸 바이어를 확인할 수 있습니다. 바이어의 명함을 받고, 공급업체 명함을 보내면 바이어와 Friend로 연결됩니다.
- Sent: 공급업체와 Friend로 연결된 바이어를 확인할 수 있습니다.
- Requests: 바이어의 신원 확인을 요청할 수 있는 기능으로 바이어의 비즈니스가 정확하고 공급업체로부터 구매 거래를 할 수 있는지를 확인할 수 있습니다.

7 Campaigns 메뉴

Campaigns 메뉴

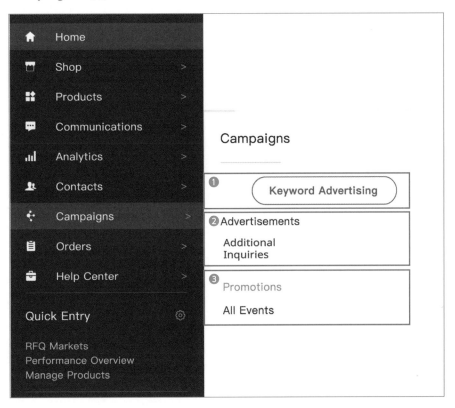

❶ Keyword Advertising

검색어 광고와 관련된 기능입니다.

❷ Advertisements

Extra Inquiry 관련 기능입니다.

- Additional Inquiries: 2016년부터 시행되었다가 2018년 초에 폐지된 Extra Inquiry와 관련한 기능입니다.

- Extra Inquiry는 Alibaba.com이 유료 제휴한 전 세계 15,000개의 사이트 이용자로부터 Inquiry를 수취하고, 공급업체가 답변 시 건당 4달러를 지불하던 서비스였습니다.

❸ Promotions

Alibaba.com에서 진행하는 각종 이벤트를 확인할 수 있는 기능입니다.

- All Events: 진행하는 프로모션 이벤트에 참가 신청을 하거나, 참가 이력을 확인할 수 있습니다.

Help Center

Help Center

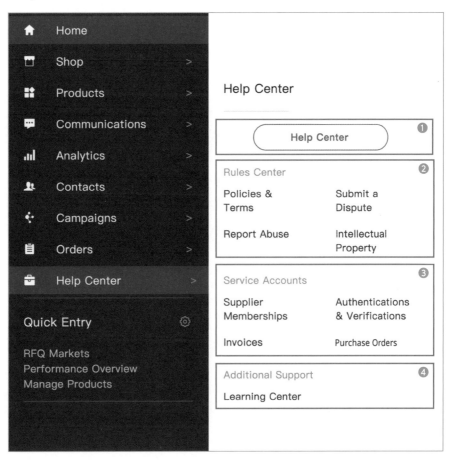

❶ Help Center

Alibaba.com의 기능을 검색해서 익힐 수 있는 Find Answers로 연결되어 있습니다.

❷ Rules Center

- Policies & Terms: 다양한 상품 룰 규정과 이용 규약 조건을 비롯하여 새롭게 업데이트되는 룰 등을 확인할 수 있습니다.
- Submit a Dispute: 무역 거래 중 클레임을 제기할 수 있는 기능입니다.
- Report Abuse: 타 공급업체의 이미지 저작권 침해, 위조 상품 등록, 상품 등록이 금지되거나 사기성의 상품 등록 사항, 공급업체의 상표권 및 특허권 등의 지적재산권의 침해를 보고할 수 있는 기능입니다.
- Intellectual Property: Alibaba Group의 지적재산권 보호 사이트(https://ipp.alibabagroup.com)로 링크되어 있습니다. 이 플랫폼을 통해 지적재산권 문서를 제출하게 되면 제출 문서 확인 후 지적재산권 침해 신고서를 추가 제출하거나 협력 프로그램에 참여할 수 있습니다.

사례 경기도 중소기업청에서 강의할 때 한 업체의 대표가 Alibaba.com의 중국 공급업체 한 곳에서 자기 회사의 상표권을 중국에 등록하고 수출까지 진행하고 있어 Alibaba.com을 사용하지 않겠다고 말했습니다. 그래서, 그 업체에 상표권에 대한 분쟁을 제기할 수 있는 몇 가지 방법과 Alibaba Group의 지적재산권 보호 사이트(https://ipp.alibabagroup.com)를 안내해 주며, 오히려 중국 공급업체의 상표권의 경우는 중국에서는 효력이 있을 수도 있지만, 해외 다른 나라에서는 먼저 등록되어 있는 한국 공급업체가 효력이 있다고 조언해 주었습니다.

❸ Service Accounts

공급업체의 유료회원 상태와 유료회원으로서 Alibaba.com에 지불한 내역을 확인할 수 있습니다.

- Supplier Memberships: 공급업체의 유료회원 만기 일자를 확인할 수 있으면 인증과 확인(A&V)을 거칠 때의 회사명, 주소, 담당자를 확인할 수 있습니다.

- Authentications & Verifications: 인증과 확인(A&V)의 승인 여부를 확인할 수 있습니다.

- Invoices: 유료회원 연간회원료 Invoice를 비롯하여, Alibaba.com의 유료 서비스 이용을 위하여 발행된 Invoice를 확인할 수 있습니다.

- Purchase Orders: 유료회원 연간회원료, Alibaba.com의 유료서비스 이용을 위하여 지불된 금액의 이력을 확인할 수 있습니다.

❹ Additional Support

Alibaba.com의 영어 동영상 강의 등의 서비스를 이용할 수 있습니다.

- Learning Center: 공급업체에서 Alibaba.com의 기능을 영어 동영상 강의를 통해서 배울 수 있으며, 비정기적으로 진행되는 실시간 인터넷 강의도 들을 수 있습니다. 또한, Alibaba.com에서 실시하는 글로벌 전자상거래 능력 시험 GET(Global e-Commerce Talent)를 볼 수 있고 인증서도 받을 수 있습니다.

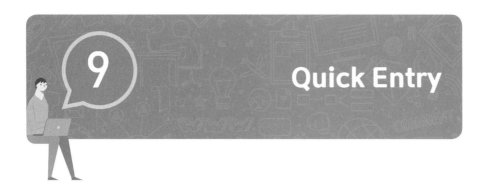

Quick Entry

Quick Entry

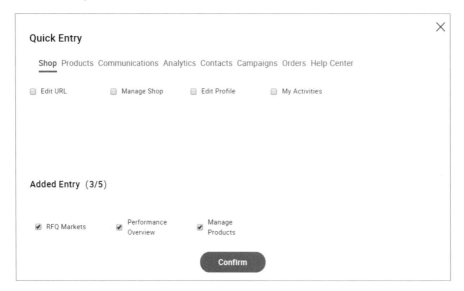

Quick Entry는 자주 쓰는 메뉴의 바로 가기로, 이용이 많은 관리자 모드 (Back Stage)의 메뉴를 5개까지 미리 선택해 놓을 수가 있습니다.

무료회원 관리자 모드(Back Stage)

❶ Buy / Sell

수입(Buy)에 사용하는 메뉴와 수출(Sell)에 사용하는 메뉴를 선택 가능합
니다.

❷ To Do List

공급업체에서 해야 할 일을 보여줍니다.

❸ Highly Recommended

바이어가 올린 공급업체 상품 관련 추천 RFQ입니다.

❹ Biz Trends

Analytics와 관련된 기능이 보이나 선택해도 확인할 수 없습니다.

❺ Notice Board

진행되는 이벤트 안내 및 공지사항을 확인할 수 있습니다.

❻ Suppliers Tips

Alibaba.com의 이용 방법을 간단히 설명해 놓은 매뉴얼입니다.

유료회원 메뉴 구성	무료회원 메뉴 구성
Shop	Home
Products	Message Center
Communications	Orders
Analytics	Contacts
Contacts	Request for Quotation
Campaigns	Products
Orders	Company & Site
Help Center	Multi-language
Quick Entry	

CHAPTER 8

Supplier Profile 등록

공급업체 프로필(Supplier Profile)은 Alibaba.com의 관리자 모드에서 Shop – Edit Profile에서 등록 가능합니다. ▶ 회사 기초정보(Basic Company Details), ▶ 제조 능력(Manufacturing Capability), ▶ 수출 능력(Export Capability), ▶ 인증서 센터(Certificate Center) ▶ 회사 소개 (Company Introduction)의 총 5개 부분으로 이루어져 있습니다. 앞장의 〈Alibaba.com의 상품 노출 순위 정책〉에서 바이어들이 중요하게 생각하는 것은 공급업체 프로필이라고 언급했듯이 Supplier Profile 등록은 매우 중요합니다.

회사 기초정보(Basic Company Details) 등록

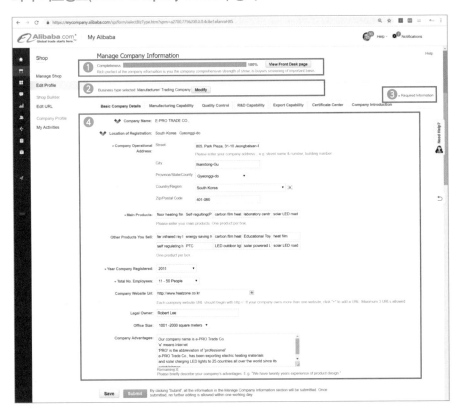

❶ Completeness(완성도)

시스템 프로그램으로 공급업체 프로필의 완성도(Completeness)를 측정해서 표시해 놓은 것입니다. 시스템으로 완성도를 측정한다는 것은 모든 인터넷 사이트에서 완성도가 100%에 가깝지 않으면 불이익을 받을 수 있다라는 뜻입니다. 따라서, 100%에 가깝게 완성도를 높여서 등록하는 것이 중요합니다.

❷ Business type selected(사업 형태 선택)

제조자(Manufacturer), 무역회사(Trading Company), 구매 사무실(Buying Office), 대리점(Agent), 유통업자 · 총판(Distributor · Wholesaler), 정부 부처(Government ministry,Bureau, Commission), 협회(Association), 사업 서비스 – 번역, 재무, 여행, 광고 외(Business Service – Transportation, finance, travel, Ads, etc), 기타(Other) 중에서 3개 까지 선택 가능합니다.

Business Type Selected

❸ Required Information(필수 기재 사항)

빨간 별표(※)가 표시된 사항은 필수 기재 사항입니다.

❹ 등록 내용

- Company Name(회사명): 회사 이름을 입력합니다.

- Location of Registration(등록 위치): 유료회원 전환시 인증과 확인(A&V)을 위해 영문 사업자등록증명원과 전화번호 영수증을 제출하는데 인증과 확인이 끝나게 되면, 회사명과 회사의 등록 위치는 수정 불가합니다.

- Company Operational Address(회사 운영 주소): 인증과 확인(A&V)시에 제출된 영문 사업자등록증명원의 주소와 다르더라도 바이어가 방문할 담당 부서의 주소를 입력해도 상관 없습니다. 도로명 주소(Street), 도시명(City), 시/도/자치주(Province/State/County), 국가/지역(Country/Region), 우편번호(Zip/Postal Code)의 정보를 입력합니다.

- Main Products(주요 상품): 관리자 모드(Back Stage)에서 Analytics – Trending Keywords에서 키워드 리스트를 만들어 공급업체에서 취급하는 상품의 키워드 5개를 입력하면 됩니다. 이 5개의 키워드는 공급업체로 검색할 때 보여지는 것이므로 중요하며 RFQ의 추천과도 관계가 있습니다.

- Other Products You Sell(기타 상품): 추가로 공급업체가 판매하는 다른 상품 10개를 입력할 수 있으며, 이 또한 바이어의 RFQ의 추천과도 관계가 있습니다.

- Year Company Registered(회사 사업자 등록 연도): 회사가 사업자등록을 하고 설립된 연도를 입력합니다.

- Total No. Employees(회사 직원의 숫자): 회사 전체의 직원 숫자를 입력합니다.

- Company Website URL(회사 웹사이트 주소): 각각의 회사 웹사이트 주소는 http://로 시작되야 하며, 만약 한 개 이상의 웹사이트를 보유하고 있다면, +를 선택해서 최대 3개까지 추가 가능합니다.

- Legal Owner(법적 대표자): 글자 그대로 법적 대표자라고 회사의 대표를

적는 경우가 많지만 필수기재 사항은 아니며, 실질적으로 바이어와 커뮤니케이션을 담당하는 직원을 적어주는 것이 좋습니다. 바이어 또한 답변을 주는 담당자가 무역거래의 의사 결정권자가 아닌 경우는 Inquiry를 보내다가 무역거래를 포기하는 경우도 있기 때문입니다.

• Office Size(사무실 크기): 제곱미터로 표기된 사무실 사이즈를 선택합니다.

• Company Advantages(회사의 장점): 회사의 장점을 간단하게 256자 이내에서 서술합니다.

2 제조 능력
(Manufacturing Capability)

간혹 무역 중개업을 하는 공급업체들의 경우는 본인들이 직접 공장을 가동해 제조하지 않기 때문에 제조 능력(Manufacturing Capability)을 적지 않는 경우가 많은데, 직접 상품을 생산하지 않더라도 중개를 가장 많이 하는 주거래 업체의 정보를 적어도 무방합니다. 최근 제조 능력 등록에 생산 공정에서 품질 관리까지 공정과 사진을 등록하는 품질 관리(Quality Control), 연구 개발의 공정 설명을 등록하는 연구&개발 능력(R&D Capability) 부문이 추가되었습니다.

01 │ 품질 관리(Quality Control)

❶ Whether to demonstrate the quality control process(품질 관리의 공정을 서술할 수 있습니까?)라는 질문이 나옵니다. Yes를 선택한 후 아래 내용

품질 관리(Quality Control)

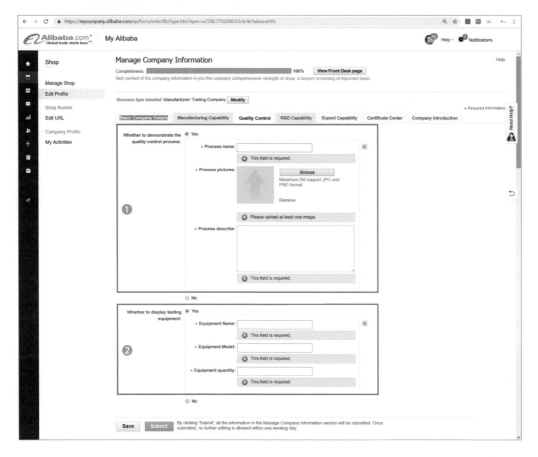

을 입력합니다.

- Process name(공정 이름): 품질 관리 공정의 이름을 적습니다.

- Process pictures(공정 사진): 품질 관리 공정의 사진 등록이 가능하며, 이미지 용량은 최대 2MB이며, JPG와 PNG 형식이 가능하며 최소 1장 이상 등록합니다.

- Process describe(공정 설명): 품질 관리 공정에 대해 서술합니다.

❷ Whether to display testing equipment(품질 테스트를 하는 기구를 보여줄 수 있습니까?)라는 질문이 나옵니다. Yes를 선택한 후 아래 내용을 입력

합니다.

- Equipment Name(기구 이름): 품질 테스트를 위해 사용하는 기구나 장비의 이름을 적습니다.

- Equipment Model(기구 모델): 품질 테스트를 위해 사용하는 기구나 장비의 모델명을 적습니다.

- Equipment quantity(기구 수량): 품질 테스트를 위해 사용하는 기구나 장비의 보유 수량을 적습니다.

02 | 연구 개발 능력(R&D Capability)

연구 개발 능력(R&D Capability)

❶ Whether to show R&D process(연구 개발의 과정을 보여줄 수 있습니까?)라는 질문이 나옵니다. Yes를 선택한 후 아래 내용을 입력합니다.

- Process name(공정 이름): 연구 개발 공정의 이름을 적습니다.
- Process pictures(공정 사진): 연구 개발 공정의 사진 등록이 가능하며, 이미지 용량은 최대 2MB이며, JPG와 PNG 형식이 가능하며 최소 1장 이상 등록합니다.
- Process describe(공정 설명): 연구 개발 공정에 대해 서술합니다.

03 │ 제조 능력(Manufacturing Capability)

❶ 앞의 1) 품질 관리(Quality Control) 부분에서 입력했습니다.

❷ 앞의 2) 연구 개발 능력(R&D Capability) 부분에서 입력합니다.

❸ 나머지 항목들을 입력합니다.

- Factory Location(공장 위치): 공장 주소를 적습니다.
- Factory Size(공장 규모): 공장 규모를 선택합니다.
- Contract Manufacturing(제조 계약): OEM 제조 서비스, 디자인 서비스, 바이어 라벨 부착 가능 및 OEM 제작 경험의 기간을 적습니다.
- No. of QC Staff(품질 관리 스태프 숫자): 공장의 품질 관리 인력 숫자를 선택합니다.
- No. of R&D Staff(연구 개발 스태프 숫자): 연구 개발 인력 숫자를 선택합니다.
- No. of Production Lines(생산 라인의 숫자): 생산 라인의 숫자를 선택합니다.
- Annual Output Value(연간 생산량): 해당되는 연간 생산량을 선택합니다.
- Add information about your annual production capacity(대략적인 당신의 연

제조 능력(Manufacturing Capability)

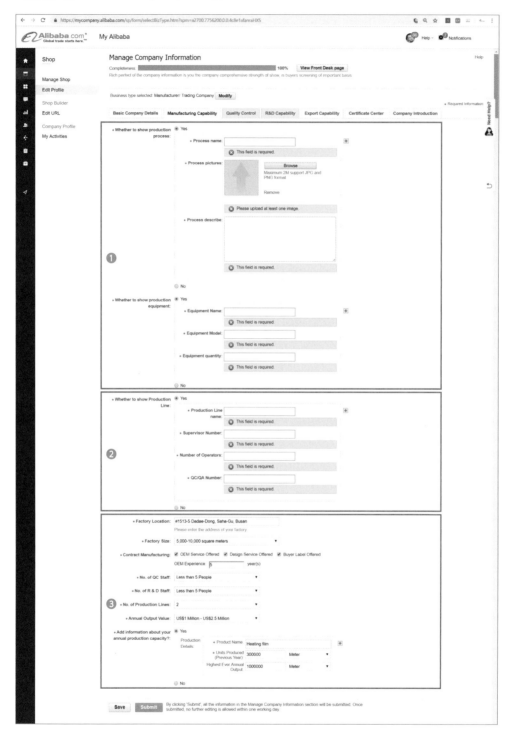

간 생산량 정보를 추가합니까?)라는 질문이 나옵니다. Yes를 선택한 후
아래 내용을 입력합니다.

▶ Production Details(생산 상세 정보): Product Name(상품명), Units
Produced(Previous Year)(전년도 생산량), Highest Ever Annual Output(최
대 연간 생산량)을 선택합니다.

3 수출 능력 (Export Capability)

수출 능력은 공급업체의 연간 매출액에서 수출이 차지하는 비중을 대륙별 시장 지역으로 보여주고, 수출의 가격 조건, 수출 시에 받을 수 있는 통화, 지불 조건 및 바이어와의 커뮤니케이션이 가능한 언어 등을 선택해서 보여주는 메뉴입니다.

❶ Total Annual Revenue(연간 전체 매출액)

연간 전체 매출액을 미국 달러화로 선택합니다.

❷ Export Percentage(수출 비중)

연간 전체 매출에서 수출이 차지하는 비중을 선택합니다.

❸ Main Markets and Distribution(주요 시장 및 배분율)

전체 연간 매출액을 지역에 따라 북아메리카(North America), 남아메리카(South America), 동유럽(Eastern Europe), 동남아시아(Southeast Asia), 아프리카(Africa), 오세아니아(Oceania), 중동(Mid East), 동아시아(Eastern

수출 능력(Export Capability)

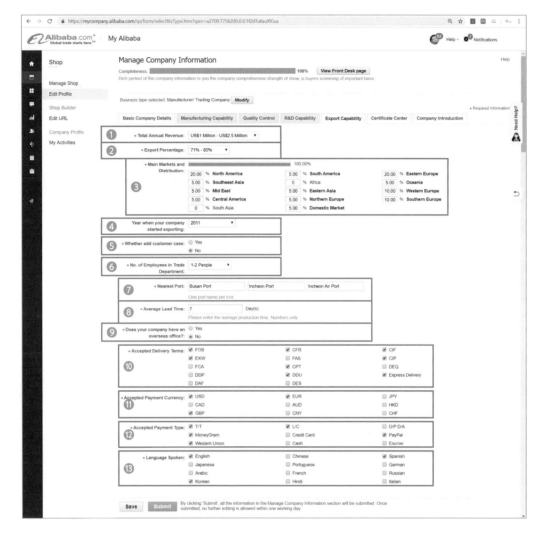

Asia), 서유럽(Western Europe), 중앙아메리카(Central America), 북유럽
(Northern Europe), 남유럽(Southern Europe), 남아시아(South Asia) 및 국내
내수 시장(Domestic Market)으로 분류하여 매출 비율을 입력합니다.

❹ Year when your company started exporting(수출 시작 연도)

수출을 시작한 연도를 선택합니다.

❺ Whether add customer case(고객의 사례를 추가할 수 있습니까?)

고객의 경우는 굳이 보여줄 필요가 없기에 No를 선택해도 무방합니다.

❻ No. of Employees in Trade Department(무역 부서의 직원 숫자)

무역을 담당하는 부서의 직원 숫자를 선택합니다.

❼ Nearest Port(가까운 항구)

선적이 가능한 항구를 적으면 되는데, 한국의 경우는 대개 부산항(Busan Port)과 상품의 항공 선적이 가능한 인천공항(Incheon Airport)을 적습니다.

> **사례** 2017년 중소기업진흥공단의 〈글로벌 온라인 B2B 플랫폼 (Alibaba.com) 활용 지원 사업〉에 1,000개 기업이 지원했을 때 많은 업체가 가까운 항구(Nearest Port)를 적으라는 내용을 사전적으로 이해해 평택항, 당진항, 광양항 등의 항구라는 항구는 다 적습니다. 하지만, Alibaba.com은 전 세계에서 사용하는 B2B 인터넷 플랫폼입니다. 전 세계에는 한국보다 국토 면적이 큰 나라들이 많습니다. 중국의 경우만 해도 국토가 광활하다 보니 홍콩에서 선적하는 것과 상하이항, 쉔젠항, 텐진항에서 선적하는 것이 큰 차이가 있을 수 있습니다. 위의 어느 항구에서는 미국 선적이 상당히 오래 걸릴 수 있고, 어느 항구에서는 유럽의 선적이 오래 걸릴 수도 있습니다. 하지만, 대한민국의 메인 항구는 부산항(Busan Port)이니 부산항으로, 항공 선적이 가능한 상품이면 인천공항(Incheon Airport)으로 적으시면 됩니다.

❽ Average Lead Time(평균적인 리드 타임)

평균적으로 바이어가 주문을 하고 선적 가능한 날 수를 적습니다.

❾ Does your company have an overseas office?(해외 사무실의 존재)

해외에 사무실이 있으면 Yes를 선택하고, 없다면 No를 선택합니다.

해외 사무실 존재 여부(Oveseas Office)시 Yes를 선택하였을 시,

- Country/Region(국가/지역): 국가와 지역을 선택합니다.
- Province/State/County(지역/주/국가): 지역, 주, 국가를 입력합니다.
- City(도시명): 도시명을 입력합니다.

Oveseas Office Yes 선택시

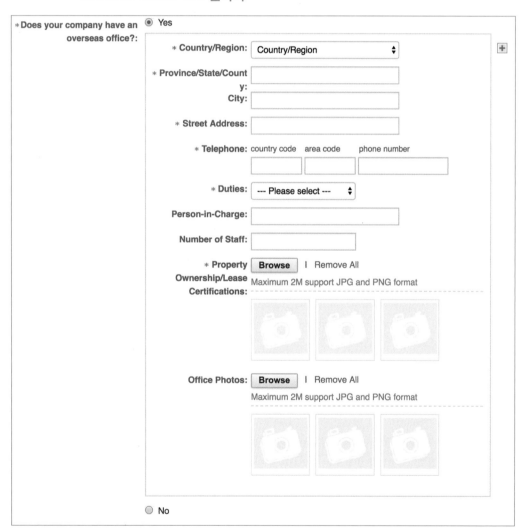

- Street Address(도로명 주소): 도로명 주소를 입력합니다.

- Telephone(전화번호): Country(국가번호), Area Code(지역번호), Phone number(전화번호) 순으로 입력합니다.

- Duties(해외사무실의 의무): Sales(판매), After-sale-service(애프터서비스), Others(기타) 등에서 선택합니다.

  ▶ Person-in-Charge(가능 담당자): 책임 담당자를 입력합니다.

  ▶ Number of Staff(직원 숫자): 근무 직원 숫자를 입력합니다.

- Property Ownership/Lease Certifications(부동산 소유권 및 임대 증명서): 부동산 소유권 및 임대 증명서를 최대 2MB 이내의 JPG, PNG 형식의 이미지로 등록합니다.

- Office Photos(사무실 사진): 사무실 사진을 최대 2MB이내의 JPG, PNG 형식의 이미지로 등록합니다.

❿ Accepted Delivery Terms(승인 가능한 운송 조건)

- FOB(Free On Board): 본선인도가격
  - 선적항의 본선에 화물을 적재할 때까지의 모든 비용과 위험은 판매자가 부담하고, 그 이후의 비용과 위험은 바이어가 부담하는 가격 조건으로 '갑판인도가격(甲板引渡價格)' 이라고도 합니다.

- CFR(Cost and Freight): 운임포함가격
  - 매도인이 화물을 선박에 선적하고 목적 항까지의 운임도 지급하는 무역 거래 조건으로 매도인이 화물이 목적지에 인도될 때까지 운임을 지급하는 조건입니다. 운임포함가격 조건 또는 Cost and Freight의 머리글자를 따서 간략히 CFR이라고도 합니다. 매도인이 화물을 선박에 선적하고 해상운송 계약을 체결하여 운임을 지불하지만, 화물에 대한 책임은 선적 때까지만 부담하며 화물을 본선에 선적할 때까지만 매도인이 책임을 지므로 본선인도(FOB) 조건과 비슷하나, 운임을 목적지 항구까지 지불한다는 점이 다릅니다. 따라서 가격 조건 뒤에 도착항의 이름이 기재되고, 매도인은 화물에 대한 수출 통관을 받아야 하고, 선적을 증명하는 운송서류를 선박회사로부터 받아 매수인에게 전해줄 책임도 지닙니다.

- CIF(Cost, Insurance and Freight): 수출입상품의 운임 · 보험료를 포함한 가격(즉, 도착항 인도가격)
  - 무역 거래 조건의 하나로 FOB와 더불어 가장 넓게 사용되고 있으며, 매도자가 상품의 선적에서 목적지까지의 원가격과 운임·보험료의 일체를 부담할 것을 조건으로 한 무역 계약입니다.

- EXW(Ex Works): 공장인도조건
  - 계약된 물품을 매도인의 공장에서 인도하는 조건으로 매도인은 매수인의 임의처분 상태를 유지함으로써 책임 의무가 종료됩니다. 따라서 수출지의 내륙운송에 따른 비용과 위험의 부담 그리고 수출 통관 수속 등 모든 절차를 매수인인 수입자가 부담합니다.

- FAS(Free Alongside Ship): 선측인도가격
  - 물품을 운송할 본선의 선 측에서 인도될 데까지의 모든 비용을 판매자가 부담하는 가격 조건으로 그 이후의 비용은 바이어가 부담합니다.

- CIP(Carriage · Insurance Paid to): 운송비 보험료 지급 가격
  - 수출업자가 목적지까지 화물을 인도하면서 운송비와 보험료의 책임을 부담하는 무역 거래 조건으로 매도인이 운송비와 보험료를 지급하고 매수인에게 화물을 운송하는 가격 조건입니다. 운송비 및 보험료 지급인도 가격 조건 또는 carriage and insurance paid to의 머리글자를 따서 간략히 CIP라고도 하며 대개 여러 가지 방법으로 화물을 운송하는 복합운송에 사용되는 조건으로, 인코텀스 2000에 의해 명확하게 규정되어있습니다.

- FCA(Free Carrier): 운송인도가격
  - 수출업자가 지정된 운송인에게 물품을 인도할 때까지 책임을 부담하는 무역 거래 조건으로 매도인이 화물을 지정된 장소에서 운송인에게 인도하는 가격 조건입니다. 주로 여러 가지 운송수단을 사용하는 복합운송에 적합한 조건이나 일반 운송에서도 많이 사용되며 운송인 인도 가격 조건 또는 Free Carrier의 머리글자를 따서 간략히 FCA라고도 합니다. 국제무역에서 철도나 도로·항공·해상·내수로 등 여러 가지 방법으로 화물을 운송하는 복합운송이 일반화되면서 인코텀스 2000에 의해 명확하게 규정되어있습니다. 수출국에서 매도인의 물품 인도 의무와 인도 시기를 단순화하여 운송인의 활동영역을 보장하고 있습니다.

- CPT(Carriage Paid to): 운송비지급인도가격
  - 수출업자가 목적지까지 화물을 인도하면서 운송비의 책임을 부담하는 무역 거래 조건으로 매도인이 운송비를 지급하고 매수인에게 화물을 운송하는 가격 조건입니다. 운송비지급인도 가격 조건 또는 영문 Carriage Paid to의 머리글자를 따서 간략히 CPT라고도 하며 여러 가지 방법으로 화물을 운송하는 복합운송이 일반화되면서 인코텀스 2000에 의해 명확하게 규정되어있습니다.

- DEQ(Delivered Ex Quay): 부두인도가격
  - 화물을 목적지 항구의 부두에서 매수인에게 인도하는 무역 거래 조건이며 수입항의 부두에서 화물을 인도할 때까지의 모든 비용과 위험은 매도인이 부담하는 것으로, 부두인도가격 또는 부두인도 결제방식이라고도 합니다. 또한 delivered ex quay의 머리글자를 따서 간략히 DEQ라고도 합니다.

- DDP(Delivered Duty Paid): 관세지급인도조건
  - 매도인이 수입관세·통관 비용뿐만 아니라 매수인이 지정하는 장소까지의 모든 비용을 부담하는 무역 거래 조건입니다. Delivered Duty Paid의 머리글자를 따서 간략히 DDP라고도 하며, 목적지 관세지급인도 또는 관세지급인도라고도 하며 운송방식에 관계없이 사용되는 조건으로, 매수인이 수입에 따른 모든 비용과 위험을 부담하는 관세부지급인도조건(DDU, Delivered Duty Unpaid)에 상대되는 개념입니다.

사례 2014년 스페인 바이어가 전기난방 자재를 구입하고 부피가 큰 단열재 한 롤을 굳이 보내 달라고 요청하여 수출 가격 조건을 CFR로 해서, 해상운송료까지 다 합쳐서 120달러의 수출 신고필증을 발행하고 발송하였습니다. 그런데, 정작 문제는 스페인에 도착해서 바이어 통관 시 발생했는데, 한국에서는 관세사의 최저 수수료가 1~2만원이지만, 스페인은 관세사의 최저 수수료가 150달러, 해운회사의 최소 대행료(Handling Charge)가 150달러 등, 전체 물품 가액은 100달러도 되지 않는데, 통관 부대비용만 모두 합쳐 한화로 65만원이 넘게 청구가 되었습니다. 바이어 또한, 수입 경험이 많지 않았기 때문에 위의 비용에 대해 이해

하지 못했고, 1~2주의 바이어와의 논쟁 끝에 서로 반반씩 부담하기로 하고 클레임을 종결지었습니다. 그 이후에는 샘플 주문이나, 소량 주문인 경우 해상 선적을 하게 되면, 해운회사를 통해 수입국의 대략적인 관세율, 부가세율을 조사하고 바이어 통관시 수취하는 필요 비용을 대략적으로 알려주기 위해 DDP 요금을 조사합니다.

- **DDU(Delivered Duty Unpaid)**: 관세부지급 반입인도조건
  - 매도인이 수입 절차를 마치지 않은 상태의 물품을 보세 창고에 반입하여 매수인에게 인도할 때까지 드는 일체의 비용을 지불하는 조건 또는 가격을 말합니다. Delivered Duty Unpaid의 머리글자를 따서 간단히 DDU라고 하며, 목적지 관세미지급 인도라고도 하며 매도인이 수입에 따른 모든 비용과 위험을 부담하는 관세지급인도(DDP, Delivered Duty Paid)에 상대되는 개념으로, 유럽 대륙처럼 한 대륙 내에서 인접한 국가 간에 자주 이용됩니다.

- **Express Delivery**
  - EMS, DHL, FEDEX, UPS, TNT 등의 빠른 항공 운송수단입니다.

- **DAF(Delivered at Frontier)**: 국경인도가격
  - 매도인이 관세국경(customs border)까지 물품의 운송에 소요되는 모든 비용과 위험을 부담하는 가격을 가리키며, 보통 보세도(in bond) 가격이라 부릅니다. 이 가격은 원칙적으로 육상운송에 사용되는 가격이나 운송 형태를 불문하고 사용될 수 있으며 우리나라에서는 BWT(Bonded Warehouse Transaction)로 많이 불립니다. 매도인이 보세창고서 물품을 인도하게 되므로 EXQ에서는 부두에서 보세창고까지의 비용과 위험은 매도인의 부담이 되며 보세창고는 어떤 나라 안에 있더라도 관세 입장에서는 외국과 마찬가지로 관세선 또는 관세국경이 됩니다.

- **DES(Delivered Ex Ship)**: 착선 인도 조건
  - 약정물품을 적재하고 수입항에 도착한 본선으로부터 그 물품을 인도할 것을 내용으로 하는 매매계약으로 계산상으로는 CIF 조건과 거의 같지만, 수출업자가 직접 위험을 부담하고 수입항까지 물품을 운반한다는 점에서 질적으로 구별됩니다. 수출업자에 의하여 현실적으로 수입항에 도착한 물품은 그 물품을 본선에서 인도하는 것이 되므로, 실

제로는 화물인도지시서를 수입업자에게 인도함으로써 수입업자는 새로운 화주의 입장에서 물품을 본선에서 인수하게 되는 것입니다.

⑪ Accepted Payment Currency(승인 가능한 통화)

미국 달러화(USD), 유럽 유로화(EUR), 일본 엔화(JPY), 캐나다 달러화(CAD), 호주 달러화(AUD), 홍콩 달러화(HKD), 영국 파운드화(GBP), 중국 위안화(CNY), 스위스 프랑화(CHF) 중에서 공급업체가 받을 수 있는 외화를 선택합니다.

⑫ Accepted Payment Type(승인 가능한 지불 방법)

- T/T(Telegraphic Transfer): 전신환송금
  - 수입대금의 지급을 은행을 통해 전신 또는 텔렉스를 이용하여 송금하는 방식을 말합니다. 계좌로 송금을 받을 수 있기 때문에 매우 편리하고 간편한 방법이며, 최근에는 업체 간 믿음과 신뢰가 높아지고 장기공급의 수출 비중이 높아지면서 신용장(L/C)방식이 줄고 송금방식(T/T)이 확대되고 있습니다.

- L/C(Letter of Credit): 신용장
  - 은행이 거래처의 요청으로 신용을 보증하기 위하여 발행하는 증서로 수입업자는 거래은행에 의뢰하여 자신의 신용을 보증하는 증서를 작성하게 하고, 이를 상대국 수출업자에게 보내어 그것에 의거 어음을 발행하게 하면 신용장 발행은행이 그 수입업자의 신용을 보증하고 있으므로 수출지의 은행은 안심하고 어음을 매입할 수 있습니다. 수출업자는 수입업자의 신용상태를 직접 조사·확인하지 않더라도 확실하게 대금을 받을 수 있습니다.

- D/P(Documents against Payment): 지급인도조건
  - 수출자가 수출품을 선적한 후 수입자를 지급인으로 하는 일람불(At Sight)어음을 발행하여 운송서류와 함께 거래외국환은행에 추심을 의뢰하면 추심 은행(수입자의 거래은행)은 어음지급인(수입자)의 대금 지급과 동시에 운송서류를 수입자에게 인도하고 그 대금을 추심의뢰은행(수출자의 거래은행)에 송금하여 수출자가 수출대금을 영수하는 거래방식입니다.

- D/A(Document against acceptance): 외상수출어음
  - 선적서류를 건네주면 기한부 수출환어음을 바로 환수하는 조건의 무역 거래방식으로 수출기업은 해당 기간이 경과한 후에 이 서류를 은행에 제출하면 수출대금을 받을 수 있습니다.

- MoneyGram: 머니그램
  - 미국의 자금 이체 기업으로, 텍사스주 댈러스에 본사를 두고 있고, 세인트루이스 파크에 운영 센터가 하나 있으며 전 세계적으로 여러 지역 오피스가 있습니다. 머니그램 사업은 Global Funds Transfers, Financial Paper Products의 2개의 분류로 나뉩니다. 이 기업은 대리와 금융 기관 망을 통해 개인과 사업체에 서비스를 제공합니다. 세계에서 2번째로 큰 자금 이체 제공자이며 약 347,000개의 대리 사무소 글로벌 네트워크에 200개 이상의 국가에서 운영되고 있습니다.

사례 머니그램(MoneyGram) 이나 웨스턴 유니온(Western Union)도 알아 두시기 바랍니다. 러시아나 러시아에서 분리 독립한 동유럽 국가들에서 사용하는 경우가 많습니다. 국가에서의 경제에 대한 통제가 많고, 중앙은행에서 보유 외환이 급격하게 떨어진 경우 갑자기 외환 송금을 금지할 경우가 있습니다. 그런 경우, 웨스턴 유니온이나 머니그램을 사용해 바이어가 송금하는 경우가 있는데, 수취인의 여권상의 영문 이름, 국적, 생년월일, 휴대폰 번호, 주소 등의 개인정보를 바이어에게 보내주면 됩니다. 그러면, 바이어 측에서 송금인의 영문 이름, 송금을 보낸 국가, 그리고 송금 영수증을 보내줍니다. 그리고, 그 영수증과 수취하는 사람의 신분증을 들고, 웨스턴 유니온이나 머니그램을 취급하는 은행으로 방문해 간단한 서류를 작성하면 1시간 이내로 찾을 수 있습니다. 모두 무통장 거래가 가능한 송금 방식으로 편리합니다.

- Credit Card: 신용카드
  - 현금 없이도 물건 구매가 가능한 소비자 신용의 일종으로, 카드 발행사와 계약을 체결한 회원은 가맹 소매점 등에서 현금 없이 신용카드만으로 원하는 상품의 구매가 가능합니다.

- PayPal(http://www.paypal.com)
  - 페이팔 홀딩스 주식회사(PayPal Holdings, Inc.)는 온라인 송금을 지원하며 수표나 우편환 같은 전통적 종이 방법에 대한 전자적인 대안의 역할을 제공하는 전 세계 온라인 지급 시스템을 운영하는 미국의 회사입니다. 페이팔은 온라인 판매자, 경매 사이트 그리고 다른 상용 사용자들을 위한 지급 처리 시스템으로 운영되는데, 거래 상대방에게 자신의 은행 계좌번호나 신용카드 번호의 노출 없이 클릭 한 번으로 송금 처리를 완료할 수 있는 서비스를 제공하며 일반적으로 송금 받는 사람들에게는 일정한 소액 수수료를 청구하고 있습니다.

사례 수출 거래에서 철칙으로 적용되는 말의 하나가 "샘플조차 구매하지 않는 바이어는 바이어가 아니다"라는 말입니다. 즉, 바이어의 입장에서는 물품 가격을 지급하지 않고 상품 한 개를 공급업체로부터 샘플로 받을 경우 그냥 버린다 해도 전혀 손해될 것이 없습니다. 하지만, 일정 금액을 주고 샘플을 받았다면 테스트 해보고, 직접 써 볼 확률이 높은 것은 당연할 것입니다. 이런 샘플 거래에 유용할 수 있는 것이 Paypal(http://www.paypal.com)입니다. 이메일 계정으로 가입해서, 바이어의 샘플 발송 등의 요구가 있을시 Invoice를 작성해서 이메일로 발송하게 되면, 바이어 측에서 신용카드로도 결재가 가능합니다. 그렇기 때문에 소액의 금액이라도 해외에서 받을 수 있습니다. 예전에 부산의 업체에서 샘플 상품은 바이어에게 무료로 보내줄 수 있어야 제대로 된 공급업체라는 지론을 가진 대표님이 계셨는데, 1개월에 샘플 발송 EMS 운송료만 250만원 이상 결재하는 경우를 본 적 있습니다. 하지만, 실질적으로 그 샘플 상품을 받았던 바이어 중에서 주문을 얼마나 받았는지는 미지수입니다. 필자 또한, 10년을 넘게 수출을 진행했지만 무료 샘플을 발송해 주었던 바이어로부터 주문을 받은 경우는 별로 없었던 것으로 기억됩니다.

- Western Union(웨스턴 유니온)
  - 미국에 본사를 둔 금융, 통신 회사로 160년의 역사를 갖고 있고, 전 세계 200여개국에서 개인 송금, 기업 지출과 무역 업무를 대행하고 있습니다.

- 현금(Cash)

- Escrow(에스크로제도)
  - 매매 보호 서비스로, 전자상거래의 안정성을 높이기 위해 거래 대금을 제3자에게 맡긴 뒤 물품 배송을 확인하고 판매자에게 지불하는 제도입니다. 즉 특정물을 제3자에게 기탁하고 일정 조건이 충족된 경우 상대방에게 교부할 것을 약속하는 문서입니다.

⑬ Language Spoken(사용가능 언어)

영어(English), 중국어(Chinese), 스페인어(Spanish), 일본어(Japanese), 포루투갈어(Portuguese), 독일어(German), 아랍어(Arabic), 프랑스어(French), 러시아어(Russian), 한국어(Korean), 인도어(Hindi), 이탈리아어(Italian) 중에서 사용가능한 언어를 선택하면 됩니다.

인증서 및 상표등록
(Certifications & Trademarks)

여기서는 Certifications & Trademarks에 대해 다루겠습니다. 공급업체의 인증서, 시험성적서를 입력하는 Certification/Test Report를 비롯하여, 회사의 수상 또는 포상 받은 내역을 넣을 수 있는 Honor & Award Certification, 특허권 관련 내용을 입력하는 Patents, 상표권 등록 내용을 입력하는 Trademarks의 4가지 메뉴로 구성되어 있습니다.

사례 ISO 인증서에 관련된 사례입니다. 2016년에 한 업체에 관련 인증서 입력을 안내했습니다. 그때 "누구나 다 가지고 있는 ISO 인증서인데 굳이 입력할 필요가 있냐"고 물었습니다. 그렇지만 ISO도 해외 규격으로 인정받는 인증서이기 때문에 입력하는 것이 좋다고 조언해 드렸습니다. 그리고 며칠 후 중국 포함 전 세계 18개국, 63개의 알리바바 파트너사가 단체 토크 방을 만들어 파트너사 담당자들끼리 많은 이야기를 공유하던 중 방글라데시 파트너사의 담당자가 그의 유료회원 고객회사에서 20피트 컨테이너 물량의 대형 수출계약을 하게 되었다고 자랑을 했습니다. 단체 토크방에 모여있던 담당자들이 모두 축하 인사를 건넸고, 수출 계약 금액은 8,700달러라는 대답이 돌아왔습니다. 순간 다른 파트너사의 담당자들은 매우 실망한 분위기였습니다.

그때 필자는 방글라데시 평균 월급이 얼마나 되는지 다시 물었고 숙련된 기술자 기준 월 200달러 정도라는 답을 듣자 40여명 월급의 수출주문은 대형 주문이 맞다고 그 담당자를 축하해 주었습니다. 그 담당자는 공급업체가 ISO 인증서도 받았기 때문에 며칠간 Alibaba.com 유료회원 계정을 쓰라고 설득하였다고 했습니다. ISO 인증서를 받는데 450~500달러 정도의 금액이 든다는 담당자말에 방글라데시 숙련된 기술자 2명분의 월급이 들어가면 매우 큰 돈이 드는 인증서인데 공급업체의 수출 준비도가 매우 높아 보인다고 과장된 리액션까지 하며 축하해 주었던 적이 있습니다.

01 | 인증서 및 시험성적서(Certification/Test Report)

❶ Type of Certifications(인증서 타입)

4가지 인증서 타입이 있습니다. 이 중 해당 인증서 타입을 선택합니다.

- Management System Certificate(경영 시스템 인증서): ISO, HACCP, GMP 등입니다.
- Product Certifications/Testing Reports(상품 인증/테스트 보고서): CE, UL, FDA 등입니다.
- Industry Standard Authorization(산업 표준 인증): Selfbalancing Scooters(자체 균형 조정 스쿠터)만 해당됩니다.

인증서 및 시험성적서(Certification/Test Report)

- Restricted Product Authorizations(규제된 상품 인증): 의약품 제조 허가증, 의료기기 제조 허가증 등입니다.

❷ Reference no(인증서 문서번호)

인증서의 문서번호를 적습니다.

❸ Name(인증서 이름)

인증서의 이름을 선택합니다.

4 Issued By(인증서 발행기관)

인증서의 발행기관을 선택합니다.

5 Start Date(validity period(인증서 시작 날짜))

인증서의 유효기간이 시작되는 날짜를 선택합니다.

6 End Date(validity period(인증서 종료 날짜))

인증서의 유효기간이 종료되는 날짜를 선택합니다.

7 Image(인증서 이미지)

인증서 관련 문서의 이미지를 3장까지 넣을 수 있으며, 200KB 이내 JPG, PNG 형태의 이미지로 등록합니다.

8 Scope(인증서 범위)

인증서의 범위를 띄어쓰기 포함하여 1,024자까지 적을 수 있습니다.

02 | 명예 및 수상 증명(Honor & Award Certification)

1 Name(수상 내역 이름)

수상 내역의 이름을 적습니다.

2 Issued By(상을 수여한 기관)

상을 수여한 기관의 이름을 적습니다.

3 Start Date(상을 받은 날짜)

상을 받은 날짜를 선택합니다.

4 Image(상장이나 상패의 이미지)

상장이나 상패의 이미지를 200KB 이내 JPG, PNG 형태 이미지로 등록합니다.

❺ Certification Description(수상 내역)

수상 내역의 상세한 설명을 띄어쓰기 포함하여 1,024자까지 적을 수
있습니다.

명예 및 수상 증명(Honor & Award Certification)

03 | 특허(Patents)

❶ No. of Patent(특허 번호)

특허 번호를 적습니다.

특허(Patents)

❷ Patent Name(특허 이름)

특허 이름을 적습니다.

❸ Type of Patent(특허 형태)

특허의 형태를 다음의 3가지 중에서 선택합니다.

- Invention Patents(발명 특허)

- Practical Patents(실용신안 등록)

- Design Patents(디자인 등록)

❹ Start Date(특허권 시작 날짜)

특허권의 시작 날짜를 선택합니다.

❺ End Date(validity period(특허권 종료 날짜))

특허권이 종료되는 날짜를 선택합니다.

6 Image(특허권 이미지)

특허 관련 문서의 이미지를 200KB 이내 JPG, PNG 형태의 이미지로
등록합니다.

04 │ 상표권(Trademarks)

상표권(Trademarks)

❶ Association category(해당 카테고리)

상표권과 관련된 상품의 해당 카테고리를 선택합니다. 상표의 해당 카테고리를 정확하게 선택해야만 상품 등록 시 해당 카테고리에서 상표로 인정받을 수 있습니다.

❷ Source of trademark(상표권 권한)

상표권의 권한에 대한 선택을 아래의 2가지 중에서 선택합니다.

- Own(On our own name's registration): 고유하게 공급업체 자체 이름으로 등록된 상표
- Authorized(Authorization from others 'registration): 다른 회사나 개인이 등록한 상표권의 사용 권한을 받은 상표

❸ Registration/Filing No.(상표권 등록 번호)

상표권의 등록 번호를 적습니다.

❹ Trademark Name(상표권 이름)

상표권의 이름을 적습니다.

❺ Start Date(상표권 시작 날짜)

상표권의 유효기간이 시작되는 날짜를 선택합니다.

❻ End Date(validity period) (상표권 종료 날짜)

상표권의 유효기간이 종료되는 날짜를 선택합니다.

❼ Image(상표권 이미지)

상표권 관련 문서 이미지를 200KB 이내 JPG, PNG 형태의 이미지로 등록합니다.

❽ Approved Goods(상표권 관련 상품 설명)

상표권과 관련된 상품의 설명을 띄어쓰기 포함하여 1,024자까지 적을 수 있습니다.

5 회사 소개(Company Introduction) 등록

바이어로부터 단지 한 문장의 Inquiry를 받더라도 반드시 답장을 줄 때는 물어온 질문에 대한 답변과 회사 소개 내용을 꼭 첨부해야 합니다. 그렇지 않고 한 문장의 답변을 준다면 바이어도 계속 한 문장의 Inquiry를 보낼 가능성이 높습니다. 그렇기에 좋은 내용의 회사 소개서를 준비하는 것은 중요합니다.

❶ Company Logo(회사 로고)

회사 로고 이미지를 넣을 수 있습니다. 100*100픽셀 크기의 이미지를 200KB 이내 JPG, PNG 형태의 이미지로 등록합니다.

❷ Detailed Company Introduction(자세한 회사 소개 내용)

자세한 회사 소개 내용을 띄어쓰기 포함하여 4,000자까지 적을 수 있습니다.

회사 소개(Company Introduction)

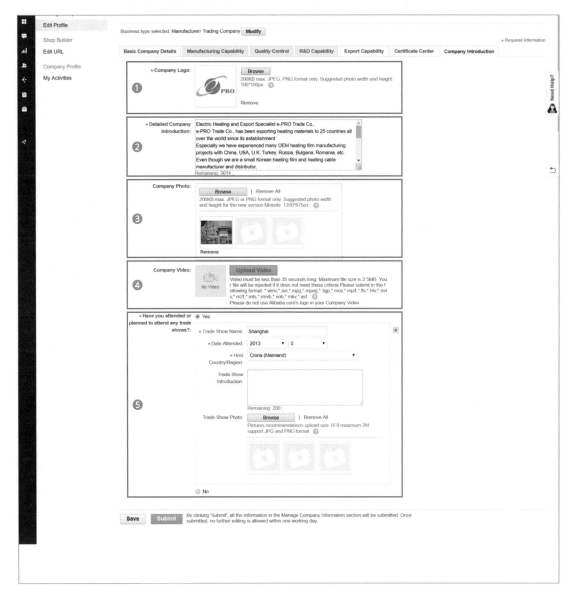

❸ Company Photo(회사 사진)

3장의 회사 관련 이미지를 1,200*675픽셀 크기로 200KB 이내 JPG,
PNG 형태의 이미지로 등록합니다.

❹ Company Video(회사 소개 영상)

회사 소개 동영상을 올릴 수 있습니다. 동영상 길이는 35초 미만으로 최대 파일 크기는 2.5MB입니다. wmv, avi, mpg, mpeg, 3gp, mov, mp4 파일 형식으로 등록 가능하며 Alibaba.com의 로고는 사용하면 안 됩니다.

❺ Have you attended or planned to attend any trade shows?

(참가했던 전시회나 참가 계획 전시회 정보)

참가했던 전시회나 참가를 계획하고 있는 전시회에 대한 정보를 적습니다. Yes를 선택하였을 시,

• Trade Show Name: 참가했던 전시회 이름을 적습니다.

• Date Attended: 전시회에 참가했던 날짜를 선택합니다.

• Host Country/Region: 전시회가 개최된 국가 및 지역을 선택합니다.

- Trade Show Introduction: 전시회에 대한 소개를 띄어쓰기 포함 200자까지 적을 수 있습니다.
- Trade Show Photo: 16:9의 이미지 비율로 2MB 이내 JPG, PNG 형태의 이미지로 등록합니다.

Minisite에서의 Company Profile 확인

위 작업을 모두 마친 후 Minisite를 방문해 회사 정보가 정확하게 등록되었는지를 Company Profile로 확인합니다.

❶ Company Introduction(회사 소개) 부분에서 등록하였던 Company Logo(회사 로고)와 공급업체 이름, 국가와 지역, Gold Supplier(유료회원제) 이용 연한을 확인할 수 있습니다.

❷ Company Introduction(회사 소개) 부분에서 등록하였던 회사 이미지 3장 및 회사 소개 동영상을 확인할 수 있으며, 회사 소개 내용을 확인할 수 있습니다. 또한, 한국에서는 Alibaba.com의 거래 안심 보증 서비스를 사용할 수 없기에 보여줄 수는 없지만, 거래 수준(Transaction Level)과 거래(Transactions), 그리고 평균적인 바이어 Inquiry에 답변을 주는 시간(Response Time), 24시간의 답변율(Response Rate)이 보여집니다.

❸ Basic Company Details

Minisite의 Company Profile-1

회사 기초정보 등록(Basic Company Details)에서 등록하였던 내용과 인증서 보유내역들을 보여줍니다.

- Business Type: 사업 형태를 확인합니다.
- Location: 공급업체의 국가 및 지역을 확인합니다.
- Main Products: 주요 상품을 확인합니다.
- Total Employees: 전체 임직원 숫자를 확인합니다.
- Total Annual Revenue: 연간 매출액을 확인합니다.
- Year Established: 공급업체의 설립연도를 확인합니다.
- Certifications: 보유 인증서를 확인합니다.
- Product Certifications: 보유하고 있는 상품 인증서의 숫자와 내역을 확인합니다.
- Patents: 보유하고 있는 특허권의 숫자와 내역을 확인합니다.
- Trademarks: 보유하고 있는 상표권의 숫자와 내역을 확인합니다.
- Main Markets: 주요 수출 시장을 확인합니다.

❹ Product Capacity

Manufacturing Capability(제조 능력) 부분에서 입력하였던 제조 공장의 정보를 보여줍니다.

- Factory Size: 공장의 규모를 확인합니다.
- Factory Location: 공장의 주소를 확인합니다.
- No. of Production Lines: 생산라인의 숫자를 확인합니다.
- Contract Manufacturing: OEM 관련 제공 서비스 내역을 확인합니다.
- Annual Output Value: 연간 생산액을 확인합니다.
- Annual Production Capacity: 상품별 연간 생산량을 확인합니다.

Minisite의 Company Profile–2

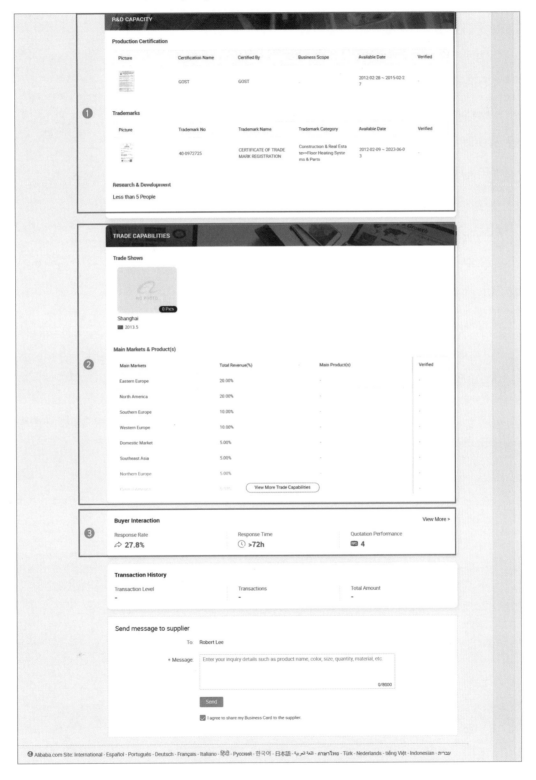

❶ R&D Capacity

연구 개발 능력을 보여줍니다.

- Production Certification: 상품의 인증서를 보여줍니다.

- Trademarks: 보유한 상표권을 보여줍니다.

- Research & Development: 연구 개발부서의 인력숫자를 보여줍니다.

❷ Trade Capabilities

무역 능력을 보여줍니다.

- Trade Shows: 무역 전시회에 참가했던 사진을 보여줍니다.

- Main Markets & Product(s): Export Capability(수출 능력)에서 입력한 주요 수출 비율을 대륙별로 보여줍니다.

❸ Buyer Interaction

바이어들 간의 상호 응대를 보여줍니다.

- Response Rate: 바이어의 Inquiry에 대한 24시간 이내의 빠른 답변율을 보여줍니다.

- Response Time: 바이어의 Inquiry에 대한 평균 답변 시간을 보여줍니다.

- Quotation Performance: 공급업체의 RFQ 활용 성과를 보여줍니다.

CHAPTER **9**

Alibaba.com의
상품 등록 준비

이 장에서는 바이어에게 검색이 잘 되고 클릭을 많이 받아 Inquiry를 많이 받는 상품을 등록하기 위해서 필요한 작업이 무엇인지, 필요한 자료들을 어떻게 준비해야 하는지에 대해 설명하도록 하겠습니다.

1 상품의 우선 노출, 클릭률과 Inquiry 수취 활성화를 위한 핵심 요소

어떤 성격의 인터넷 쇼핑몰이든지 바이어 또는 구매자는 필요한 상품을 검색해서 가장 먼저 노출되는 상품의 이미지와 상품명, 상세 정보를 확인한 후 구매를 하거나 상품에 대해 문의할 확률이 높습니다.

인터넷 쇼핑몰에서 상품을 검색했을 때, 우선순위로 노출되는 데 영향을 끼치는 핵심 요인으로는 첫째, 바이어나 구매자가 선호하여 자주 검색하는 상품과 관계되는 키워드(Keywords)를 사용하는 것이고 둘째, 이런 키워드를 기반으로 상품명, 상품과 관계있는 카테고리에 상품을 전시하는 것이며 셋째, 바이어나 구매자가 공급업체의 상품 설명을 쉽고 분명하게 이해할 수 있도록 상품 설명의 형식이 일정하고 완성도가 높아야 합니다.

노출 이후에 상품은 B2C 쇼핑몰에서는 구매를 유도하거나, Alibaba. com과 같은 B2B 쇼핑몰에서는 바이어의 Inquiry를 많이 받기 위해 상품을 정확하고 명확하게 알아볼 수 있도록 매력적인 상품 사진 및 바이어나 구매자의 구매 욕구를 자극할 만한 상품 속성을 보여주는 것도 중요합니다. 또한, 구매 및 배송에 대한 조건도 일치해야 하는데, Alibaba.com에서는 최소 주문 수량, 지불 조건, 물품 생산 기간(Lead Time) 등의 무역 정보가 B2B의 구매 조건에 해당된다고 볼 수 있습니다. 끝으로, 구매자나 바이어 모두 상품의 종류가 적은 시장보다 많고 다양한 것을 선호하듯이 공급업체의 제품도 다양하게 준비해서 상품별로 세분해서 전시하는 것이 중요합니다. 즉, 동일 상품을 작은 상품 그룹으로 나누어 전시하는 것이 포인트입니다.

사례 2017년 중소기업진흥공단의 〈글로벌 온라인 B2B 플랫폼(Alibaba.com) 활용 지원 사업〉 대상 기업 가운데 부산에서 칫솔을 제조하는 기업이 있었습니다. 교육 중 동일 계열 상품도 상품 그룹을 나누어 등록하면 Inquiry를 받는 데 효과적이라고 말씀드렸더니, 자신들은 칫솔 단일 상품만 만들기 때문에 상품 그룹을 나눌 수 없다고 하였습니다. 하지만 단일 상품인 칫솔도 성인용 칫솔, 유아용 칫솔, 일회용 칫솔, 전동칫솔용 칫솔모 등으로 그룹을 나눌 수 있고, 여러 그룹으로 만들면 바이어에게 다양한 종류의 칫솔을 폭넓게 제조하는 곳으로 인식되어 거래를 결정하는 데 도움이 된다고 알려드렸더니 생각지도 못한 아이디어라면서 매우 고마워하였습니다.

2 Alibaba.com의 상품 등록 완료 후의 상품 페이지

상품 등록 준비에 앞서 Alibaba.com에 상품 등록을 하면 어떻게 바이어들에게 노출되는지를 먼저 알아보겠습니다.

❶ 상품 이미지

상품 이미지를 보여줍니다.

❷ 상품 추가 이미지 및 상품 동영상

상품의 메인 컷을 1개의 동영상으로 넣을 수 있고, 다른 이미지를 최대 6장 더 보여줍니다.

❸ 상품명

상품명을 보여줍니다.

❹ FOB

상품 단가 및 최소 주문 수량을 보여줍니다.

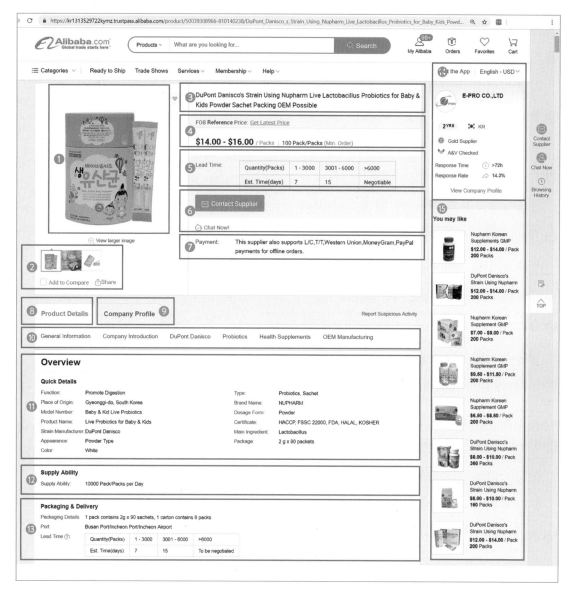

❺ Lead Time(소요 기간)

주문 수량에 따른 선적 소요 기간을 보여줍니다.

⑥ Contact Supplier(공급업체 연락)

바이어는 공급업체에 Inquiry를 발송할 수 있습니다.

⑦ Payment(지불 방법)

지불 방법에 대한 설명을 보여줍니다.

⑧ Products Details(상품 상세설명)

등록된 상품의 상세한 설명 내용을 볼 수 있습니다.

⑨ Company Profile(회사 프로필)

공급업체의 프로필을 확인할 수 있습니다.

⑩ Navigations(내비게이션)

상품의 상세 설명이 길기 때문에 단락을 만들어 원하는 내용으로 빠르게 이동하기 위한 보조 기능입니다.

⑪ Overview(개요)

상품의 사양이나 주요 사항을 짧게 정리해 놓은 것입니다.

⑫ Supply Ability(공급 능력)

공급업체의 생산이나 공급 능력을 보여줍니다.

⑬ Packing & Delivery(포장 및 배송)

상품이 포장되는 내역과 선적되는 항구나 공항, 상품을 주문했을 때 주문량에 따른 선적 소요 기간을 보여줍니다.

⑭ 공급업체명

공급업체명을 클릭하면 공급업체의 Minisite로 이동합니다.

⑮ You may like

공급업체의 다른 상품을 보여줍니다.

상품 검색 후 개별 상품 상세 페이지-2

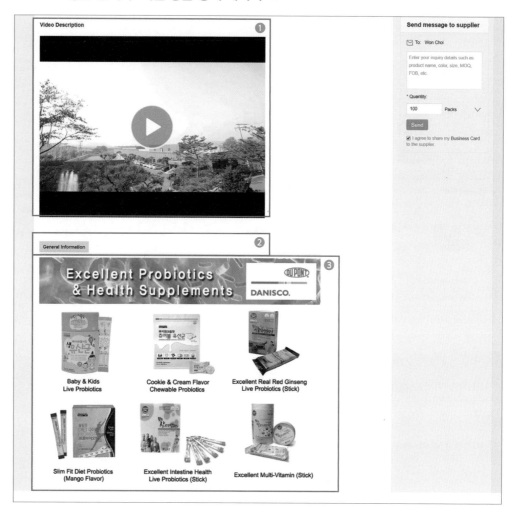

❶ Video Description(상세설명 동영상)

상품 상세설명에 대한 동영상을 보여줍니다.

❷ Navigation Section Name(내비게이션 섹션 이름)

내비게이션 섹션 이름을 보여줍니다.

❸ 상품 상세설명

상품에 대한 상세설명을 보여줍니다.

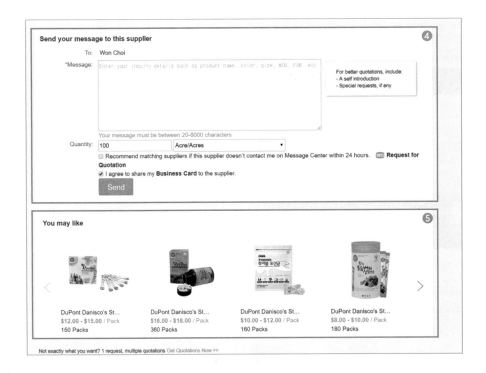

④ Send your message to this supplier

바이어가 Inquiry를 보낼 수 있는 곳입니다.

⑤ You may like

바이어에게 공급업체의 다른 상품을 보여줍니다.

3 상품 사진
(Product Image)

01 │ 벤치마킹(Benchmarking)

인터넷 쇼핑몰에서 잘 팔리는 상품으로 등록하고 싶다면 판매하려는 인터넷 쇼핑몰에서 잠재적인 경쟁 상품 중 어떤 상품이 잘 팔리는지, 그 상품의 이미지 촬영은 어떻게 하였는지, 상품 상세설명은 어떻게 구성되었는지 등을 먼저 분석해야 합니다. 바이어나 구매자가 제일 처음 상품을 접하는 것은 사진입니다. 즉, 판매를 잘하는 공급업체 상품 등록 및 사진 촬영 기법을 벤치마킹(Benchmarking)하는 것도 중요합니다.

바이어가 특정 검색어로 검색한 결과 1~3페이지 내에서 Inquiry를 보내는 비율은 통상적으로 90~95%입니다. 그렇기 때문에 수출 성과를 얻고 싶은 공급업체는 적어도 1~3페이지 내에 노출돼 있는 상품에 대해 분석하는 것이 필수입니다. 상품 이미지로 사용할 사진은 전문적인 스튜디오 촬영을 추천해 드리며, 사진 촬영 시에는 Alibaba.com에서 사용할 수 있는 이미지 크기 최대 1,000*1,000픽셀임을 고려해야 하며 전문적인 스튜디오에서 사진 촬영을 하게 되면, 회사 카탈로그를 제작할 때나 상품 포스터, 전시회 등에 참가할 때 상품 배너 제작에도 두루 사용할 수 있으니 아까워하지 말아야 할 부분입니다.

02 | Multi Image 등록

Multi Image 등록

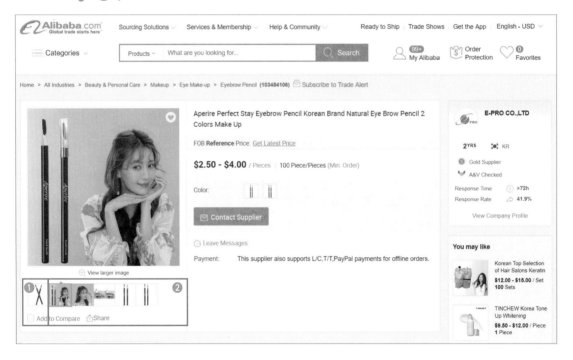

❶ Single Image

상품 이미지는 최대 6장까지 등록이 가능하며 메인 이미지 한 개만을 등록하는 것을 싱글 이미지(Single Image) 등록이라고 합니다.

❷ Multi Image

멀티 이미지(Multi Image)로 등록하면 상품의 다른 색상 및 세부 이미지 등을 보여줄 수 있으므로 싱글 이미지(Single Image) 등록보다 효과적입니다. 또한, 멀티 이미지(Multi Image) 등록 시에는 상품의 메인 컷을 잘 골라야 하는 것이 중요하고, 메인 상품 이미지를 잘못 고르게 되면 상품의 클릭률(Click through Rate)이 하락하게 되니 신중하게 선택해야 합니다.

03 | 배경을 지운 이미지 사용

스튜디오 촬영 원본 이미지

촬영 원본에서 배경을 지운 이미지

많은 상품을 취급하기 전 필자는 한 가지 실험을 해봤습니다. 위의 이미지 중 왼쪽 이미지는 스튜디오에서 상품을 촬영한 원본이고, 오른쪽 이미지는 스튜디오 촬영 원본 뒤와 아래의 배경을 지운 이미지입니다. 이 두 이미지를 서로 교체해 가면서 3개월간 상품 쇼케이스(Product Showcases)에 등록해 본 결과 오른쪽의 배경을 지운 이미지가 3배 정도 더 많은 클릭률과 바이어 Inquiry를 받았습니다. 이 실험으로 배경을 지운 깔끔한 이미지가 바이어들에게 선호도가 높다는 것을 알 수 있었습니다. 다른 공급업체들의 상품을 살펴보면 가끔 상품 사진 위에 이미지 도용 방지를 위해 글자나 숫자 등을 넣는 워터마크(Watermark)를 사용하는 경우가 있는데, 시선이 분산되어 상품에 대한 집중도를 떨어뜨릴 수 있으니 지양해야 합니다.

사례 필자가 취급하는 태양광 도로 표지병 상품을 등록했을 때 사례입니다. 제조업체에서 실제 촬영한 상품 이미지 품질이 낮아 CAD로 그린 3D 이미지를 받아 상품 등록을 했던 적이 있습니다. 미국 바이어에게 300개 가량의 샘플을 판매하였고, 항공운송으로 선적해 10일이 지나지 않아 바이어로부터 이미지와 다른 상품을 공급받았다는 클레임을 받았습니다.

실제 상품은 왼쪽과 같은 실버 색상인데, 3D 이미지는 실버 색상의 표현이 어려워 회색에 가깝게 표현하다 보니 문제가 생긴 것입니다. 바이어의 주장은 상품의 원료인 알루미늄에 회색 코팅을 해야 하는데 제조 원가를 낮추기 위해 코팅 공정을 생략한 게 아니냐는 클레임이었습니다. 바이어에게 실제 상품도 실버 코팅 과정을 거쳤다는 것을 확인시키고 CAD를 이용해 3D로 그리는 과정에서 실버 색상 표현이 어려워 회색으로 표현되었다고 안내를 하였습니다. 그리고, 상품의 실제 기능에는 차이가 없다는 것이 확인된 후 바이어의 클레임을 종결할 수 있었습니다.

그러므로 상품 이미지의 등록 시 3D나 일러스트 이미지 사용은 되도록 자제하는 것이 좋습니다.

실제 스튜디오 촬영 이미지   **CAD로 그린 3D 이미지**

04 | 추가 준비 이미지

상품 상세설명(Product Description)에는 최대 15컷의 이미지를 등록할 수 있습니다. 그렇기 때문에 상세설명을 제작하기 위해서는 다양한 이미지를 준비하는 것이 좋습니다. 상품 상세설명(Product Description)에 필요한 추가 이미지는 회사 소개에 넣을 회사의 전경, 생산 작업 이미지, 수출 선적 이미지, 특허 및 해외 규격 인증서, 제품 구조도와 상품의 상세한 포장을 설명하기 위한 이미지 등 다양하게 준비하는 것이 좋습니다.

4 키워드 리스트 & 상품명 만들기

01 | 키워드 리스트 만들기

상품을 등록하기 전 바이어에게 검색이 잘 될 수 있는 상품명을 만드는 작업은 매우 중요합니다. 또한, 상품명은 키워드를 기반으로 해서 만들어져야 한다고 설명하였습니다. 그렇기에 상품명을 만들기 위해서 가장 먼저 해야 할 작업은 키워드 리스트를 만드는 것입니다. 키워드 리스트를 만들 때 주의해야 할 점은 Alibaba.com은 전 세계 190개국에서 사용하므로 영어 표현 방식이 바이어가 속한 지역이나 국가에 따라 다를 수 있다는 것입니다.

예를 들어 한국에서는 피부 관리를 위해 사용하는 부직포 재질의 마스크를 마스크 팩(Mask Pack)이라 부르지만 유럽이나 미국의 바이어들은 종이 마스크(Sheet Mask, Mask Sheet)로 부를 수 있으며, 안면 마스크(Facial Mask) 등으로도 표현할 수 있습니다. 이러한 예는 많은데, 대표적으로 공기청정기를 영어가 익숙하지 않은 동남아시아나 중국에서는 Air Cleaner

라고 표현할 가능성이 높지만, 유럽이나 미국에서는 Air Purifier라고 표현할 가능성이 높습니다.

또한, 위 두 지역은 상품의 구매력에서도 차이가 있으므로, Air Cleaner를 검색하거나 RFQ로 올리는 바이어가 많다면, 공기청정의 순수한 기능에 치중하거나 상품 가격에 집중할 확률이 높아, 일반 구매자들의 구매력이 떨어지므로 공공장소에서 사용할 용도의 대용량 공기청정기를 선호할 수 있습니다. 반대로 Air Purifier로 검색이 많다면 일반 구매자들의 소득 수준이 높고 구매력도 높기 때문에 가정에서 사용할 공기청정기를 찾을 확률이 높아 상품의 공기청정 용량은 적더라도 디자인이 예쁘고, 음이온 발생, 오존 발생, 리모컨 기능 등의 추가적인 기능이 많은 제품을 선호할 가능성이 높습니다.

Analytics - Trending Keywords

키워드 리스트를 만들기 위해서는 Analytics – Trending Keywords 기능을 접속해 우선 상품과 관계한 키워드를 검색해야 합니다. 검색한 후에는 마우스 왼쪽 버튼을 누른 후 드래그해서 밑부분까지 활성화를 시킨 후 오른쪽 버튼을 눌러서 복사를 선택합니다.

Excel에 붙이기

Keywords	Supplier Competition	Showcased Products	Search Frequency	\<Search Frequency (Past 12 Months)\>											Operation
seaweed	185	46	715	667	621	649	751	796	765	746	769	658	619	756	715 Join Top Ranking
seaweed extract	218	18	439	346	338	346	351	380	405	410	431	419	333	341	439 Join Top Ranking
roasted seaweed	46	42	322	256	243	209	253	232	213	236	311	342	239	249	322 Join Top Ranking
dried seaweed	92	12	311	322	293	322	335	397	373	351	314	338	334	309	311 Join Top Ranking
seaweed mask	64	5	293	288	289	224	166	202	266	163	213	275	136	273	293 Join Top Ranking
seaweed organic fertilizer	37	2	277	102	55	112	100	89	59	59	95	63	45	207	277 Join Top Ranking
seaweed nori	38	13	268	271	222	260	260	227	226	226	207	236	240	238	268 Join Top Ranking
seaweed mozuku	7	8	237	379	274	183	175	147	381	188	182	342	199	378	237 Join Top Ranking
seaweed fertilizer	83	21	236	317	258	235	311	287	296	268	259	243	303	285	236 Join Top Ranking
npn seaweed	38	7	235	196	220	225	238	244	235	231	175	233	281	277	235 Join Top Ranking
seaweed snack	51	17	225	262	280	246	334	346	359	266	243	282	245	235	225 Join Top Ranking
japan frozen seaweed salad	26	5	219	204	187	216	254	231	237	194	191	228	226	204	219 Join Top Ranking

그런 후 엑셀을 열어 붙이기를 하면, 위의 그림처럼 과거 12개월의 검색 빈도를 보여주던 그래프가 모두 숫자로 바뀌는 것을 볼 수 있습니다. 이렇게 과거 12개월의 바이어 검색 빈도 데이터가 다 보이면 12개월 평균을 산출합니다. 평균을 산출하는 이유는 시스템의 버그로 인해 최근 검색 빈도가 상승한 키워드 등이 있을 수 있어 그러한 키워드를 배제하기 위함입니다. 평균을 산출한 이후에는 바이어가 가장 선호하는 키워드부터 알아보기 쉽게 평균값으로 내림차순 정렬을 합니다.

키워드 리스트(Keywords List) 만들기

Keywords	Supplier Competition	Showcased Products	Search Frequency	
seaweed	185	46	715	709.33
dried seaweed	92	12	311	333.25
seaweed snack	51	17	225	276.92
roasted seaweed	46	42	322	258.75
seaweed nori	38	13	268	240.08
nori seaweed	38	7	235	232.5
laver	27	9	207	159.83
korean seaweed	16	1	128	156.33
crispy seaweed snack	30	5	136	142
seaweed dryer	74	6	143	133.75
seaweed extract powder	134	9	130	122.25
seaweed straws	1	0	150	112.333
seaweed extract liquid	29	4	138	111.167
sushi seaweed	26	2	134	107.083
seaweed organic fertilizer	37	2	277	105.25
seaweed snack korea	1	0	134	93.6667
machine a laver industrielle	0	0	141	93.5
seaweed basket	8	0	138	92.9167
seaweed soap	16	0	163	92.6667
mini machine à laver	0	0	128	90.8333

평균을 내고 내림차순으로 정렬한 후 키워드 리스트 중에서 판매중인 상품과 관계없는 키워드는 삭제합니다. 그리고 ▶해당 키워드를 사용하는 공급업체 숫자(Supplier Competition), ▶상품 쇼케이스에 전시된 숫자를 보여주는 쇼케이스 상품(Showcased Products), ▶지난달 바이어 상품 검색 빈도(Search Frequency)와 평균을 비교하면서 상품 등록할 때 먼저 사용할 키워드 순서를 정합니다. 이 과정에서 중요하게 체크해야 하는 것은 현재 쇼케이스 상품(Showcased Products)의 숫자가 몇 개인지 확인하는 것입니다. 왜냐하면, 상품 등록을 해서 바이어가 검색할 때 검색 결과로 첫 페이지에 보이는 상품의 숫자는 리스트뷰(List View)의 경우 최대 50개, 갤러리뷰(Gallery View)의 경우 최대 36개이기 때문에 첫 페이지에 노출할 확률이 높은 키워드를 먼저 사용해야 하기 때문입니다.

사례 2014년 제설제로 사용하는 염화칼슘을 제조하는 기업에서 필자에게 수출이 가능한지를 문의하였습니다. 염화칼슘의 영어명인 Calcium Chloride로 검색했을 때 등록된 상품의 숫자는 3만개에 가까웠지만, 바이어가 올린 RFQ 숫자는 2~3건으로 적었으며 바이어 월간 검색 빈도 또한 적었습니다. 별로 효과적이지 못할 것이라고 제조업체 담당자와 상담을 마치고 나서도 '왜 바이어는 많지 않아 보이는데 공급업체의 상품 등록이 많은 걸까?'라는 생각이 머리를 떠나지 않았습니다. 그러다 문득 $CaCl_2$라는 염화칼슘의 화학식이 떠올랐고, $CaCl_2$로 다시 검색하자 RFQ의 건수도 30건에 가까웠고, 바이어 월간 검색 빈도도 높았습니다.

그러나, RFQ를 올린 바이어의 지역 및 국가들이 모두 제설제를 사용하는 지역과는 거리가 멀어 보이는 동남아시아였고 제조업체 담당자에게 염화칼슘의 다른 사용 용도에 대해 묻자 제습제의 원료가 되기도 하고 정제를 거쳐서 칼슘 비료를 만드는 원료로도 사용된다는 답변을 들었습니다. 2016년 Alibaba.com 교육에 위 사례가 유용할 듯해 다시 염화칼슘의 화학식 $CaCl_2$를 검색했더니 바이어의 RFQ 등록도 적었고, 바이어 월간 검색 빈도도 낮았습니다. 그리고 Calcium Chloride로 다시 검색했더니 2년 전과는 다르게 RFQ 등록도 많아졌고 바이어 월간 검색 빈도도 많았습니다. 다시 유심히, RFQ를 등록한 바이어 지역과 국가를 조사했더니 제설제가 필요한 유럽과 북미 바이어가 많았습니다. 2년 만에 정반대의 결과가 나온 것입니다. 이처럼 Keyword 와 Keyword의 검색 빈도는 변화하는 것을 알 수 있었습니다.

아몬드가 토핑된 김스낵 등록을 위한 키워드 리스트

키워드	경쟁 공급업체	Showcased Products	Search Frequency	Search Frequency (Past 12 Months)
seaweed	185	46	715	709
dried seaweed	92	12	311	333
seaweed snack	51	17	225	277
roasted seaweed	46	42	322	259
seaweed nori	38	13	268	240
nori seaweed	38	7	235	233
laver	27	9	207	160
korean seaweed	16	1	128	156
crispy seaweed snack	30	5	136	142
seaweed snack korea	1	—	134	94
almond laver snack	3	1	92	71
seasoned laver	10	—	81	65
korea laver	2	—	2	34
seaweed laver	15	2	50	33
laver seaweed	14	1	74	33
green laver	2	—	55	30
laver biscuit	0	—	50	22
laver cracker	0	—	1	21
dry laver	2	—	95	18

위 리스트는 아몬드가 토핑된 김스낵을 등록하기 위해 제작한 키워드 리스트(Keywords List)입니다. 붉은색 키워드들은 상품명 제작에 사용할 키워

드들이고, 검은색 키워드들은 상품명 제작에는 사용하지 않지만, 상품 등록을 할 때 128자까지 3개를 넣을 수 있는 키워드에 사용할 키워드들입니다. 상품명을 만들 때 주의해야 할 것은 지나치게 중복된 키워드 사용을 자제하고, 바이어가 상품명을 읽었을 때 쉽게 알 수 있게 상품 의미의 전달이 확실해야 합니다. 또한, 키워드 검색 시 단어의 순서와 관계없이 단어가 상품명에 포함되어 있으면 보여질 수 있습니다. 즉, 상품명에서 Seaweed Nori의 키워드를 등록하였다면, Nori Seaweed로 검색해도 검색이 가능하다는 것입니다.

필자는 위의 키워드 중에서 seaweed, dried seaweed, seaweed snack, roasted seaweed, seaweed nori, korean seaweed, crispy seaweed snack, seaweed snack korea, almond laver snack 등을 조합하여, Korean Cripsy Almond Roasted Seaweed Nori Laver Snack으로 상품명을 만들었습니다.

아몬드 김스낵의 상품명

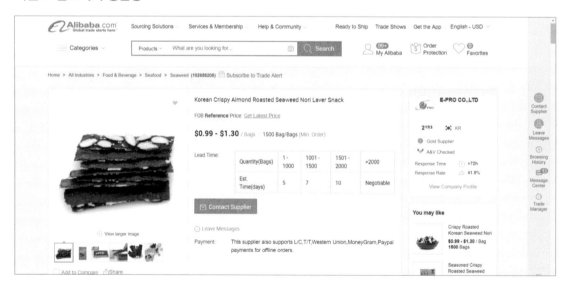

5 상품 상세 정보 만들기

01 | 전 세계 인터넷 접속 속도

전 세계적으로 국제 배송시스템이 발전하고 Paypal 등의 국제 전자지불시스템이 개발되면서 구글 번역기 등으로 외국어에 대한 부담이 줄어 많은 사람의 해외 전자상거래에 대한 관심도 늘고 있습니다. 대체로 이베이, 아마존이나 Alibaba.com을 통해 판매하는 사람 중에는 한국의 Auction, 지마켓, 11번가를 이용해 많은 판매 성과를 이뤘던 사람들도 많습니다. 하지만, 한국 쇼핑몰에서 판매 경험이 있던 사람들이 해외 쇼핑몰 판매에서 가장 많이 범하는 오류는 해외 현지 인터넷 접속 속도를 고려하지 않는 점입니다. 한국의 인터넷 접속 속도가 대용량의 디자인 페이지도 구매자나 바이어에게 빠른 시간 안에 보여줄 수 있을 만큼 빠르고 안정적이다 보니 해외 쇼핑몰에 상품을 등록하면서도 같은 방식으로 등록하는 경우가 많습니다.

아카마이 2015 Q3 인터넷 접속 속도에 따른 국가별 순위

나라	평균 접속 속도 (Mb/s)	평균 최고 접속 속도 (Mb/s)	4 Mbit/s 초과	10 Mbit/s 초과	15 Mbit/s 초과
대한민국	20.5	86.6	96%	68%	45%
일본	15	78.4	90%	54%	32%
중국	3.7	23.1	33%	1.60%	0.30%
인도	6.5	29.7	67%	23%	8%
베트남	3.4	25.5	31%	0.60%	0.10%
싱가포르	12.5	135.4	87%	51%	27%
태국	8.2	58.3	93%	18%	5.80%
인도네시아	7.45	31	17%	0.90%	0.40%
아랍에미리트	6.8	45.8	85%	10%	2.30%
미국	12.6	57.3	80%	46%	24%
영국	13	54.2	87%	46%	28%
프랑스	8.2	38.9	74%	21%	8.70%
독일	11.5	49.2	87%	37%	19%
러시아	10.2	57.9	87%	38%	15%
오스트레일리아	7.8	41.9	72%	18%	7.40%
스웨덴	17.4	69	92%	55%	38%
이탈리아	6.5	30.1	71%	9.20%	3.40%
터키	6.2	38.5	77%	7.60%	2.90%
남아프리카 공화국	3.7	18.9	22%	2.90%	1.70%
브라질	3.6	29	32%	2.20%	0.60%

● 인터넷 접속 속도에 따른 국가별 순위는 아카마이 테크놀로지스(Akamai Technologies)에서 발간한 <State of the Internet> 보고서 중 최종사용자의 평균 데이터 전송 속도를 말합니다.

옆의 표는 2015년도 3/4분기 전 세계 인터넷 접속 속도를 보여주는 표입니다. 중국의 경우 한국에서는 1초 걸려 확인 가능한 이미지가 한국보다 평균 7배 느리기 때문에 7초가 걸릴 수도 49초가 소요될 수도 있습니다. 그렇기 때문에 해외 쇼핑몰의 상품 등록 시에는 해외 현지 인터넷 접속 속도를 고려해, 지나치게 큰 용량의 디자인 페이지 등록은 지양하고 이미지와 텍스트를 적절하게 배치하는 것이 중요합니다. 비록, 해외 현지 인터넷 접속 속도가 느려 이미지 같은 경우에는 확인 불가능하더라도 텍스트 확인이 가능하다면 바이어의 경우는 시간이 좀 걸려도 기다려서 확인할 가능성이 높습니다.

02 | 상품 상세설명 만들기

Alibaba.com을 이용하고자 하는 사람들이 필자의 교육에서 가장 어려움을 토로하는 것이 상품의 상세설명 제작입니다. 그러나 겁먹을 필요가 없습니다. 직접 바이어를 만나서 상담한다는 가정하에 어떻게 상담할 것인가를 상상하면서 상세 페이지 내용을 구성하면 됩니다. 즉, ▶ 회사 소개, ▶ 보유한 해외인증서, ▶ 상품의 사양, ▶ 상품의 특장점, ▶ 주문자의 요구에 따른 OEM/ODM의 제작, ▶ 무역 조건, ▶ 운송 조건 등을 바이어에게 상담해 주듯이 상품 상세설명을 제작하면 됩니다.

　인터넷 쇼핑몰에서 흔히 상품 상세설명에 대하여 카탈로그(Catalog)라는 표현을 많이 쓰는데 간단하게 말해 B2C는 상품의 개별 리플렛(Leaflet)을 만드는 것이라면, Alibaba.com 같은 B2B 쇼핑몰의 경우는 회사 카탈로그(Catalog)를 만드는 것으로 이해하면 됩니다. 바이어의 신뢰를 확보하기 위해서 ▶ 회사의 전경, ▶ 제조 설비나 제조 과정, ▶ 해외 규격 인증서를 보여주는 것도 중요하고, 바이어가 원하는 사양의 제품을 찾아볼 수 있도록 사양표를 보여주는 것도 필요합니다. 또한, 상품의 구조도를 넣어준다면 왜 한국 제품이 중국이나 동남아시아 제조업체보다 완성도가 높고, 가격이 비싼지를 바이어에게 이해시키는 데 효과적일 것입니다.

사례 2016. 11월, 연세가 있으신 여자분이 전화를 주셨습니다. '산업용 음식물 처리기' 생산업체인데, Alibaba.com을 이용하고 싶은데 상품 등록 강의를 하는 곳은 없냐는 내용이었고, 때마침 한 대학에서 강의가 있어서 청강 안내를 드렸습니다. 교육을 받던 중 대학 선배란 걸 알게 됐고 15년 가까이 해외에서 근무하다 귀국해서 취업하셨다고 했습니다. 필자에게 상품 등록을 도와달라 부탁하였고 선배님의 요청이라 거절할 수 없어 상품 사진, 회사 소개서, 회사 제조 공정 사진, 수출 선적 사진, 회사 카탈로그의 PDF 파일과 상품 사양표의 준비를 부탁드리고 약속을 잡았습니다. 다시 만난 선배님과 3시간 가량을 키워드 리스트를 만들고, 가져온 사진 크기를 조정하고, 상품 사양표를 다듬고, 카탈로그 내용 중 쓸만한 내용을 추려 2개 정도의 상품 등록을 도와드리고 앞으로는 직접 등록할 수 있는 방법과 상품 쇼케이스(Product Showcases)에 상품을 전시하는 것까지 알려주는 것으로 그날의 작업을 마쳤습니다. 그리고, 6개월 후 우연히 전화를 드렸더니, 월 평균 10건 내외로 많은 수의 Inquiry를 받지는 못했지만 Inquiry를 보낸 모든 바이어들과 직접 전화 통화를 하여 6개월 동안 5건의 신규 바이어 개척에 성공했고 "Alibaba.com이 정말 효과가 좋아 다른 사람들에게도 소개하고 싶다"고 하였습니다.

CHAPTER 10

상품 등록
(Product Posting)

이 장에서는 실제 Alibaba.com에서 상품 등록을 할 때 사용하는 메뉴들을 상품 등록 절차에 따라 사용법을 설명하고 상품 등록을 진행해 보도록 하겠습니다.

Product Assortment
(상품 분류)의 생성

앞장의 상품 등록 준비 작업에서 바이어의 클릭률 및 Inquiry 수취를 활성화하기 위한 요소를 살펴볼 때, 바이어의 경우는 다양한 상품을 생산 및 유통하는 공급업체를 선호하기 때문에 공급업체의 상품을 세분화해서 그룹으로 보여주는 상품 그룹을 만들어야 한다고 알려드렸습니다. 상품 등록을 위해서는 상품 그룹을 만들어야 합니다. 상품 그룹은 공급업체의 상품 카테고리로 바이어에게 보이며, 그룹의 1단계와 하부 그룹(Sub-Group)의 2단계로 구성할 수 있습니다. 예를 들어, 한국의 화장품을 유통하는 공급업체의 경우 1단계 그룹을 화장품 브랜드명으로 만들고, 2단계 하부 그룹(Sub-Group)을 구체적인 상품 품목이 되는 스킨케어, 메이크업 등으로 만드는 것입니다. 상품 그룹을 만드는 메뉴는 관리자 모드(Back Stage)에서 Products - Product Assortment를 활용하면 됩니다.

Product Assortment(상품 분류) 메뉴

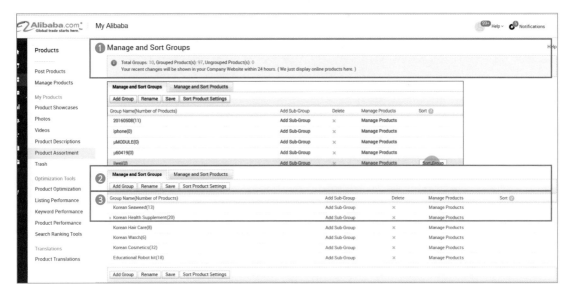

❶ Manage and Sort Groups

생성한 전체 상품 그룹의 숫자와 그룹으로 등록해서 분류된 상품의 숫자, 그룹이 미분류된 상품의 숫자를 확인할 수 있습니다.

❷ • Add Group(그룹 추가): 상품 그룹을 추가하는 기능입니다.

• Rename(이름 변경): 상품 그룹의 이름을 변경할 때 사용하는 기능입니다.

• Save(저장): 상품 그룹의 신규 생성이나 변경 내용을 저장하는 기능입니다.

• Sort Product Settings(상품 분류 설정): 새롭게 등록된 상품의 상품 그룹을 설정하는 기능입니다.

❸ • Group Name(Number of Products)(그룹 이름(상품의 숫자)): 상품 그룹을 추가하여 만들어진 그룹의 이름과 상품 그룹 내에 전시된 상품의 숫자를 보여줍니다.

• Add Sub-Group(하부 그룹 추가): 그룹에 하부 그룹을 만드는 기능입니다.

• Delete(삭제): 그룹을 삭제하는 기능입니다. 그룹을 삭제하면 그룹에 전

시되어 있던 상품들은 모두 Ungrouped(미분류)의 카테고리로 이동합니다.

- Sort(정렬): 등록된 상품 그룹의 순서를 정렬할 수 있는 기능입니다. 생성된 상품 그룹에 마우스를 올려놓고 Sort Group(그룹 정렬)을 클릭한 후 원하는 위치로 끌어다놓고 저장하여 순서를 정렬합니다.

2 Photos(이미지 뱅크)의 사용

Photos(이미지 뱅크)는 2019년 3월, Alibaba.com의 시스템 리뉴얼 이전에는 Photo Bank로 불리던 기능입니다. 주로 상품 상세설명에 자주 사용하는 이미지들을 주어진 서버 공간에 등록하여 빠르고 안정적으로 보여주기 위해 사용하는 기능입니다. Photos(이미지 뱅크)를 만드는 메뉴는 관리자 모드(Back Stage)에서 Products - Photos를 활용하면 됩니다.

Photos(이미지 뱅크) 메뉴

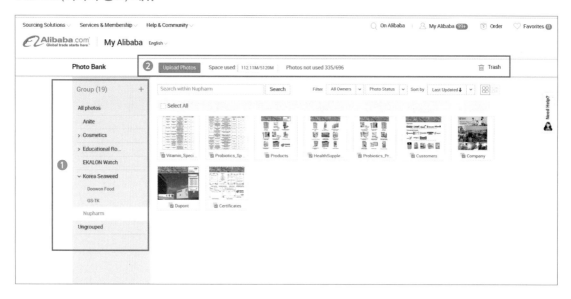

1 Group(그룹)

이미지를 올리는 그룹을 생성하는 기능으로써 공급업체의 관리상 편의를 위해서 Product Assortment(상품 분류)의 메뉴와 같게 만드는 것을 추천합니다.

2 Upload Photos(이미지 등록)

등록하는 이미지 최대 용량은 한 장에 3MB를 넘지 않는 JPG, PNG 형식의 파일이며, 추천하는 이미지 사이즈는 1,000*1,000픽셀입니다. 단, 상품의 상세설명에 사용되는 이미지는 최대 750*800픽셀이니 유의하기 바랍니다. 또한, 이미지의 파일명은 영어, 중국어, 숫자는 사용이 가능하나 한글 이름은 지양하기 바랍니다. 한 번에 여러 장의 이미지를 등록할 수도 있습니다.

3 Videos(동영상 뱅크)의 사용

Videos(동영상 뱅크)는 2018년 말부터 새롭게 생긴 기능입니다. 동영상을 등록하는 메뉴는 관리자 모드(Back Stage)에서 Products – Videos를 활용하면 됩니다. Videos(동영상 뱅크) 등록은 다음과 같은 규칙을 따라야 합니다.

- 상품 이미지의 동영상(Video)의 길이는 45초를 초과해서는 안 됩니다.
- 상품 이미지의 동영상(Video)의 파일 용량은 100MB를 초과해서는 안 됩니다.
- 모든 동영상의 이미지 품질은 480P(640*480) 이상이어야 합니다.
- Detailed Video(상세 페이지 동영상)의 길이는 10분을 초과해서는 안 됩니다.
- Detailed Video(상세 페이지 동영상)의 파일 용량은 500MB를 초과해서는 안 됩니다.
- 사용 가능한 총 동영상의 저장 용량은 10GB입니다.

- 등록한 동영상의 승인 결과는 24시간 이내에 발표됩니다.
- Video(상품 이미지의 동영상)은 추가 상품 이미지 6컷의 시작 부분에 표시되고, Detailed Video(상세 페이지 동영상)은 상품 상세설명(Product Descriptions)의 상단에 표시됩니다.

사례 2009년 필자가 처음으로 Alibaba.com을 사용하던 시기에는 국내 중소기업 지원 기관에서 KOTRA 해외 공관을 통해 국가별로 바이어를 초청해 1년에 수차례씩 수출상담회를 개최했습니다. 그때 필자는 경기도의 전기 난방 자재 생산업체에서 해외사업부 수출 담당 직원으로 근무중이었는데, 매번 수출상담회에서 상담해야 하는 바이어 중 1명 정도는 필자 회사에서 생산하는 상품을 선택하여 이와 유사한 한국 내 6~7개의 모든 생산업체에 상담을 신청하기도 하였습니다.

바이어 측면에서 보자면 수입 의지가 있다는 것을 확고하게 보여주는 것으로 수출을 하고 있던 필자 측에서도 반드시 바이어 선택을 받아 수출을 하고 싶다는 의욕을 자극하는 상황이었습니다. 하지만, 수출상담회에서 바이어를 상담할 수 있는 시간은 단 30분으로 상당히 짧은 시간만 주어졌습니다. 그래서 필자가 주로 사용했던 방법은 바이어를 만나자마자 7~8분 분량의 회사 소개 동영상과 상품의 특징이 담긴 동영상을 보여주는 것이었습니다.

시간이 한정돼 있어 고안해낸 이 방법은 바이어의 신뢰성을 높이고, 필자의 회사를 차별화하는데 꽤 효과가 좋았습니다. 바이어는 동영상을 보면서 회사와 상품에 대한 궁금점을 정리해서 동영상 시청을 마친 후 3~5개 정도의 질문을 하였고, 그 결과 많은 바이어들의 주문이 이어졌습니다. 간단하더라도 회사 소개, 상품의 특장점 등을 설명하는

Videos(동영상 뱅크) 파일의 등록

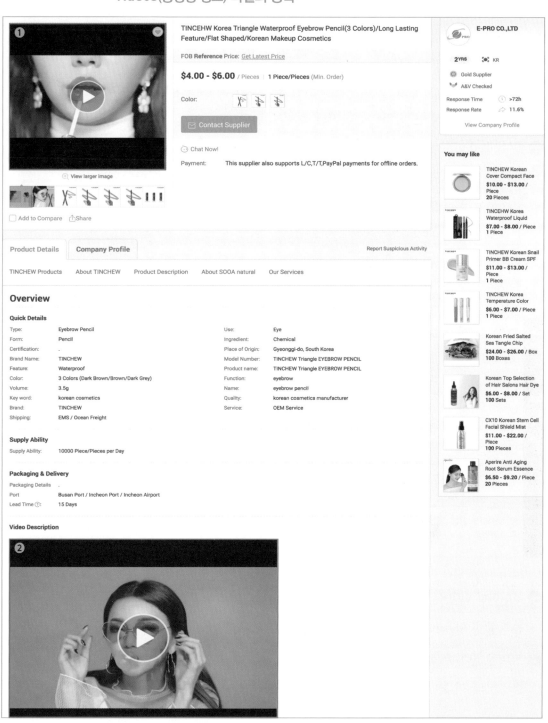

동영상을 등록하면 보다 좋은 성과를 이룰 수 있을 것입니다.

❶ Video(상품 이미지의 동영상)

상품 이미지 동영상의 경우 휴대폰이나 태블릿의 Alibaba.com의 모바일 앱으로 접속하는 바이어들의 이용이 많습니다.

❷ Detailed video(상품 상세 페이지 동영상)

기존의 PC나 노트북을 이용하여 Alibaba.com에 접속하는 바이어들의 이용이 많습니다.

Videos(동영상 뱅크) 메뉴

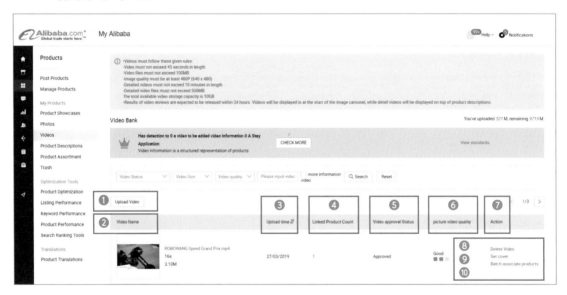

❶ Upload Video(동영상 등록)

동영상을 Alibaba.com의 서버에 올리는 메뉴입니다.

❷ Video Name(동영상 이름)

동영상의 이름, 재생 시간의 길이, 파일 용량 등을 보여줍니다.

❸ Upload time(등록 일자)

동영상 등록 날짜를 보여줍니다.

❹ Linked Product Count(동영상 링크 상품 개수)

등록한 동영상이 링크된 상품의 개수를 보여줍니다.

❺ Video approval Status(동영상 승인 상황)

등록한 동영상 승인 결과를 보여줍니다.

❻ picture video quality(동영상의 화질)

동영상 화질의 상태를 보여줍니다.

❼ Action(작업)

등록한 동영상에 대한 삭제 및 다른 작업을 할 수 있습니다.

❽ Delete Video(동영상 삭제)

등록된 동영상 삭제를 할 수 있습니다.

❾ Set Cover(표지 이미지 설정)

동영상 파일에서 임의로 선정한 8개의 이미지 중에서 1개를 선택해 동영상의 표지로 설정할 수 있습니다.

❿ Batch associate products(관계 상품에 배치)

등록된 동영상을 현재 등록된 상품 이외의 다른 상품의 상세 페이지의 동영상(Detail Video)이나 상품 이미지의 동영상(Video)으로 설정할 수 있습니다. 단, 동영상의 노출 위치는 동영상이 등록된 위치와 같은 곳에 노출됩니다.

Product Posting(상품 등록)

01 | 언어 및 카테고리 선택

❶ Select Language Site(언어 선택 사이트)

다국어 등록이 가능한 사이트입니다. 영어 포함 12개 언어를 선택할 수 있습니다.(영어, 일본어, 스페인어, 포르투갈어, 러시아어, 프랑스어, 독일어, 이탈리아어, 아랍어, 한국어, 터키어, 베트남어)

❷ Search Categories(카테고리의 검색)

등록하고자 하는 상품의 카테고리를 검색어(Keyword)로 찾으면 관계된 카테고리들을 보여줍니다.

❸ Recently Used Categories(최근에 사용한 카테고리)

최근에 상품 등록을 하면서 사용한 카테고리를 보여줍니다. 새로운 상품군을 등록할 때 유용합니다.

❹ Select Category Display Language(선택 카테고리 표시 언어)

Select Category(카테고리 선택) 입력

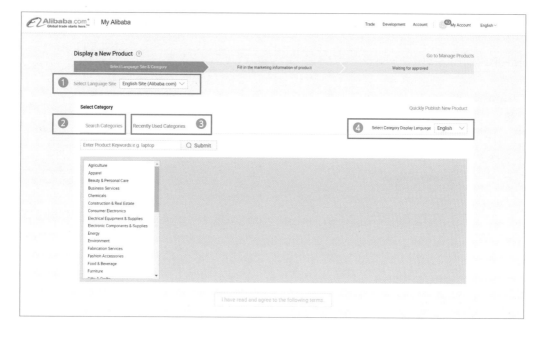

영어와 중국어 중에서 카테고리를 안내하는 언어를 선택할 수 있습니다.

02 │ Basic Information(기본 정보) 입력

❶ Basic Information(기본 정보)

상품명, 키워드 및 상품 속성 등의 상품 기본 정보를 등록합니다.

- Trade Information(무역 정보): FOB 수출가격을 기준으로 한 상품의 단가
  와 바이어의 지불 방법에 대해서 등록합니다.
- Logistics Information(물류 정보): 상품의 배송 소요 기일, 선적항, 공급 능
  력, 상품의 포장 방법을 등록합니다.
- Product Description(상품 상세설명): 상품의 이미지, 동영상, 상품의 상세

Basic Information(기본 정보) 입력

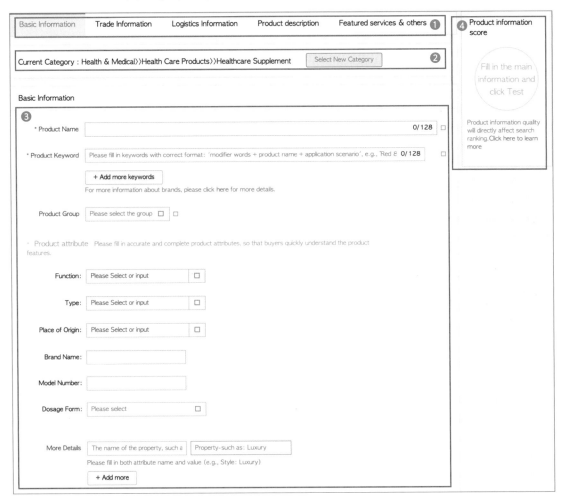

설명을 등록합니다.

- Featured Services & Others(비공개 제품 등록): 바이어나 공급업체의 Minisite에서 보이지않고 공급업체 담당자만 확인할 수 있도록 비공개 상품을 등록할 수 있도록 선택할 수 있습니다.

❷ Current Category(현재 카테고리)

카테고리 선택(Select Category)에서 선택한 카테고리를 보여줍니다.

❸ 상세 정보

- Product Name(상품명): 상품명을 128자까지 입력할 수 있습니다.
- Product Keyword(상품 키워드): 브랜드, 상품명, 상품의 사용 용도 등의 키워드를 128자까지 입력 가능하며, 추가 키워드 2개까지 총 3개의 상품 키워드를 입력할 수 있습니다.
- Product Group(상품 그룹): Product Assortment(상품 분류)에서 만들어 놓은 상품 그룹에 등록하려고 하는 상품의 해당하는 그룹을 선택합니다.
- Place of Origin(원산지): 상품의 생산국가와 시/도를 선택할 수 있습니다.
- Brand Name(브랜드명): 상품의 브랜드를 등록합니다.
- Model Number(모델명): 상품의 모델명을 등록합니다.
- More Details(추가 상품 속성): 상품의 속성을 추가로 10개까지 등록할 수 있습니다.

● 위의 내용 중 Function(기능), Type(형태), Dosage Form(투약 형태)는 Alibaba.com에서 상품 속성으로 노출되며, 상품의 카테고리마다 다른 내용의 입력을 요청하는 가변적인 요구사항이기 때문에 따로 설명하지 않습니다.

❹ Product Information Score(상품 정보 점수)

등록된 상품의 Category(카테고리), Basic Information(기본 정보), Trade Information(무역 정보), Logistics Information(물류 정보), Product details(상품 상세설명)을 5.0점 만점 기준으로 평가하여 점수를 보여줍니다.

03 | Trade Information(무역 정보) 입력

제대로 작성된 무역 정보는 바이어가 보다 나은 구매 결정을 내리는 데 도움이 됩니다.

Trade Information(무역 정보) 입력

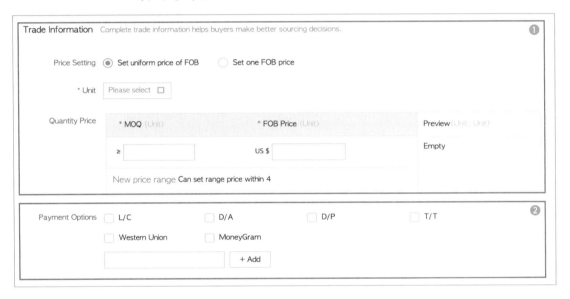

① • Set Uniform Price of FOB: FOB의 균일 가격 설정 방법으로 최대 4개까지 최소 주문 수량(MOQ)의 숫자를 넣고, 각각의 최소 주문 수량에 따른 FOB 단가를 입력할 수 있습니다.

　 • Set One FOB Price: FOB 가격을 최저가부터 최고가까지의 범위로 넣을 수 있습니다.

● 최소 주문 수량은 1~99,999까지 입력할 수 있고, 가격은 0.01~9,999,999.99달러 사이의 가격을 넣을 수 있습니다.

❷ Payment Options: 바이어의 지불 방법을 L/C, D/A, D/P, T/T, Western Union, MoneyGram 중 복수로 선택할 수 있습니다. 기타 (Others)에는 Paypal을 입력할 수 있습니다.

04 | Logistics Information(물류 정보) 입력

Logistics Information(물류 정보) 입력

Logistics Information

❶ Shipping

Quantity (Unit)	Est. Lead Time (Day/Days)	Preview (Unit: Unit)
≤		Shipping cycle depends on order volume.

Increase the number of Interval (Can not set more than 3 ranges)

❷ Shipping origin   0/128

❸ Quantities & units   Please select ☐   per   Please select ☐
Add more info

❹ Packaging Description   0/512

❺ Packaging Photo   Select from Photo Bank
Supported formats include JPG and PNG. Size: Max 2MB

☐
Upload

❶ Delivery(배송)

주문량을 입력하고, 예상 배송 소요 기일을 등록합니다. 최대 3개까지 입력 가능합니다.

❷ Sea Port(선적 항구)

상품을 선적할 항구 또는 공항을 입력합니다.

❸ Supply Ability(공급 능력)

상품 단위를 선택하고, 일간, 주간, 월간, 분기별, 연간 중에서 선택하여 해당 기간의 공급 가능 수량을 입력합니다.

❹ Packaging Type(포장 형태)

상품이 포장된 형태에 대해 512자 이내에서 설명할 수 있습니다.

❺ Packaging Photo(포장 사진)

상품의 포장 상태를 보여주는 2장의 사진을 등록할 수 있으며, 이미지는 최대 2MB의 JPG, PNG 파일 형식이 지원됩니다.

05 | Products Description(상품 상세설명) 입력

❶ Product Photo(상품 사진)

최대 6장의 이미지를 등록할 수 있으며, 이미지 파일의 용량은 최대 5MB의 JPG, PNG 파일 형식으로 등록하면 됩니다. 권장 이미지의 크기는 640*640픽셀 이상이며, Photos(이미지 뱅크)에 등록된 이미지도 사용할 수 있습니다.

❷ Product Video(상품 동영상)

• Choose Picture Video(사진 동영상): Videos(동영상 뱅크)에서 등록한

Products Description(상품 상세설명)의 입력

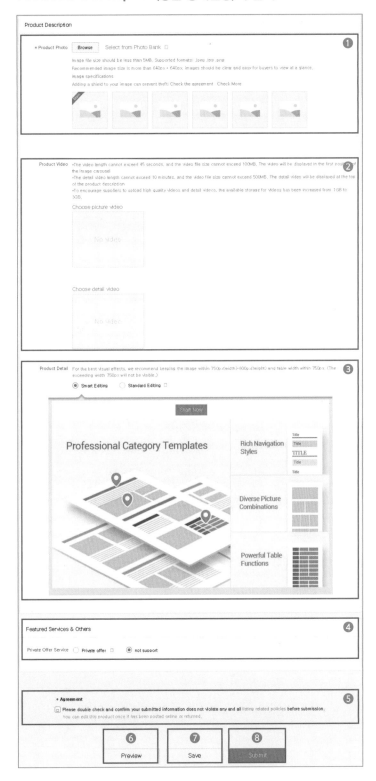

Video(상품 이미지의 동영상)를 등록할 수 있습니다.

- Choose Detail Video(상세 동영상): Videos(동영상 뱅크)에서 등록한 Detailed video(상품 상세 페이지 동영상)를 선택해서 등록할 수 있습니다.

❸ Product Details(상품 상세설명)

상품 상세설명은 Smart Editing(간편 편집)과 Standard Editing(표준 편집)의 2가지 방법을 선택해서 등록할 수 있습니다.

❹ Featured Services & Others(비공개 상품 등록)

상품을 등록한 공급업체에서만 확인할 수 있으며, 비공개 제품은 공급업체의 Minisite에서도 볼 수 없으며, 바이어도 볼 수 없습니다.

❺ Agreement(동의)

등록 상품의 정보가 Alibaba.com 상품 리스팅 정책(Product Listing Policy)에 위반되는 사항이 없는지 다시 한번 확인하고 상품을 등록한 사람이 최종적으로 확인과 동의를 체크합니다.

❻ Preview(미리 보기)

등록한 상품을 미리 보기로 확인할 수 있는 기능입니다.

❼ Save(저장)

등록한 상품 정보를 저장할 수 있는 기능입니다. Save(저장)를 하고 Submit(제출)하지 않은 상품 정보는 상품 관리에서 Sketch(스케치)로 분류됩니다.

❽ Submit(제출)

상품 등록 후 Submit(제출)을 하면 상품 관리(Manage Products)의 승인 진행(Approval Pending)에서 확인할 수 있으며, 승인을 거쳐 전시됩니다.

Smart Editing(간편 편집)의 템플릿(Template) 선택

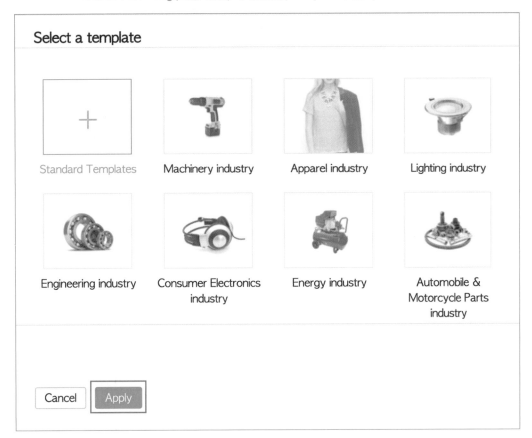

Smart Editing(간편 편집) 기능은 상품의 상세설명(Product Description)을 간편하게 등록할 수 있는 기능으로, 몇 개의 카테고리에 사전 제작된 템플릿(Template)을 제공하고, 공급업체에서는 이 템플릿 중 하나를 선택해 상품 정보를 등록할 수 있는 기능입니다.

상품과 일치하는 템플릿을 선택한 후 적용(Apply)하면 간편 편집을 사용할 수 있습니다.

Smart Editing(간편 편집)의 상품 상세설명 등록

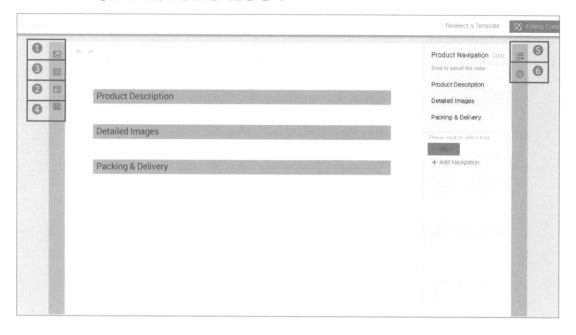

여기서는 표준 템플릿(Standard Templates)의 사용을 설명하겠습니다.

❶ Add Picture Layout(이미지 레이아웃 추가)

사진 배열을 선택할 수 있는 기능입니다.

❷ Add Text Layout(텍스트 레이아웃 추가)

텍스트 배열을 선택할 수 있는 기능입니다.

❸ Add Graphic Layout(그래픽 레이아웃 추가)

사진과 이미지가 결합된 배열을 선택할 수 있는 기능입니다

❹ Add Table(표 추가)

표 형태를 선택해서 추가할 수 있는 기능입니다.

❺ Product Navigation(상품 내비게이션)

상품의 내비게이션을 추가할 수 있는 기능입니다.

6 Navigation Style(내비게이션 스타일)

내비게이션 타이틀의 배경 형태, 폰트 및 폰트 크기의 선택,

타이틀의 색상을 선택할 수 있습니다.

07 | Standard Editing(표준 편집)을 통한 상품 상세 정보 등록

Standard Editing(표준 편집)을 통해 상품 상세설명(Product Description)을
등록하면, 자유로운 제작이 가능합니다. 하나의 상품 상세설명(Product
Description)에서 사용할 수 있는 최대 내비게이션의 숫자는 8개이며, 최대
글자 수가 50,000자, 이미지는 15개입니다. 이미지는 최대 750*800픽셀
이며, 표(Table)의 경우 가로가 750픽셀 이내여야 하며 이미지와 표의 경우
초과하는 부분은 표시되지 않습니다.

Standard Editing(표준 편집)의 상품 상세설명 등록

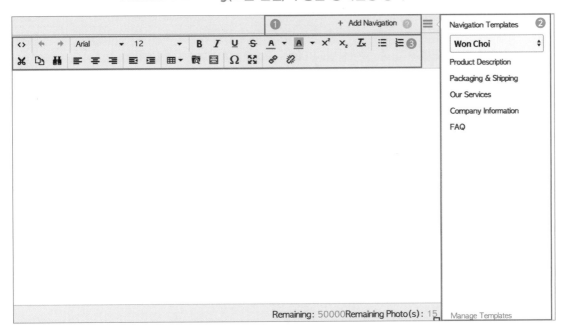

❶ Add Navigation(내비게이션 추가)

새로운 내비게이션을 만들 수 있습니다.

❷ Navigation Templates(내비게이션 템플릿)

기존에 등록하여 만들어 놓은 내비게이션의 이름(Section Name)과 내비
게이션을 관리하기 위해서 붙인 비고(Remarks)를 확인할 수 있습니다.
기존에 만들어진 내비게이션을 선택하면 왼쪽 메뉴바 아래에서 확인
가능합니다.

❸ 메뉴바

상품 상세설명을 만들고 꾸미기 위해서 사용하는 메뉴바입니다.

아래 메뉴바의 주요 기능을 자세하게 살펴보겠습니다.

- **Source Code**(소스 코드)

  현재 편집기에 구현된 상품 상세설명의 Html 코드를 확인할 수 있습니다.

- **Un Do**(되돌리기) / **Redo**(재실행)

  실행되었던 내용을 되돌리거나 재실행하는 메뉴입니다.

- **Font Family** / **Font Sizes**(폰트 종류 / 폰트 크기)

  사용하려는 폰트를 선택하고 크기를 조정할 수 있습니다.

- **Bold**(굵기) / **Italic**(기울임) / **Underline**(아랫줄) / **Strike through**(중간줄)
  / **Text color**(글씨 색깔) / **Background color**(바탕 색깔)

폰트에 효과를 주기 위해서 사용하는 메뉴들입니다.

- Cut(컷)

등록된 내용을 드래그해서 자를 때 사용하는 메뉴입니다.

- Copy(복사)

마우스로 드래그한 내용을 복사할 때 사용하는 메뉴입니다.

- Align left(왼쪽 정렬) / Align center(중앙 정렬) / Align right(오른쪽 정렬)

등록된 내용을 정렬할 때 사용하는 메뉴입니다.

- Table(표)

표와 관련된 작업에 사용하는 메뉴입니다.

- Upload image file(이미지 파일 업로드)

컴퓨터에 있는 이미지 파일을 직접 등록할 때 사용하는 메뉴입니다.

- Select from Photo Bank(포토 뱅크에서 선택)

Photos(포토 뱅크)에 등록된 이미지를 불러올 때 사용하는 메뉴입니다.

- Special Character(특수 문자)

특수 문자를 선택하여 입력할 때 사용하는 메뉴입니다.

- Insert Link / Edit Link(링크 삽입 / 편집), Remove Link(링크 삭제)

링크 삽입 및 편집을 하거나 삭제할 때 사용하는 메뉴입니다.

Navigation(내비게이션) 등록

Navigation(내비게이션)은 상품 상세설명(Product Description)이 50,000자로 길어지면서, 단락을 나누어 바이어가 원하는 상품 정보를 빠르게 확인할 수 있도록 만들어진 기능입니다. 하나의 상품 상세설명에 최대 사용 가능한 내비게이션은 8개입니다.

❶ Section Name(내비게이션 이름)

내비게이션 이름으로 실제 상품 상세설명의 내비게이션 바에 노출됩니다.

❷ Remarks(비고)

상품을 등록하는 사람이 내비게이션을 관리하기 위해서 붙인 설명입니다. 실제의 Alibaba.com 사이트에는 보이지 않습니다.

❸ Details(설명)

하나의 내비게이션에 쓸 수 있는 글자 수는 총 20,000자이고, 이미지는 15개입니다. 하지만, 각각의 내비게이션을 모아 하나의 상품 상세설명을 구성할 경우 허용되는 글자 수는 총 50,000자이고, 이미지는 15개입니다.

Manage Products(상품 관리) 메뉴

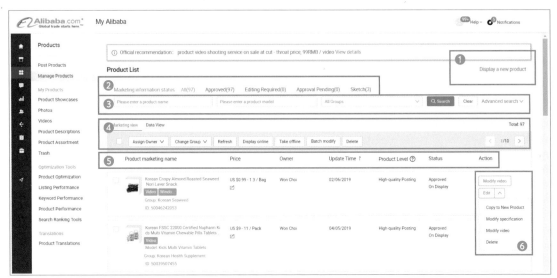

❶ Display a new product(새로운 상품 등록)

새로운 상품 등록으로 이동하는 메뉴입니다.

❷ Marketing information status(마케팅 정보 상황)

- All: 등록된 전체 상품의 숫자를 보여줍니다.

- Approved: 승인된 상품 숫자를 보여줍니다.

- Editing Required: 추가 편집이 필요한 상품 숫자를 보여줍니다.

- Approval Pending: 전시 승인 대기 중인 상품 숫자를 보여줍니다.

- Sketch: 상품 등록 중 저장은 하였으나 제출되지 않은 상품 숫자를 보여줍니다.

❸ 상품 검색

등록된 상품을 ▶ Product name(상품명), ▶ Product Model(상품 모델), ▶ Product Owner(상품 관리자), ▶ Product Group(상품 그룹), ▶ Product status(상품의 전시 상태), ▶ Product Level(상품 등록의 품질), ▶ Product ID(상품 번호), ▶ Last Updated(최종 등록일), ▶ Product Specification(상품 사양), ▶ Product video(상품 동영상), ▶ Product Categories(상품의 카테고리)의 11가지 분류로 검색 가능합니다.

❹ Marketing view

▶ Assign Owner(상품 담당자의 할당), ▶ Change Group(상품 그룹의 변경), ▶ Refresh(새로 고침), ▶ Display online(상품 전시), ▶ Take offline(상품 전시 중지), ▶ Batch modify(일괄 편집), ▶ Delete(상품 삭제)를 보여줍니다.

❺ ▶ Product marketing name(상품명), ▶ Price(노출된 FOB 가격), ▶ Owner(상품 관리자), ▶ Update Time(최근 수정된 일자), ▶ Product Level(상품 등록 수준), ▶ Status(상품 전시 상태)를 보여줍니다.

Product Level(상품 등록 수준)

- High-quality Posting(고품질 상품 등록): 등록된 상품이 중복 게시된 상품이 아니고, Product Information score(상품 정보 점수)가 4.0점 이상이거나 3.5점 이상으로 최근 90일 이내 성과가 있는 상품.
- Average Posting(평균 품질 상품 등록): 등록된 상품이 중복 게시된 상품이 아니고, Product Information score(상품 정보 점수)가 3.5점 이상, 4.0점 미만으로 최근 90일 이내 성과가 없는 상품이거나, 2.0점 이상, 3.5점 미만인 상품.
- Poor-quality Posting(저품질 상품 등록): Product Information Score(상품 정보 점수)가 2.0점 미만인 상품이거나 중복 등록된 상품.

⑥ Action(활동)

- Copy to New Product(새로운 상품 등록을 위한 복사): 같은 카테고리의 비슷한 상품군을 등록할 때 상품 이미지와 동영상을 제외하고 선택한 상품의 정보를 복사해서 그대로 가져옵니다. 하지만, 중복 게시로 인식할 수 있기에 추천하지 않습니다.
- Modify specification(사양 수정): 등록된 상품의 FOB 가격과 최소 주문 수량(MOQ)를 간편하게 수정할 수 있는 기능입니다.
- Modify video(동영상 수정): 상품 등록에 사용된 Video(상품 이미지의 동영상)와 Detailed video(상품 상세 페이지 동영상)를 빠르게 바꿀 수 있습니다.
- Delete(삭제): 등록된 상품을 삭제해서 휴지통(Trash)으로 이동할 수 있는 기능입니다.

CHAPTER 11

상품 쇼케이스
& 키워드 광고

B2B든 B2C든 어떤 성격의 인터넷 쇼핑몰이든지 바이어나 구매자가 상품을 검색했을 때 노출이 잘 될 수 있도록 하는 게 핵심입니다. 이 장에서는 등록된 공급업체 상품을 노출하기 위해 사용하는 상품 쇼케이스(Products Showcases) & 키워드 광고(Keyword Advertising)의 사용법에 관해 설명하겠습니다.

상품 쇼케이스 (Product Showcases)

상품 쇼케이스는 유료회원(Gold Supplier)만 이용할 수 있는 기능으로 실제 오프라인에서의 쇼윈도와 같습니다. 공급업체에서 바이어에게 가장 알리고 싶은 상품을 상품 쇼케이스에 전시하면 쇼케이스에 추가되지 않은 상품보다 높은 노출 순위로 전시됩니다. 즉, 상품 쇼케이스(Product Showcases)의 상품은 상품 노출 순위에 우선권이 주어집니다. Alibaba.com에서는 유료회원제의 종류에 따라 프리미엄 패키지(Premium Package)는 28개의 상품 쇼케이스를, 스탠다드 패키지(Standard Package)는 12개의 상품 쇼케이스를 사용할 수 있습니다.

상품 쇼케이스의 장점은 크게 3가지입니다. 첫 번째로는 상품의 높은 랭킹(Higher Ranking)입니다. 유료회원의 상품 쇼케이스에 등록된 상품이 가장 높고, 그다음은 유료회원의 상품 쇼케이스에 전시되지 않은 상품이고, 마지막은 무료회원 상품입니다. 그리고 두 번째, 보다 많은 노출(More Exposure)입니다. 상품 쇼케이스에 전시된 상품일수록 높은 노출 순위와 더 많은 상품을 바이어들에게 노출시킬 수 있습니다. 세 번째는 뛰어난 유연성(Greater Flexibility)입니다. 상품 쇼케이스의 상품은 상품의 효율성을 체크해 공급업체에서 원하는 대로 자유롭게 변경할 수 있습니다. 상품의 효율은 Analytics – My Products를 활용해 바이어의 뷰(Views), 클릭(Clicks), 클릭률(Click through Rate), 방문자(Visitors), 문의 메시지(Inquiries)를 확인하여 분석하면 됩니다. 끝으로, 계절적 요인의 상품 판매로 쇼케이스가 추가로 필요한 경우, 추가 구매도 가능합니다.

상품 쇼케이스 메뉴는 관리자 모드에서 Products – Product Showcases로 접속해서 활용할 수 있습니다.

product showcase(상품 쇼케이스) 활용

❶ Service Showcase Product(서비스 쇼케이스 상품)

공급업체 상품 중 쇼케이스에 전시된 상품입니다.

❷ Showcase Awaiting Displayed(쇼케이스 전시 대기)

쇼케이스에 전시중인 상품의 대체를 위해 100개까지의 예비 상품을 선택할 수 있습니다.

❸ Resort(재정렬)

쇼케이스의 상품 전시 순서를 바꾸는 메뉴입니다.

- Remove Product(상품 삭제): 쇼케이스의 전시 상품을 삭제하는 메뉴입니다.
- Replace Product(상품 대체): 쇼케이스의 전시 상품을 다른 상품으로 바꾸는 메뉴입니다.

Tip

기본 계정 셋팅(NC Setting / Basic Setting)

2017년 5월, Alibaba.com 한국 담당 매니저들이 필자에게 유료회원 공급업체들을 효율적으로 관리하고 보다 많은 회원을 유치할 수 있는 방법에 대해 물었습니다. 필자는 "유료회원들이 Alibaba.com을 통해 많은 수출을 하게 된다면 기존 유료회원은 자연스럽게 지속해서 Alibaba.com을 사용하게 될 것이고, 신규 유료회원 수도 많이 증가할 수 있다"고 했으며, 유료회원들이 실질적인 수출로 매출을 얻으려면 ▶완성도 높은 회사 프로필 등록, ▶고품질의 상품 등록, ▶상품 쇼케이스(Product Showcases) 활용, ▶Inquiry에 대한 높은 답변율, ▶RFQ의 활용, ▶트레이드 매니저(Trademanager) 활용 등이 더 필요하다고 알려주었습니다. 그 후 중국으로 돌아간 담당 매니저들은 매출이 좋은 유료회원들을 대상으로 조사를 진행했고, 실제로 회사 프로필 등록, 회사 소개 이미지 등록, 상품 쇼케이스(Product Showcases) 활용 등 3가지 항목이 충실한 유료회원이 수출 성과가 좋은 것을 알게 되었습니다. 이후, 이 3가지 항목은 NC Setting 또는 Basic Setting이라는 이름으로 Alibaba.com 파트너사의 공식적인 유료회원 서비스 기준이 되었습니다.

키워드 광고
(Keyword Advertising)

키워드 광고(KWA: Keyword Advertising)는 새로운 인터넷 마케팅 접근방식으로, 상품 정보를 전시하는 광고 위치와 같은 프로모션의 자원을 공급하여 잠재적 바이어에게 광고 상품을 노출하고, 바이어의 클릭 당 광고비를 지불하는 시스템입니다. 공급업체는 입찰을 통해 고정된 위치에 키워드 광고를 이용하여 제품을 전시하는 기회를 얻을 수 있습니다.

01 | 리스트뷰(List View)의 키워드 광고 위치

❶ A Position

상품을 키워드로 검색했을 때 상품 목록 첫 페이지에 있는 상위 5개 상품으로 Sponsored Listing(스폰서 리스트)으로 표시되어 있는 상품입니다.

List View의 키워드 광고 위치

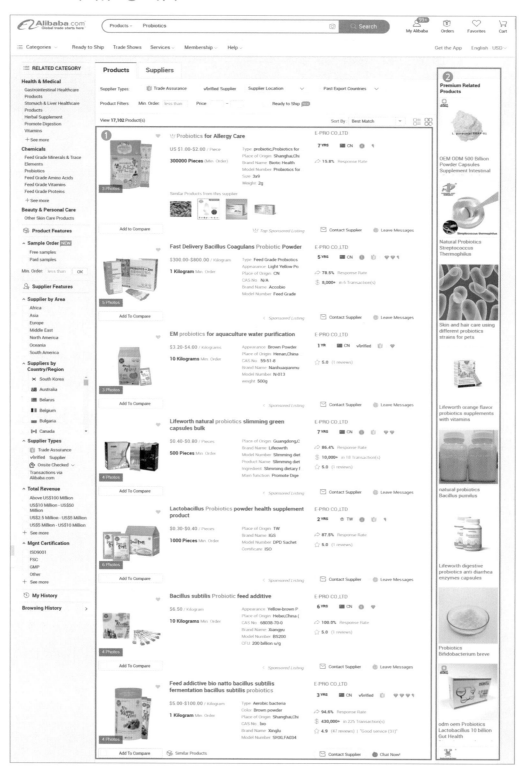

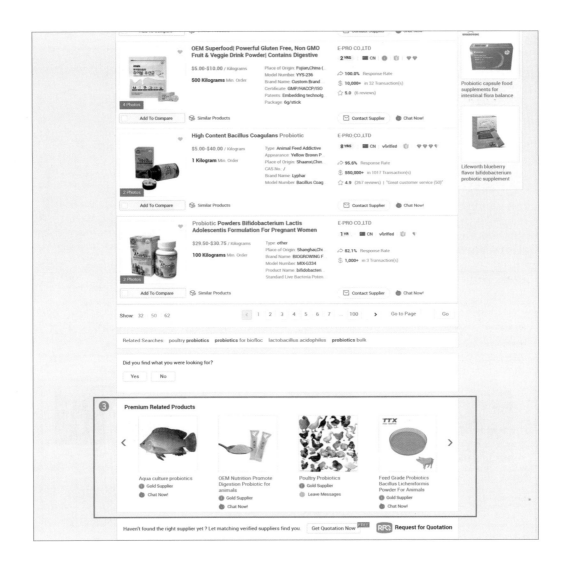

- 단, Top Sponsored Listing(탑 스폰서 리스트)으로 표시된 상품이 상품 목록에 있을 경우, A position의 키워드 광고 상품은 최대 6개입니다. Top Sponsored Listing은 중국 공급업체만 이용 가능한 기능입니다.

❷ B Position

오른쪽 모서리에 10개의 Premium Related Products(프리미엄 관련 제품) 로 표시된 상품입니다.

❸ C Position

페이지 하단에 있는 4개의 Premium Related Products(프리미엄 관련 제
품)로 표시된 상품입니다.

02 | 갤러리뷰(Gallery View)의 키워드 광고 위치

Gallery View의 키워드 광고 위치

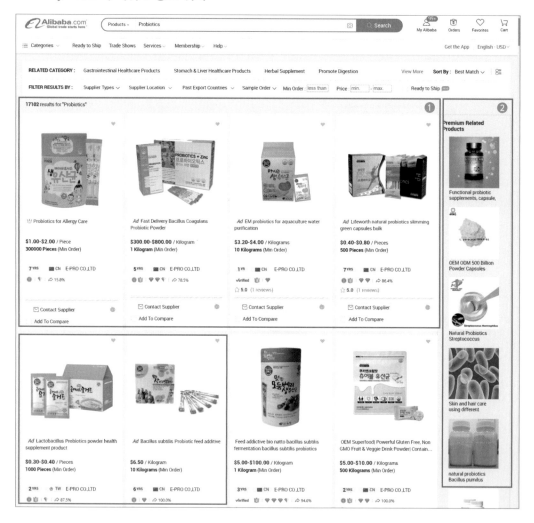

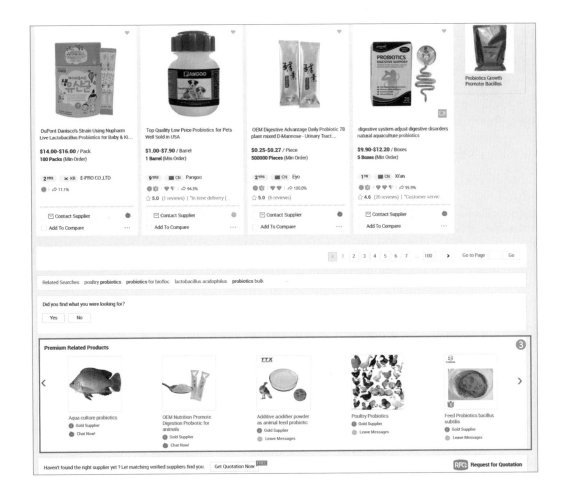

① A Position

상품을 키워드로 검색했을 때 상품 목록 첫 페이지에 있는 상위 5개 상품으로 Sponsored Listing(스폰서 리스트)으로 표시되어 있는 상품입니다.

- 단, Top Sponsored Listing(탑 스폰서 리스트)으로 표시된 상품이 상품 목록에 있을 경우, A position의 키워드 광고 상품은 최대 6개입니다. Top Sponsored Listing은 중국 공급업체만 이용 가능한 기능입니다.

❷ B Position

오른쪽 모서리에 10개의 Premium Related Products(프리미엄 관련 제품)로 표시된 상품입니다.

❸ C Position

페이지 하단에 있는 5개의 Premium Related Products(프리미엄 관련 제품)로 표시된 상품입니다.

- List View와 Gallery View의 A, B, C Position의 설명과 동일합니다.

3 키워드 광고의 진행

01 | 상품 랭킹의 검색

키워드 광고를 위한 키워드와 상품 선택을 위해 가장 먼저 해야 할 일은 현재 키워드로 검색했을 때 상품이 어느 위치에 노출되고 있는지를 확인하는 것입니다. 현재 상품 노출 위치를 찾을 때는 관리자 모드에서 Products - Search Tool for Product Ranking(상품 랭킹 검색 도구)를 이용해 찾을 수 있는데, 키워드로 검색했을 때 공급업체에서 등록한 상품 중 20페이지 이내에 노출되는 상품을 모두 볼 수 있습니다. 현재 상품의 노출 위치를 확인하는 이유는 키워드 광고 효과를 극대화하기 위해 키워드로 상품을 검색해서 첫 페이지에 가깝게 노출되는 상품은 키워드 광고를 진행하지 않더라도 노출 위치를 유지할 수 있는 확률이 높기 때문입니다. 또한, 첫 페이지에 노출되고 있는 상품을 굳이 키워드 광고로 중복 진행할 필요가 없기 때문입니다.

Search Tool for Product Ranking(상품 랭킹 검색 도구)

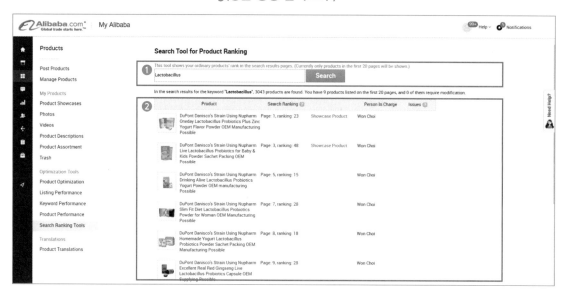

❶ 키워드를 입력하고 Search를 클릭하면 현재 20페이지 이내에 노출 전
시된 상품을 확인할 수 있습니다.

❷ Product에서는 상품의 이미지와 상품명을 확인할 수 있고, Search
Ranking에서는 현재 상품이 노출된 페이지와 랭킹을 확인할 수 있습
니다.

Search Tool for Product Ranking(상품 랭킹 검색 도구) 메뉴로 광고하려
는 상품을 검색한 이후 Analytics(분석) − My Products(내 상품)와 My
Keywords(내 키워드)에서 키워드 광고를 통해 노출하려는 상품과 광고하
려는 키워드의 뷰(Views), 클릭(Clicks) 등의 실제 효율을 파악할 수 있어 키
워드 광고의 효과를 예측하는 데 큰 도움이 됩니다.

Search Tool for Product Ranking(상품 랭킹 검색 도구), Analytics(분석) - My Products(내 상품)와 My Keywords(내 키워드)의 분석을 통해 광고할 상품과 키워드를 정했다면, 실제 키워드 광고의 진행을 위해 Campaigns(캠페인) - Keyword Advertising(키워드 광고)에서 실제 키워드 광고의 작업을 수행하면 됩니다.

키워드 광고의 절차는 Product Setting(상품 설정)에서 키워드 광고 상품을 설정하고, Keywords Tools(키워드 도구)에서 키워드를 선택해 Base Price(기준 가격)보다 최소 0.01달러 높게 입찰을 합니다. 그리고, 키워드 광고의 A Position 광고를 위해 맨 마지막으로 진행해야 할 절차는 Optimization Tools(최적화 도구) 메뉴에서 1~5번까지의 노출 위치의 클릭당 가격을 확인한 후 Accept Suggestion(제안 수락)을 하는 것입니다.

❶ Management(관리)

키워드 광고를 진행했던 키워드와 키워드 그룹(Keyword Gruop)을 확인할 수 있으며, 공급업체의 입찰 가격과 같은 산업의 다른 공급업체의 평균 키워드 광고 가격 등을 파악할 수 있는 메뉴입니다.

❷ Marketing Tools(마케팅 도구)

• Keywords Tools(키워드 도구): 키워드 광고를 위한 키워드를 선택하고 기준 입찰가를 설정할 수 있습니다.

• Optimization Tools(최적화 도구): 키워드 광고의 A position에 광고를 설정할 수 있습니다.

Keyword Advertising(키워드 광고)

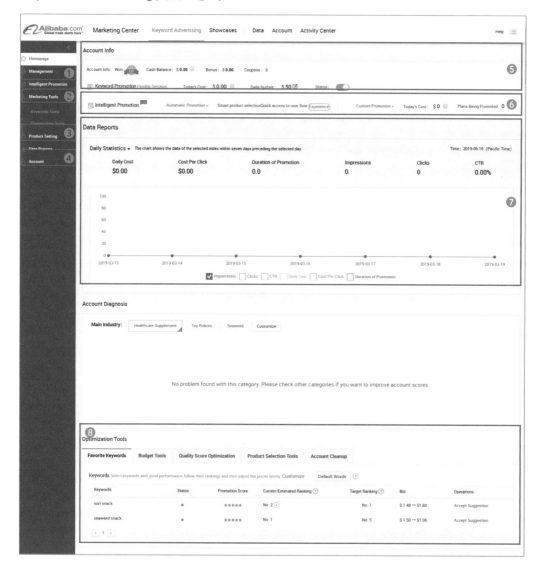

③ Product Setting(상품 설정)

키워드 광고를 위한 상품을 선택하는 메뉴입니다.

④ Account(계정)

현재 계정의 키워드 광고 비용의 잔액과 광고 비용 잔액의 재충전이 필요할 때 공지를 받기 위한 금액을 설정할 수 있습니다.

- 키워드 광고를 위한 비용의 충전은 관리자 모드에서 Account Manager(계정 매니저)의 Alibaba 파트너사 담당자 이메일을 확인하여, 메일로 요청하면 500달러 단위로 충전할 수 있습니다.

⑤ **Account Info**(계정 정보)

키워드 광고를 통한 성장 등급, 현재 키워드 광고 비용 잔액, 일별 키워드 광고 사용 금액을 설정할 수 있습니다.

⑥ **Intelligent Promotion**(인텔리전트 프로모션)

Automatic Advertising(자동 광고) 기능이라고도 합니다. 공급업체가 키워드 광고를 위한 예산과 입찰 가격의 범위만 설정하고 Intelligent Adertising(인텔리전트 광고)을 신청하면, 시스템을 통해 자동으로 공급업체에서 등록한 상품을 선택하고, 가장 어울리는 바이어의 트래픽이 많은 인기 키워드의 키워드 광고를 진행하는 메뉴입니다.

⑦ **Data Reports**(데이터 리포트)

1주일간의 키워드 광고 소요 비용과 뷰(Impressions), 클릭(Clicks), 클릭률(CTR), 총비용(Cost), 클릭당 비용(Cost Per Click), 광고의 지속기간(Online Duration)을 그래프로 확인할 수 있습니다.

- 키워드 광고에서는 일반적으로 바이어가 상품을 검색 페이지의 결과값에서 확인하는 뷰(Views)를 Impressions(인상)이라는 단어로 대체해서 표현하고 있습니다.

⑧ **Optimization Tools**(최적화 도구)

키워드 광고의 A position 광고를 위해 1~5번까지의 노출 위치별로 입찰 단가를 확인하고 광고를 진행하기 위한 메뉴입니다.

키워드 광고를 위한 상품을 선택하는 Product Setting(상품 설정)은 아래 순
서로 진행하면 됩니다.

Product Setting(상품 설정)

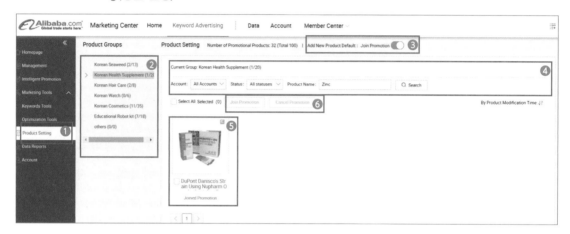

❶ 키워드 광고 메뉴에서 Product Setting(상품 설정)을 선택합니다.

❷ 키워드 광고를 위한 상품의 카테고리를 선택합니다.

❸ Add new products default(새로운 상품 추가 기본값)를 활성화하여 Join
   Promotion(프로모션 참가)으로 선택합니다.

❹ 상품명을 넣고 상품을 검색합니다.

❺ 상품의 이미지와 상품을 확인하고 체크 박스에 체크합니다.

❻ Join Promotion(프로모션 참가)으로 선택하고, ❺에서 선택한 상품의 상
   품명 아래에 Joined Promotion이라는 메시지를 확인합니다.

04 | Keywords Tools(키워드 도구) 및 Bid(입찰)

키워드 광고를 위한 키워드를 설정하는 Keywords Tools(키워드 도구)는 아래 순서로 진행하면 됩니다.

Keywords Tools(키워드 도구)

❶ 키워드 광고를 위하여 선택한 키워드를 넣고 검색합니다.

❷ 검색한 키워드와 시스템이 추천하는 아래 조건별 키워드를 확인해 광고할 키워드를 찾습니다.

- Recommended Keywords(추천 키워드): 검색량이 일정하고 모든 네트워크에서 공급업체 상품과 상관관계가 높은 키워드를 찾습니다.

- Popular Keywords on the Website(웹 사이트 인기 키워드): 바이어 검색 인기 키워드를 찾습니다.

- High-Conversion Keywords(전환율이 높은 키워드): 바이어 클릭률이 높은 키워드를 찾습니다.

- Low-Cost Keywords(저가 키워드): 공급업체와 관계가 있으며 경쟁 정도가 낮은 키워드를 찾습니다.
- Promotional Keywords of Similar users(유사한 사용자들의 홍보용 키워드): 공급업체 상품전시 카테고리에서 유사한 사용자들에게 추천되는 키워드를 찾습니다.
- My Effective Keywords(나의 효율적 키워드): 자연 검색 및 카테고리 검색을 비롯하여 채널을 통해 이전에 검색 결과가 만들어진 키워드를 찾습니다.
- New Business Opportunities(새로운 비즈니스 기회): 바이어의 최근 7일간 구매 의도를 나타내는 키워드를 찾습니다.
- Industry Keyword List(산업 키워드 리스트): 각 산업 내에서 관련성이 높은 키워드를 찾습니다.

❸ 키워드를 선택한 후에 맨 좌측의 〈 마크를 클릭합니다.

- Promotion score(프로모션 점수): 키워드와 상품 간의 관련성과 해당 상품의 정보 품질을 별표 1~5개의 점수로 측정한 것입니다. 키워드 광고(Keyword Advertising)를 실행하는 경우 프로모션 점수는 광고의 표시 영역 및 순위에 영향을 미치는 중요한 요소입니다. 프로모션 점수의 별점이 3~5개인 경우만 키워드 광고의 A Position에 상품을 노출할 수 있습니다. 별점이 낮아 A position에 광고를 진행할 수 없을 경우, 등록한 상품의 카테고리, 키워드, 상품 상세설명을 수정해서 프로모션 점수를 별점 3점 이상이 되도록 하여야 합니다.

● 상품 정보 수정 후 프로모션 점수는 48시간 이내에 업데이트됩니다. 새로운 상품이 등록된 경우에는 24시간 이내에 점수를 확인할 수 있습니다.

- Search Popularity(검색 인기도): 지난 30일 동안 방문자의 검색 인기도를 보여줍니다.
- Purchase Competitiveness(구매 경쟁도): 키워드 광고를 위한 경쟁 정도를 보여줍니다.

❹ 위 ❸에서 선택한 키워드가 추가되었는지 확인하고, 키워드의 광고를 진행하려면 Next를 클릭합니다.

● Keyword Tools(키워드 도구)에서 키워드 추가는 키워드 검색 후 1회에 최대 500개까지 가능합니다.

❺ 위의 ❹에서 추가한 키워드 관리를 위해 키워드 그룹(Keyword Group)을 만들어서 관리하고자 할 때는 키워드 그룹의 이름을 입력하고 OK를 선택, ❹번의 Next 버튼을 클릭합니다.

Keywords Bid(키워드의 입찰)

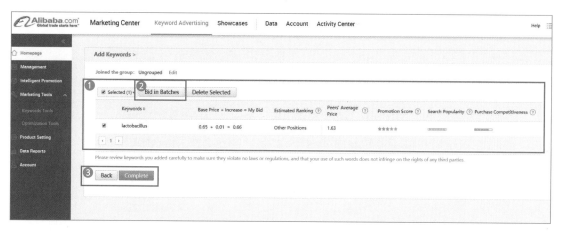

❶ 키워드 광고에 참여하기 위해서는 Base Price(기본 가격)보다 최소 0.01 달러 이상 높은 입찰 가격을 제시해야 합니다. 이 입찰가격은 Base

Price(기본 가격) + Increase(증가) = My Bid(나의 입찰)에서 키워드 앞 체크 박스를 체크하고, 연필 마크를 클릭하여 직접 1개씩 개별 수정하여 입력하거나, Bid in Batches(일괄 입찰)를 클릭하여 여러 키워드를 한 번에 입력할 수 있습니다.

- Base Price(기본 가격): 키워드의 기본 가격은 해당 키워드로 광고하려는 위치에 대한 전시 기회를 얻기 위해 고객이 설정해야 하는 최소 입찰가를 의미합니다. 키워드의 기본 가격은 각 단어의 해당 비즈니스 가치에 의해 결정됩니다. 비즈니스 가치는 업계, 단어 전문화 정도 및 시장 관심도와 같은 요소와 관련됩니다.

- Keyword Advertising(키워드 광고)의 키워드 Base Price(기본 가격)는 다음 두 가지 요인에 의해 결정됩니다.

  (a) 키워드의 시장 가치입니다. 예를 들어, 트랙터는 단추보다 큰 시장 가치를 지니고 있습니다. 트랙터를 파는 것으로 얻을 수 있는 이익은 확실히 단추의 판매보다 높기 때문입니다. 시장 가치는 Google 및 Baidu와 같은 주류 검색 엔진에 대한 포괄적인 조사에 의해 결정됩니다.

  (b) 키워드에 대한 클릭에서 Inquiry로의 전환율입니다. 예를 들어 Mp3와 블루투스 Mp3를 바이어가 검색했을 경우, Mp3에 대한 노출 수와 클릭 수는 블루투스 Mp3보다 훨씬 높습니다. 하지만, 블루투스 Mp3를 검색한 바이어가 Inquiry를 보낼 수 있는 확률인 전환율은 Mp3보다 높습니다. 전환율은 Alibaba.com의 10년 이상의 데이터를 기반으로 결정됩니다.

❷ 여러 키워드에 Bid in Batches(일괄 입찰) 가격을 입력할 경우, 모든 키워드 앞의 체크 박스를 체크하고, Bid in Baches(일괄 입찰) 버튼을 클릭하여 Base Pirce(기본가격) + 달러 0.01과 Peers' Average Price(산업군 평균

가격) + 달러 0.01중에서 선택한 후에 Confirm bid(입찰 확인) 버튼을
클릭해서 입찰가격을 설정합니다.

Bid In Batches(일괄 입찰)

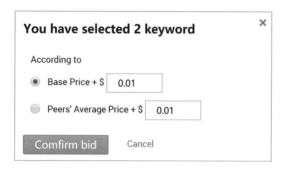

❸ Complete(완료) 버튼을 클릭해서 입찰을 종료합니다.

05 │ Optimizations Tools(최적화 도구)

키워드 광고(Keywrod Advertising)에서 Optimizations Tools(최적화 도구)는 A
Position에 상품을 전시하기 위해 사용하는 도구입니다. 최적화 도구는 아
래 순서로 진행하면 됩니다.

Optimizations Tools(최적화 도구)

❶ Target Ranking(목표 순위)

1~5번까지의 노출 전시 위치별로 입찰 가격을 확인하고 노출 전시 위치를 정합니다.

● Target Ranking 옆의 Bid(입찰 가격)는 바이어가 한 번 클릭해서 상품을 확인할 때마다 Alibaba.com에 지불하는 비용입니다.

❷ Status(상황)

키워드 광고의 진행을 뜻하는 ●마크를 선택합니다.

❸ Operations

Accept Suggestion(제안 수락)을 클릭한 후 키워드 광고를 진행한 키워드로 검색하여 광고 진행 여부를 확인합니다.

키워드 광고의 비용 정산

키워드 광고(Keyword Advertising)의 비용 정산은 키워드 광고를 해서 노출(Impressions)된 횟수가 아닌 실제 바이어의 클릭 횟수로 정산됩니다. 비용 정산 규칙은 다음 노출 순위 공급업체의 키워드 광고 입찰 가격에 다음 노출 순위 공급업체의 프로모션 점수를 곱하고 공급업체(나의) 키워드 광고 상품의 프로모션 점수를 나누어서 계산합니다. 따라서, 공급업체에서 위에 입찰가격을 높게 입력하더라도 키워드 광고 상품의 프로모션 점수가 높으면 실제보다 적은 금액이 Alibaba.com으로부터 정산됩니다.

CHAPTER 12

Communications & Trademanager의 활용

이 장에서는 실질적으로 바이어의 주문(Order)을 받을 수 있는 3가지 방법인 ▶ Inquiry를 확인하고 답변을 주는 방법, ▶ 바이어가 등록한 RFQ(Request for Quotation, 견적 요청)를 확인하고 답변을 주는 방법, ▶ 실시간으로 바이어와 채팅을 할 수 있는 Trademanager에 대해서 알아보도록 하겠습니다.

바이어의 문의 메시지 (Inquiry)

Message Center(메시지 센터)에서는 바이어가 보낸 Inquiry와 답변을 준 메시지, 시스템에서 스팸 처리된 메시지 등의 확인이 가능합니다. 또한, 바이어의 Inquiry에 답변을 보낼 수 있습니다.

❶ Inquiries

- All Inquiries(전체 문의 메시지): 유효한 전체 바이어의 Inquiry를 확인할 수 있습니다.
- RFQ(견적 요청): RFQ로 견적을 받은 바이어가 보낸 Inquiry를 확인할 수 있습니다.
- Sent Box(발송함): Inquiry에 보낸 답변 메시지를 확인할 수 있습니다.
- Flagged(깃발 표시 메시지): Inquiry의 중요도에 따라 파랑, 초록, 빨강, 회

Message Center(메시지 센터)

색의 깃발 표시를 달아서 분류할 수 있습니다.

- Spam(스팸 메시지): Alibaba.com 시스템에 의해 스팸으로 분류된 메시지입니다.

- Trash(휴지통): 바이어로부터 받은 Inquiry를 지웠을 때 휴지통으로 이동합니다.

- My Folders(폴더): 바이어로부터 받은 Inquiry를 폴더로 만들어 정리할 수 있습니다.

❷ • Assign to(담당자 할당): 바이어의 Inquiry를 보조 계정(Sub Account)의 담당자에게 할당하는 기능입니다.

- Add to(폴더 이동): 바이어의 Inquiry를 폴더로 만들고 이동해서 보관할

수 있는 기능입니다.

- Delete(삭제): 바이어의 Inquiry를 삭제할 수 있는 기능입니다.

- Report Spam(스팸 보고): 바이어의 Inquiry를 스팸 메시지로 분류할 수 있는 기능입니다.

- More(기타): ▶바이어 Inquiry에 파랑, 초록, 빨강, 회색의 깃발 표시를 달아서 분류할 수 있는 Set Flag, ▶읽은 메시지로 표시하는 Mark as Read, ▶읽지 않은 메시지를 표시하는 Mark as Unread, ▶나의 컨택 리스트에 바이어를 추가하는 Add Contacts 등의 기능이 있습니다.

❸ 바이어가 보낸 Inquiry에 대한 검색이 가능합니다

- Inquiry ID(문의 메시지 ID): Alibaba.com에서 부여된 Inquiry의 ID 검색이 가능합니다.

- Subject(주제): 바이어가 문의한 상품 키워드로 검색 가능합니다.

- Sender(보낸 사람): Inquiry를 보낸 바이어 이름으로 검색 가능합니다.

- Folder(폴더): Inquiry를 상품별이나 지역별로 폴더를 만들어 놓고 검색할 수 있습니다.

- Created Time(발송 시간): 바이어가 Inquiry 보낸 시간을 설정하여 검색할 수 있습니다.

❹ - Flag(깃발 표시): Inquiry에 파랑, 초록, 빨강, 회색의 깃발 표시를 확인할 수 있습니다.

- Date(날짜): 바이어로부터 받은 Inquiry의 날짜를 확인할 수 있습니다.

- Trademanager(메신저): Inquiry를 보낸 바이어가 메신저인 Trademanager에 현재 로그인 중인지를 알 수 있습니다.

- Country/Region(국가/지역): 바이어의 국가를 선택해 Inquiry를 볼 수 있습니다.

- Owner(담당자): Inquiry에 답변을 주어야 할 공급업체의 담당자를 확인할 수 있습니다.
- Status(상태): Inquiry를 새롭게 받은 것(New Inquiry)인지, 메시지를 주고 받은 것(Ongoing)인지를 확인할 수 있으며, Inquiry를 받은 후의 경과 시간을 알 수 있습니다.
- Action(작업): View Details(자세히 보기)를 선택하면 바이어의 Inquiry를 확인하고 답변을 줄 수 있습니다.

02 | Inquiry 확인 및 답변

메시지 센터(Message Center)에서 메시지의 제목을 클릭하면 바이어의 Inquiry를 확인할 수 있는데, 바이어의 문의 내용이 상품에 대해 매우 구체적이거나 다른 경쟁 공급업체의 상품을 취급해 본 경험이 있다면 주문 받을 확률이 높은 좋은 Inquiry라 할 수 있습니다. Inquiry 왼쪽 바이어의 이름 밑에 회사명 및 바이어 정보를 확인할 수 있는데 최근 90일간의 행동을 확인하여 공급업체에 스팸 메시지를 보낸 이력이나 블랙리스트에 등록되었던 이력을 확인할 수 있습니다.

Inquiry 확인

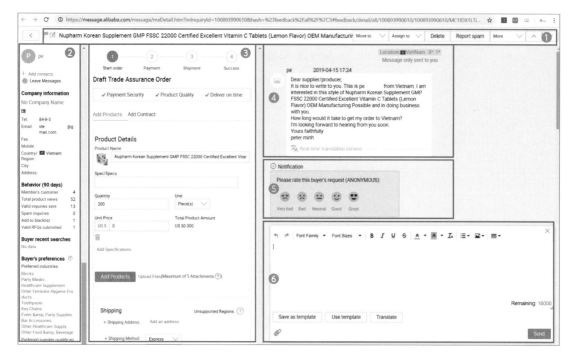

❶ 바이어가 보내 Inquiry의 제목입니다

- Move to(폴더 이동): Inquiry를 폴더로 이동할 수 있습니다.

- Assign to(담당자 할당): Inquiry를 다른 담당자에게 할당할 수 있습니다.

- Delete(삭제): Inquiry를 삭제할 수 있습니다.

- Report Spam(스팸 메시지 보고): Inquiry를 읽고 스팸 메시지로 보고하여 스팸 메시지 함으로 이동할 수 있으며, 바이어를 접속 제한(Block) 리스트 에 추가할 수 있습니다.

- Report spam(스팸 메시지 보고)은 ▶Advertisement(광고), ▶Phishing Email(피싱 이 메일), ▶Suspicious Fraud(사기성 의심), ▶Other(기타)로 선택해서 보고합니다.

- More(기타): ▶ 읽지 않은 메시지로 처리하는 Mark as Unread, ▶ 바이

어가 보낸 Inquiry에 거부할 수 있는 Reject Inquiry, ▶ 바이어가 보낸 Inquiry를 번역기로 번역할 수 있는 Translate, ▶ 바이어의 Inquiry를 인쇄할 수 있는 Print 등이 있습니다.

❷ 바이어의 정보를 확인할 수 있습니다

바이어의 이름, 회사명, 전화번호, 이메일 주소, 팩스 번호, 휴대폰 번호, 국가 및 주소 등을 확인할 수 있습니다.

- Member's Customer(바이어 등록 횟수): 바이어가 최근 90일간 공급업체에 바이어로 등록된 횟수를 확인할 수 있습니다.

- Total Product Views(상품 검색 횟수): 바이어가 최근 90일간 상품을 검색해서 확인한 횟수를 확인할 수 있습니다.

- Valid Inquiries Sent(유효 Inquiry 횟수): 바이어가 최근 90일간 유효한 Inquiry를 보낸 횟수를 확인할 수 있습니다.

- Spam Inquiries(스팸 Inquiry 횟수): 바이어가 최근 90일간 스팸 Inquiry를 보낸 횟수를 확인할 수 있습니다.

- Add to Blacklis(블랙리스트 등재 횟수): 바이어가 최근 90일간 공급업체에서 블랙리스트에 등록된 횟수를 확인할 수 있습니다.

- Valid RFQs Submitted(유효 RFQ 횟수) : 바이어가 최근 90일간 유효한

RFQ를 등록한 횟수를 확인할 수 있습니다.

- Preferred Industries(선호 산업군): 바이어가 선호하는 산업군을 확인할 수 있습니다.

- Preferred Supplier Qualifications(선호 공급업체 자격): 바이어가 선호하는 공급업체의 자격을 확인할 수 있습니다.

- Business Type(선호 사업 형태): 바이어가 선호하는 공급업체의 사업 형태를 확인할 수 있습니다.

- Annual Purchasing Volume(연간 구매 물량): 바이어의 연간 구매 물량을 확인할 수 있습니다.

❸ **Draft Trade Assurance Order**(거래 안심 보장 서비스 이용 주문 초안)

바이어 측에서 주문하고 싶은 수량과 금액, 운송조건과 지불 방법을 보낼 수 있습니다. 하지만, 한국의 공급업체에서는 Trade Assurance(거래 안심 보장 서비스)를 이용할 수 없기 때문에 실제적으로 Alibaba.com을 통한 거래는 할 수 없습니다.

❹ **바이어가 보낸 Inquiry 내용입니다**

❺ **Notification**(통지)

바이어의 Inquiry 내용에 대한 평가를 Very bad(매우 나쁨), Bad(나쁨), Neutral(보통), Good(좋음), Great(매우 좋음)의 5단계 이모티콘 중에서 선택해 피드백을 줄 수 있습니다.

❻ **Please type message**(메시지를 적으세요)

이 부분을 선택하면 상품 견적(Quotation)을 첨부해서 16,000자 이내에서 바이어에게 답변 메시지를 보낼 수 있습니다. 또한, 같은 메시지를 반복해서 다른 바이어에게 보내야 할 경우에는 Save as Template를 이용해 템플릿으로 저장하고, Use Template를 이용해 불러와서 보낼 수 있습니다.

바이어의 Inquiry에 답변을 보낼 때는 반드시 Edit Profile(회사 프로필 등록)에서 등록했던 회사 소개 내용도 보내야 합니다. 그리고 상품 견적을 첨부할 때는 바이어 쪽에서 가격 등의 정보 수정이 불가능하도록 PDF로 보내야 합니다. 주의해야 할 사항은 바이어는 우연히 상품을 보고 Inquiry를 남겼을 수도 있으니 개인 메일로 다시 한번 같은 답변을 보내주는 것도 중요합니다. 바이어의 경우 개인 메일은 매일 확인할 확률이 높기 때문입니다. 개인 메일로 답변을 보낼 때는 대용량 첨부파일로 바이어 구매 의사 결정에 영향을 줄 수 있는 회사 카탈로그, 상품 견적서, 해외규격 인증서, 회사나 상품의 동영상 등을 보내는 것도 바이어의 구매 의사 결정에 큰 도움이 됩니다.

사례 2015년 겨울, 필자는 러시아의 바이어로부터 매우 큰 액수의 전기 난방 자재를 주문하고 싶다는 Inquiry를 받아 답변과 상품의 견적을 보내주었습니다. 그리고 며칠 후 바이어로부터 답변을 받으니 필자의 경쟁 제조업체의 견적이 엑셀 양식으로 첨부되어 있었습니다. 바이어의 요청 사항은 첨부된 경쟁업체의 가격보다 저렴하게 공급가격을 제시하면 주문을 하겠다는 내용이었습니다. 제조업체의 담당자와 경쟁업체의 가격을 놓고 분석해 보았지만 제조원가에도 미치지 못할 정도의 가격이었습니다. 급기야 친분이 있는 몇몇 제조업체 수출담당자들에게 그 바이어로부터 받은 Inquiry가 있는지를 물어보았고, 제조업체 수출담당자들이 모두 같은 바이어에게 Inquiry를 받았고, 공급을 요청한 가격이 제조원가 이하의 가격이라는 답변도 받았습니다. 그리고, 제조업체 수출담당자 중한 명이 그 엑셀 양식의 견적을 제공한 제조업체의 담당자와 통화를 했는데 러시아 바이어가 엑셀 파일의 가격을 임의로 수정해 한국 제조업체마다 그 가격으로 공급을 요청하고 있다는 사실도 알게 되었습니다.

03 │ 바이어 상세 정보 확인

바이어의 Inquiry를 확인할 때 왼쪽 상단 바이어의 이름을 클릭하게 되

바이어의 상세 정보

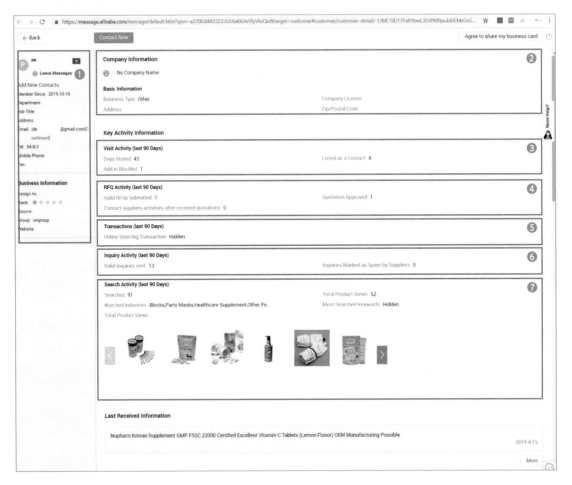

면 바이어의 상세 정보를 확인할 수 있습니다. 특히 바이어의 상세 정보를 확인할 때 중요한 것은 바이어의 이메일이 Alibaba.com을 통해서 확인(confirmed)된 것인지와 90일간의 바이어 활동내역에서 바이어가 최근 90일간 유효한 Inquiry를 얼마나 보냈고, 유효한 RFQ를 얼마나 포스팅했는지를 확인하고, 검색한 상품이 공급업체의 상품과 연관성이 있는지를 확인하는 것입니다.

❶ 바이어의 기본 정보

바이어의 회사와 근무 부서, 회사 내 직위, 회사 주소 등의 정보를 확인할 수 있으며, 바이어가 사용 중인 이메일 계정이 Alibaba.com에서 확인되었는지를 볼 수 있습니다.

❷ Company Information(회사 정보)

바이어의 회사 이름, 사업 형태, 주소를 확인할 수 있습니다.

❸ Visit Activity(last 90 Days) (최근 90일간의 방문 활동)

바이어가 최근 90일간 Alibaba.com을 방문한 날짜 수와 공급업체와 컨택(Contacts)에 등록하여 연결된 횟수, 공급업체로부터 블랙리스트(Blacklist)에 추가된 횟수를 확인할 수 있습니다.

❹ RFQ Activity(last 90 Days) (최근 90일간의 RFQ 활동)

바이어가 최근 90일간 유효한 RFQ를 포스팅 한 횟수, 승인된 견적을 받은 횟수, 견적을 받은 후 공급업체에 연락한 횟수를 확인할 수 있습니다.

❺ Transactions(last 90 Days) (최근 90일간의 거래)

바이어가 최근 90일간 Alibaba.com을 통해서 거래를 한 횟수를 확인할 수 있습니다.

⑥ Inquiry Activity(last 90 Days) (최근 90일간의 문의 메시지 활동)

바이어가 최근 90일간 유효한 Inquiry를 보낸 건수, 바이어가 보낸 Inquiry가 공급업체에서 스팸 메시지로 분류된 횟수를 확인할 수 있습니다.

⑦ Search Activity(last 90 Days) (최근 90일간의 검색 활동)

바이어가 검색해서 상품을 본 횟수, 검색한 산업군, 주로 검색한 키워드와 최근에 검색해서 확인한 상품을 볼 수 있습니다.

04 | Spam Inquiry(스팸 문의 메시지)

스팸 문의 메시지(Spam Inquiry)는 Alibaba.com 시스템에 의해서 자동으로 분류되어 Spam Inquiry에 보관되는데, 간혹 정상적인 바이어의 Inquiry가 스팸으로 분류되기도 합니다. 스팸 메시지를 삭제할 때도 반드시 정상 Inquiry인지 확인해야 하며 정상적인 Inquiry인 경우에는 Not Spam(스팸

Spam Message

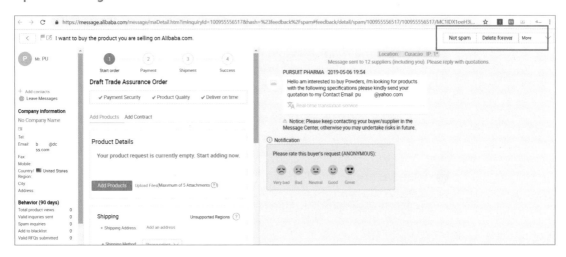

메시지 아님)을 클릭해서 바이어에게 답변과 상품의 견적(Quotation)을 보내주면 됩니다.

- Not Spam(스팸 메시지 아님): 스팸 메시지가 아님을 클릭하면 Message Center(메시지 센터)로 Inquiry가 이동해서 정상 Inquiry와 같이 답변을 줄 수 있습니다.
- Delete Forever(영원히 삭제): Inquiry를 완전히 삭제합니다.

사례 2017년 7월, 경기도의 극세사 섬유 업체는 정상 Inquiry도 Alibaba.com 시스템에 의해 스팸 Inquiry로 분류될 수 있으니 반드시 확인하고 삭제하라는 필자의 말에 스팸 메일함을 확인하던 중, 정상적으로 보이는 Inquiry를 찾아 Not Spam을 선택해 정상 Inquiry로 답변을 주었다고 합니다. 그리고, 그 바이어로부터 2~3번의 추가 Inquiry를 받고 주문까지 받아 수출을 끝마친 후 그 업체 사장님께서 전화를 주셨습니다.

"스팸 Inquiry에서도 수출 주문을 받았습니다. 바이어 한 명을 그냥 삭제시켜 버릴 뻔했네요. 앞으로도 스팸 Inquiry를 함부로 지우지 않겠습니다."

그 업체는 2017년 틈틈이 바이어를 개척해 수출할 때마다 전화를 주셨고, 필자는 그 업체를 Alibaba.com 본사에 우수 성공사례로 보고하여 현재는 한국 성공사례로 널리 소개되고 있습니다.

RFQ
(바이어의 견적 요청)

바이어의 RFQ(견적 요청)에 대해서 어떠한 절차로 포스팅이 되고, RFQ의 시장 상황과 효과적인 RFQ의 응답 메시지 발송 방법 및 RFQ를 통한 바이어의 개척방법을 알아보도록 하겠습니다.

01 | RFQ를 통한 거래 절차 및 장점

바이어 구매요청사항 포스팅	바이어 구매요청사항 검수	공급업체 견적 제시	공급업체 제시 견적 검수	공급업체에 바이어 연락정보 오픈	바이어 & 공급자 직접 연결

RFQ의 업무 절차는 바이어가 구매를 원하는 상품을 검색해서 Submit RFQ의 기능을 이용해 자신이 필요로 하는 상품의 사양 및 특징을 지정하여, 구매 요청 사항을 제출합니다. 바이어의 구매 요청 사항은 Alibaba.com에서 검수하여 사이트에 노출하고, 유료회원인 공급업체는 바이어의 요청에 견적을 보낼 수 있습니다.

견적 제시는 바이어가 포스팅한 한 건의 RFQ에 대하여 한 공급업체에서 1회만 가능하며, 10개의 공급업체가 선착순으로 견적을 제시할 수 있습니다. 공급업체가 제출한 견적은 Alibaba.com에 의해 심사되고, 바이어 요구 사항과 일치하는 선별된 견적이 바이어에게 다시 발송됩니다. 그리고, 공급업체는 견적 제출이 승인된 RFQ건의 바이어의 연락 정보를 RFQ의 승인 답변 관리 메뉴 Quotes Management에서 확인할 수 있습니다.

RFQ의 장점은 바이어의 입장에서는 서로 다른 공급업체에 동일한 Inquiry를 보낼 필요 없이 서로 다른 10개의 공급업체로부터 다른 견적을 받아서 비교하고 가장 만족스러운 견적을 선택할 수 있어 편리하고, 공급업체의 입장에서는 수동적으로 바이어의 Inquiry를 기다릴 필요 없이 바이어가 포스팅한 RFQ를 검색해서 취급하는 상품과 관련 있는 상품을 찾는 바이어에게 견적을 제출하여 비즈니스 기회를 얻을 수 있다는 것입니다. 또한, 포스팅하는 바이어의 요청 사항과 공급업체에서 제출하는 견적을 모두 Alibaba.com에서 검수함으로써 바이어와 공급업체 모두 신뢰할 수 있는 거래를 할 수 있습니다.

2016년 7월 Alibaba.com의 발표 자료에 따르면 2015 회계 연도 기준(2015. 4월~2016. 3월)으로 RFQ는 매일 2만 건의 200억 달러 규모의 새로운 RFQ가 포스팅되고, 13만 개의 공급업체가 견적을 제시하고 있습니다. 그러면, 더 자세하게 RFQ가 포스팅되는 바이어의 국가와 산업별 데이터를 알아보도록 하겠습니다.

RFQ의 포스팅 국가별 비율

미국	15%
인도	15%
영국	10%
독일	4%
이탈리아	4%
UAE	4%
프랑스	3%
스페인	3%
싱가포르	3%
캐나다	3%
기타	36%

출처: Alibaba.com 2016. 7월

위 표는 RFQ가 포스팅되는 국가들의 비율을 보여주는 것입니다. 미국의 바이어들이 가장 많은 RFQ를 등록하고 인도, 영국, 독일, 이탈리아, UAE 등의 다양한 지역 바이어들이 등록한 것을 확인할 수 있습니다.

RFQ의 TOP 10 산업군

순위	RFQ의 수량이 많은 Top 10 산업군 (Top 10 Industries of RFQ Quantity)	공급업체 대비 RFQ 수량이 많은 Top 10 산업군 (TOP 10 Industries of Demand/Supply Ratio)
1	소비자 가전(Consumer Electronics)	농산물(Agriculture)
2	기계류(Machinery)	식품 & 음료(Food & Beverage)
3	의류(Apparel)	에너지(Energy)
4	자동차 & 오토바이(Automobiles & Motorcycles)	소비자 가전(Consumer Electronics)
5	홈 & 가든(Home & Garden)	뷰티 & 퍼스널케어(Beauty & Personal Care)
6	건강 & 의료기기(Health & Medical)	스포츠 & 엔터테인먼트(Sports & Entertainment)
7	뷰티 & 퍼스널케어(Beauty & Personal Care)	의류(Apparel)
8	스포츠 & 엔터테인먼트(Sports & Entertainment)	건강 & 의료기기(Health & Medical)
9	포장 & 인쇄(Packaging & Printing)	신발 & 악세사리(Shoes & Accessories)
10	건설 & 부동산(Construction & Real Estate)	시계, 보석, 안경(Timepieces, Jewelry, Eyewear)

출처 : Alibaba.com 2016. 7월

표의 왼쪽은 바이어의 RFQ 등록 수량이 많은 산업군이고, 오른쪽은 유료 회원 공급업체의 숫자에 대비해서 바이어의 RFQ 등록이 많은 산업군입니다. 즉, 공급업체 대비해서 바이어의 RFQ 등록이 많다는 것은 바이어가 등록한 RFQ에 견적을 충실하게 제출하면 거래 성사 확률이 높은 산업군이라고 이해하면 됩니다.

특징적인 것은 공급업체의 숫자와 바이어의 숫자가 한정적이라고 할 수 있는 농산물(Agriculture), 식품 & 음료(Food & Beverage) 분야의 산업군이 공급업체 대비 RFQ의 등록이 많다는 것입니다. 즉, 농산물(Agriculture), 식품 & 음료(Food & Beverage) 카테고리는 RFQ를 이용한 바이어 개척 확률이 높다는 것입니다.

공급업체에서 RFQ를 효과적으로 이용하기 위해 가장 먼저 해야 하는 작업은 RFQ의 구독 작업으로, Communications - RFQ Subscriptions(RFQ의 구독)에서 할 수 있습니다. RFQ의 구독(RFQ Subscriptions)은 판매중인 상품의 카테고리와 관련하여 구독하는 방법과 판매중인 상품의 키워드와 관련하여 구독하는 2가지가 모두 사용됩니다.

첫 번째로 카테고리로 구독하는 방법은 상품을 등록할 때 사용하였던 카테고리를 최대 5개까지 직접 선택하거나, Alibaba.com에서 추천한 카테고리를 추가하는 방법입니다. 두 번째로, 회사 프로필(Edit Profile)의 기초정보 등록(Basic Company Details)에서 입력한 5개의 주요 상품(Main Products)과 판매중인 다른 상품(Other Products You Sell)에서 입력한 추가 10개의 상품 키워드와 관련한 RFQ를 추천받는 것입니다. 끝으로, RFQ의 구독과 관련한 설정이 끝나면, 이메일 통지(Email Notifications), 휴대폰 애플리케이션을 통한 통지(Notifications sent by Alibaba APP)를 Yes로 설정해 이메일이나 애플리케이션을 이용해서 바이어가 등록한 관련 상품의 RFQ를 확인하면 됩니다.

❶ Subscribed categories(구독 카테고리)

　공급업체에서 상품을 등록할 때 카테고리를 선택하고 RFQ를 확인할 때 바이어의 카테고리 관련 RFQ를 우선 보여줍니다.

❷ Subscription categories recommended for you(구독 추천 카테고리)

　등록한 상품과 관련된 카테고리를 추천합니다.

❸ Subscribed keywords(구독 키워드)

RFQ Subscription(RFQ 구독)

Edit Profile(회사 프로필)에서 등록했던 Main Products(주요 상품) 관련 키워드 5개와 Other Products You Sell(다른 판매 상품) 관련 키워드 10개를 포함하여, 총 24개의 공급업체 관련 상품 키워드를 설정할 수 있습니다.

❹ Keywords that you may be interested in(구독 추천 키워드)
등록한 상품과 관련된 키워드를 추천합니다.

❺ Push Notifications Selection(알림 메일 선택)

- Email Notifications(이메일 통지): 바이어가 포스팅 한 RFQ 내용을 이메일로 받도록 설정할 수 있습니다.
- Notifications sent by Alibaba APP(App에 의한 통지): 바이어가 포스팅 한 RFQ 내용을 휴대폰 애플리케이션을 통해 받도록 설정할 수 있습니다.

04 | RFQ 확인

RFQ의 구독 설정이 끝나면, Alibaba.com의 관리자 모드(Back Stage)의 Communications — RFQ Markets를 선택하거나 직접 주소창에 http://sourcing.alibaba.com을 입력해 RFQ 확인이 가능합니다. RFQ에서 상품 키워드를 검색창에 입력하고, 바이어가 등록한 RFQ를 확인할 때에는 아래의 절차를 이용하기 바랍니다.

첫 번째, 공급업체에서 판매중인 상품과 관련 있는 카테고리를 선택해야 합니다. 두 번째, 바이어의 지역과 국가를 확인하여 한국에서 배송 시일이 오래 걸리거나, 거래가 어려운 지역은 배제해야 합니다. 세 번째, Alibaba.com은 B2B 플랫폼이므로, 주문 수량이 적은 바이어가 등록한 RFQ 상세 등록 내용을 확인해 단순한 최종 소비자인지, 무역 거래를 희망하는 바이어의 샘플 구매 관련 내용인지를 확인해야 합니다.

- RFQ 확인에 대한 자세한 설명은 p.99 '내 상품은 Alibaba.com을 통해서 수출될 수 있을까?'의 '2. Alibaba.com을 통한 수출 가능성 파악 절차' 'Alibaba.com의 RFQ 분석'에 상세히 설명돼 있습니다.

RFQ 확인

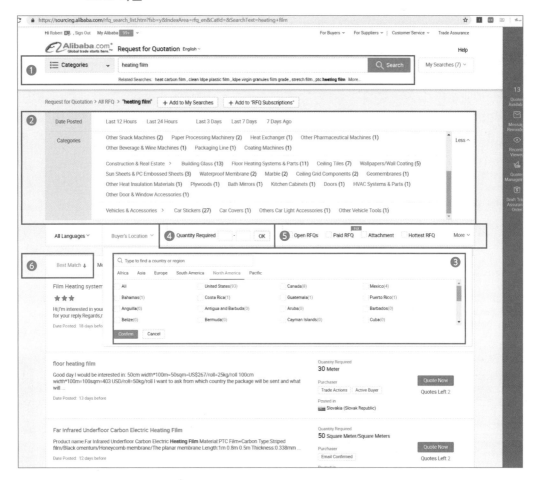

❶ 검색창

조사하고자 하는 바이어의 RFQ 포스팅 건수와 관련된 상품 키워드를
넣고 Search를 클릭합니다.

❷ Categories(상품 카테고리)

조사하고자 하는 상품과 관련 있는 카테고리를 찾아서 클릭합니다.

❸ Buyer Location(바이어 위치)

바이어의 대륙별, 국가별 숫자를 확인합니다.

❹ Quantity Required(바이어의 요구 수량)

바이어의 주문 요구 수량을 나의 최소 주문 수량으로 변경합니다.

❺ RFQ의 종류별로 바이어가 지불한 Paid RFQ, 첨부파일이 있는 Attachment 등으로 분류할 수 있습니다.

❻ Best Match(내 상품과 잘 매칭되는 RFQ)

바이가 포스팅 한 순서 중 최신 순서(Most Recently)로 정렬합니다.

바이어 포스팅 RFQ 상세 정보

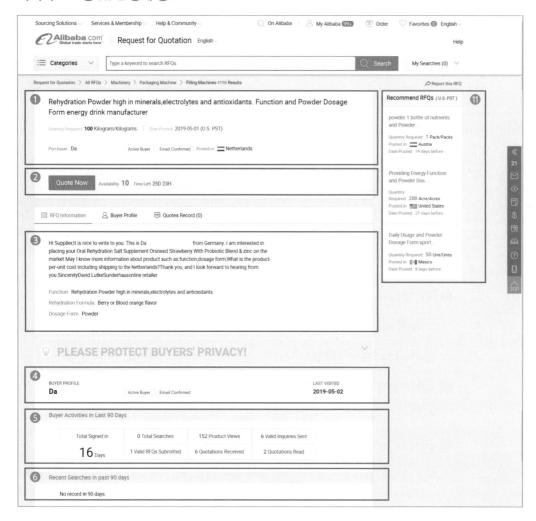

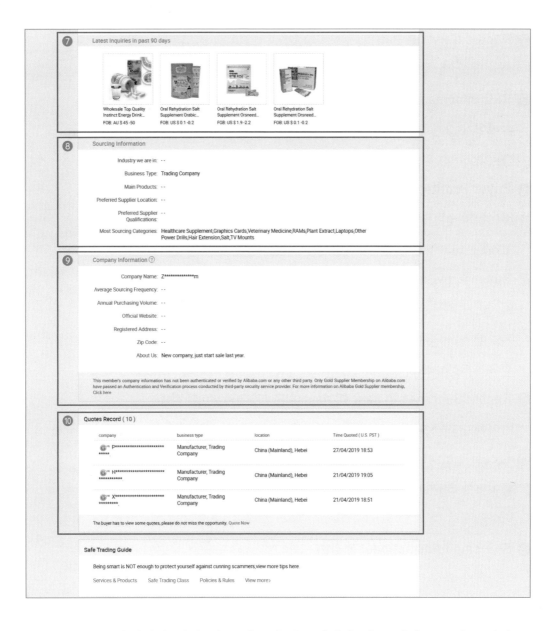

❶ 바이어가 관심 있는 상품의 상품명이나 상품 키워드 등이 등재되고, 구매하려는 수량(Quantity Required), RFQ를 등록한 날짜(Date Posted), 바이어 이름(Purchaser), 바이어 국가를 확인할 수 있습니다.

❷ Quotes Now(바로 견적)

바로 견적 제시가 가능합니다.

❸ RFQ Information(RFQ 정보)

바이어가 요청하는 구체적인 상품과 구매에 관한 내용을 확인할 수 있습니다.

❹ Buyer Profile(바이어 프로필)

바이어의 이름과 성별, 활동 중인 바이어인지 이메일이 유효한지를 Alibaba.com에서 확인한 내용을 볼 수 있습니다.

❺ Buyer Activities In Last 90 Days(최근 90일간의 바이어 활동 내역)

바이어가 최근 90일간 로그인한 날짜 수, 검색한 횟수, 상품을 본 수량, 유효한 Inquiry를 발송한 횟수, 유효한 RFQ를 제출한 횟수, 견적받은 횟수, 공급업체로부터 받은 견적서를 읽은 횟수를 확인할 수 있습니다.

❻ Recent Searches in past 90 days(최근 90일간의 바이어 검색)

바이어가 최근 90일간 검색한 키워드를 확인할 수 있습니다.

❼ Latest Inquiries in past 90 days(최근 90일간의 문의 메시지)

바이어가 최근 90일간 Inquiry를 보낸 상품의 이미지를 확인할 수 있습니다.

❽ Sourcing Information(소싱 정보)

바이어가 관심 있는 산업, 공급업체 형태, 공급업체 지역, 공급업체 자격, 주요 소싱 카테고리를 확인할 수 있습니다.

❾ Company Information(회사 정보)

바이어의 회사명, 연간 구매량, 홈페이지, 주소, 회사 소개 내용을 확인할 수 있습니다.

❿ Quotes Record(견적 수취 기록)

바이어가 견적을 받은 공급업체의 숫자를 확인할 수 있습니다.

⑪ Recommend RFQs(추천 RFQs)

검색한 RFQ와 유사한 상품을 요청하는 다른 RFQ를 확인할 수 있습니다.

05 | RFQ 답변

RFQ의 답변을 줄 때는 Alibaba.com에서 공급업체가 바이어에게 제시한 견적에 대해 검수 과정이 있음을 유의해 바이어 구매 요청사항과 일치하는 상품에 대해 견적을 주는 것이 중요합니다. 또한, 반드시 RFQ 답변을 주는 상품은 공급업체의 Alibaba.com 계정에 상품 등록이 되어 있어야 합니다.

❶ RFQ Details(RFQ 세부사항)

바이어가 포스팅한 RFQ의 내용과 필요한 수량, 만료일, 바이어의 이름 및 국가, 상품에 대한 요구 사항을 확인할 수 있습니다.

❷ Product Name(상품명)

바이어가 포스팅한 RFQ와 관련 있는 상품명을 입력합니다.

❸ Model Number(모델번호)

바이어가 포스팅한 RFQ와 관련 있는 상품의 모델번호를 입력합니다.

❹ Product Details(상품 상세설명)

바이어가 포스팅한 RFQ와 관련 있는 상품의 재료, 사이즈, 컬러, 장점 등을 8,000자 이내로 적습니다.

❺ Product photos/files(상품 사진 및 파일)

Quotes Now(바로 견적) 화면

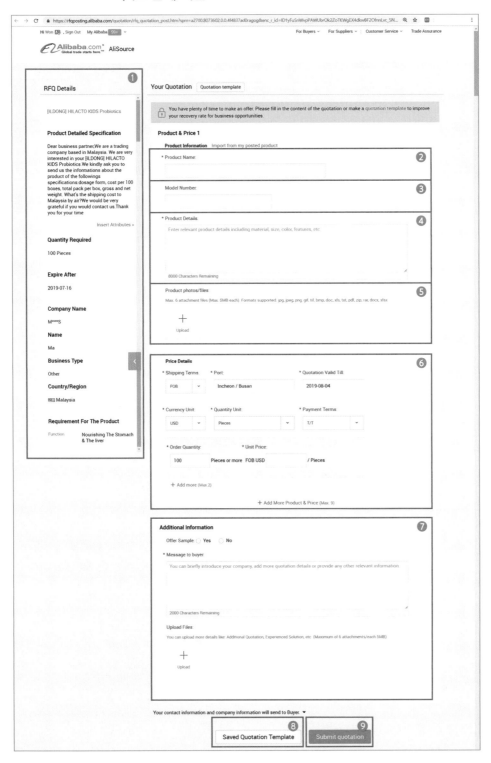

바이어가 포스팅한 RFQ와 관련 있는 상품의 이미지를 최대 6장까지 올릴 수 있습니다.

❻ Price Details(상세 가격)

선적 조건의 선택, 선적 항구의 입력, 견적 유효기간을 선택하고, 미국 달러로 단가를 입력합니다.

❼ Additional Information(추가 정보)

샘플 상품의 제공(Offer Sample) 여부를 선택하고, 2,000자 이내로 바이어에게 메시지를 보낼 수 있습니다. 각각 5MB 이내 파일로 상품 견적을 첨부할 수 있습니다.

❽ Saved Quotation Template(견적 템플릿 저장)

작성한 견적의 템플릿을 저장해서 비슷한 다른 바이어의 견적 제공에도 이용할 수 있도록 하는 기능입니다.

❾ Submit Quotation(견적 제출)

작성한 견적을 바이어에게 제출하는 기능입니다.

06 | RFQ의 견적 관리(Quotes Management)

RFQ를 통해 바이어에게 견적을 발송하면 발송된 견적은 Quotes Management(견적 관리)에서 확인할 수 있습니다. 견적 관리에서는 발송한 견적이 Alibaba.com의 검수를 통해 승인을 거치게 되면, 바이어의 이메일 정보를 확인할 수 있습니다. 바이어의 이메일을 확인한 후에는 Inquiry에 답변을 줄 때와 마찬가지로, 회사 소개 내용, 상품 견적을 PDF로 보내줍니다. 또 gmail, hotmail 등 바이어 개인 이메일로 회사 카탈로그, 상품 견적서, 해외규격 인증서, 회사나 상품의 동영상 등을 첨부해서 보내면 바이어 개인 의사 결정에 큰 도움이 됩니다.

Quotes Management(견적 관리)

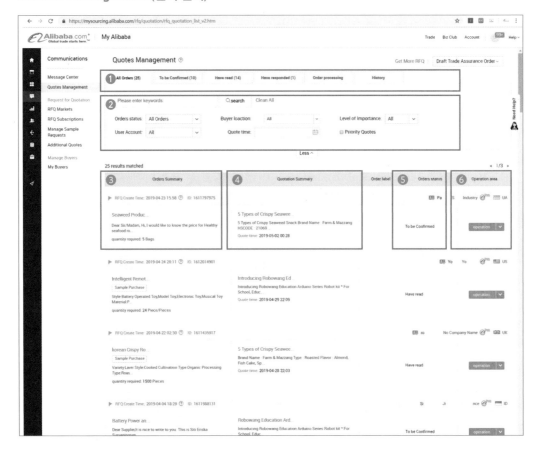

❶ All Orders(전체 주문)

견적을 발송한 전체 RFQ 건수를 확인할 수 있습니다.

- To be Confirmed(확인되어야 함): 견적을 발송하였지만 바이어가 받은 견적을 확인하지 않은 RFQ 건수입니다.
- Have Read(읽음): 바이어가 발송한 견적을 확인한 RFQ 건수입니다.

- Have Responded(답변됨): 바이어가 발송한 견적에 Inquiry를 보낸 RFQ 건수입니다.

❷ 바이어에게 보낸 RFQ 건을 검색하거나 분류해서 확인할 수 있습니다

- Orders Status(주문 상황): 제출된 견적이 Alibaba.com에서 승인중(Approval Pending)이거나, 거절(Rejected)되었거나, 바이어가 읽었거나(Have Read), 바이어의 답변을 받은 건(Have Responeded) 등으로 분류할 수 있습니다.

- Buyer Loaction(바이어의 위치): 견적을 발송한 바이어를 국가별로 분류할 수 있습니다.

- Level of Importance(중요도): 중요한 바이어의 RFQ에는 붉은 깃발로 분류할 수 있습니다.

- User Account(사용자 계정): 보조 계정(Sub-Account)의 사용별로 RFQ에 견적을 보낸 건을 확인할 수 있습니다.

- Quote Time(견적 시간): RFQ에 견적을 보낸 시간으로 분류해서 확인할 수 있습니다.

❸ Orders Summary(주문 요약)

바이어가 RFQ를 등록한 시간(RFQ Create Time)과 RFQ의 ID를 확인할 수 있으며, 바이어가 등록한 RFQ의 제목과 내용 일부, 요청 수량(Qunatity Required)을 확인할 수 있습니다.

❹ Quotation Summary(견적 요약)

답변을 보낸 견적 제목과 내용 일부, 견적 발송 시간(Quote Time)을 확인할 수 있습니다.

❺ Orders status(주문 상황)

견적을 발송한 RFQ를 바이어가 확인하지 않았거나(To be Confirmed), 읽었거나(Have read), 바이어로부터 답변을 받았는지(Have responded)를

확인할 수 있습니다.

❻ Operation Area(작업 구역)

바이어의 국가와 바이어 정보가 Alibaba.com에서 확인되었는지 알 수 있으며, 오렌지색 Operation을 선택해 Contact Now를 선택하면 바이어의 이메일 정보 확인이 가능합니다.

Operation 확인

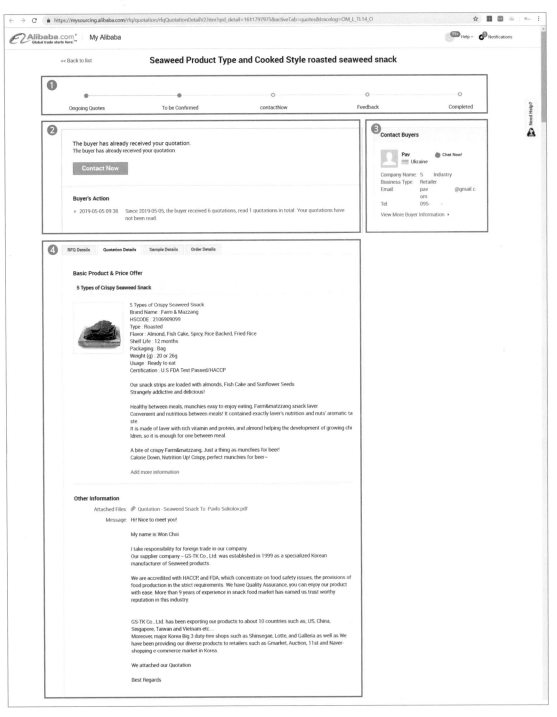

Seaweed Product Type and Cooked Style roasted seaweed snack

<< Back to list

①

| Ongoing Quotes | To be Confirmed | contactNow | Feedback | Completed |

②

The buyer has already received your quotation.
The buyer has already received your quotation.

Contact Now

Buyer's Action

◦ 2019-05-05 09:38   Since 2019-05-05, the buyer received 6 quotations, read 1 quotations in total. Your quotations have not been read.

③

Contact Buyers

Pav   Chat Now!
🇺🇦 Ukraine

Company Name: S   Industry
Business Type: Retailer
Email: pav   @gmail.c
                  om
Tel.   095-   -

View More Buyer Information ▸

④

| RFQ Details | **Quotation Details** | Sample Details | Order Details |

Basic Product & Price Offer

5 Types of Crispy Seaweed Snack

5 Types of Crispy Seaweed Snack
Brand Name : Farm & Mazzang
HSCODE : 2106909099
Type : Roasted
Flavor : Almond, Fish Cake, Spicy, Rice Backed, Fried Rice
Shelf Life : 12 months
Packaging : Bag
Weight (g) : 20 or 26g
Usage : Ready to eat
Certification : U.S FDA Test Passed/HACCP

Our snack strips are loaded with almonds, Fish Cake and Sunflower Seeds
Strangely addictive and delicious!

Healthy between meals, munchies easy to enjoy eating, Farm&mazzang snack laver
Convenient and nutritious between meals! It contained exactly laver's nutrition and nuts' aromatic taste.
It is made of laver with rich vitamin and protein, and almond helping the development of growing children, so it is enough for one between meal.

A bite of crispy Farm&matzzang, Just a thing as munchies for beer!
Calorie Down, Nutrition Up! Crispy, perfect munchies for beer~

Add more information

Other Information

Attached Files: 📎 Quotation - Seaweed Snack To -Pavlo Sokolov.pdf
Message: Hi! Nice to meet you!

My name is Won Choi.

I take responsibility for foreign trade in our company.
Our supplier company – GS-TK Co., Ltd. was established in 1999 as a specialized Korean manufacturer of Seaweed products.

We are accredited with HACCP, and FDA, which concentrate on food safety issues. the provisions of food production in the strict requirements. We have Quality Assurance, you can enjoy our product with ease. More than 9 years of experience in snack food market has earned us trust worthy reputation in this industry.

GS-TK Co., Ltd. has been exporting our products to about 10 countries such as; US, China, Singapore, Taiwan and Vietnam etc...
Moreover, major Korea Big 3 duty-free shops such as Shinsegae, Lotte, and Galleria as well as We have been providing our diverse products to retailers such as Gmarket, Auction, 11st and Naver-shopping e-commerce market in Korea.

We attached our Quotation

Best Regards

❶ RFQ를 통해 공급업체에서 바이어에게 견적을 제출한 후의 진행 상황을 확인할 수 있습니다.

❷ 공급업체에서 견적을 발송한 후 바이어의 활동(Buyer's Action)을 확인할 수 있습니다.

❸ 바이어의 이름, 국가, 회사명, 사업 형태, 이메일과 전화번호 등의 정보를 확인할 수 있으며, 더 많은 바이어 정보 보기(View More Buyer Information)를 선택해 자세한 회사 정보와 최근 90일간의 활동 내역을 확인할 수 있습니다.

❹ 공급업체에서 바이어에게 견적을 제시할 때 입력한 상품 정보, 가격정보를 확인할 수 있습니다.

07 | RFQ의 이용 가능 수량 및 시장 성과 점수 확인

RFQ는 24시간 이내 최대 5건까지 바이어에게 견적을 발송할 수 있고, 처음 이용할 때에는 한 달 이내 최대 20건까지만 발송할 수 있습니다. 하지만, 공급업체의 RFQ 이용 내역을 매월 단위로 6개 기준에 따라서 평가하고, 시장 성과 점수(Market Performance Scores)를 부여하여 높은 점수를 얻으면 추가적으로 최대 45건의 RFQ를 발송할 수 있습니다. 시장 성과 점수(Market Performance Scores)는 관리자 모드(Back Stage)에서 Communications – Additional Quotes(추가 견적)에서 확인할 수 있으며, 매월 3일, 12일, 22일에 공급업체 점수에 당월 점수를 누적하여 업데이트 합니다.

Additional Quotes(추가 견적)

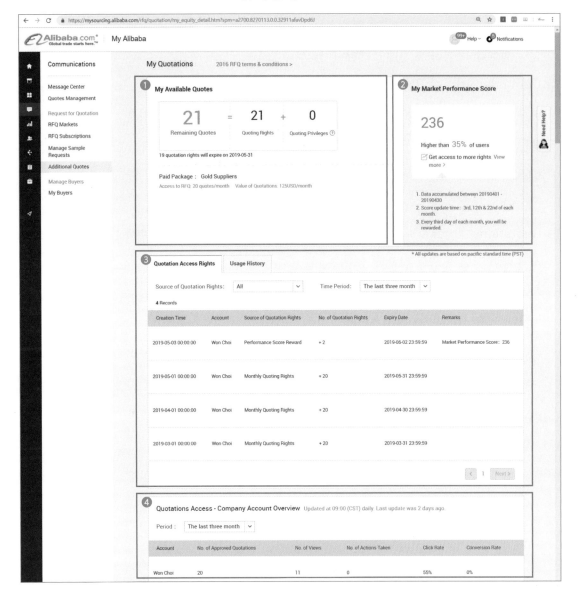

❶ My Available Quotes(사용 가능한 견적)

당월에 바이어에게 RFQ 견적을 제출할 수 있는 횟수를 확인할 수 있습니다.

❷ My Market Performance Score(시장 성과 점수)

RFQ 이용 실적을 점수화하여 매월 3일, 12일, 22일에 공급업체 점수에 당월 점수를 누적하여 업데이트합니다.

❸ Quotation Access Rights(견적 접근 권리)

최근 3개월 이내의 시장 성과 점수와 그에 따른 추가 RFQ 발송 권리를 받은 내역을 확인할 수 있습니다.

• Usage History(사용 이력): 최근 3개월 이내의 RFQ 발송 내역을 확인할 수 있습니다.

❹ Quotations Access – Company Account Overview(견적 접근 – 회사 계정 개요)

• No. of Approved Quotations(승인된 견적의 숫자): 최근 3개월 이내 승인된 견적을 발송한 건수를 보여줍니다.

• No. of Views(확인 숫자): 최근 3개월 이내 바이어가 견적을 확인한 건수를 보여줍니다.

• No. of Actions Taken(활동을 받은 숫자): 최근 3개월 이내 견적을 제출한 후 바이어가 답변을 주는 등의 행동이 있었던 건수를 보여줍니다.

• 그 외 Click through Rate(클릭률), Conversion Rate(전환율) 등을 확인할 수 있습니다.

RFQ 마켓 플레이스의 공급업체의 성과는 점수의 형태로 평가됩니다. 당월의 시장 성과 점수(Market Performance Score)에 따른 다음 달 추가 RFQ의 발송 보상 건수는 아래 표와 같습니다.

시장 성과 점수에 대한 보상 규칙
(Rules for Rewarding Market Performance Scores)

시장 성과 점수	추가 견적 발송 보상 건수
200점 미만	0
200점 이상 300점 미만	2
300점 이상 400점 미만	3
400점 이상 500점 미만	5
500점 이상 600점 미만	8
600점 이상 700점 미만	12
700점 이상 800점 미만	18
800점 이상 900점 미만	28
900점 이상 1,000점 미만	45

추가적인 RFQ의 발송 보상 건수는 매월 3일 발표되는 공급업체의 전월 시장 성과 점수(Market Performance Scores)에 따라 추가 RFQ 발송 권리를 보상합니다. 보너스 RFQ 보상 건수는 당월 3일부터 다음 달 2일까지 사용이 유효합니다.

● 매월 기본적으로 제공되는 20개의 RFQ 발송 건수는 매월 말일까지 사용이 유효합니다.

추가 RFQ 발송 보상 건수는 얻기 위해서는 아래 시장 성과 점수(Market Performance Scores)에 영향을 미치는 요인들을 인지하고, RFQ 견적을 제시하기 바랍니다.

시장 성과 점수에 영향을 미치는 요인들
(The Factors that Influence Market Performance Score)

① Alibaba.com 및 RFQ를 확인한 로그인 일 수	② RFQ 견적 발송 건수	③ 평균 RFQ 견적 응답 시간
④ 24시간 이내 RFQ 견적 응답률	⑤ 바이어의 만족도	⑥ 통관을 끝낸 거래 안심 보장 서비스(Trade Assurance) 주문의 숫자와 금액

❶ Alibaba.com 및 RFQ를 확인한 로그인 일 수(Number of days signed in Number of days signed in)

해당되는 시장 점수 성과 계산 기간에 Alibaba.com에 로그인하거나 모바일 기기로 AliSuppliers App에 로그인하고 RFQ를 확인한 날짜 수입니다. 하루에 여러 번 로그인하는 것은 1개로 계산됩니다.

❷ RFQ 견적의 발송 건수(Number of RFQ quotations)

해당되는 시장 점수 성과 계산 기간에 Alibaba.com의 승인을 받은 견적을 발송한 숫자입니다.

❸ 평균 RFQ 견적 응답 시간(Average quotation response time)

해당되는 시장 성과 점수의 계산 기간에 바이어가 등록한 RFQ에 대해 공급업체가 견적을 제출한 평균 소요 시간입니다.

❹ 24시간 이내 RFQ 견적 응답률(24-hour quotation response rate)

해당되는 시장 성과 점수의 계산 기간에 바이어가 RFQ를 등록하고 24시간 이내에 견적을 제출한 비율입니다

❺ 바이어 만족도(Buyer satisfaction rate)

바이어 만족도는 공급업체로부터 견적을 받은 바이어가 긍정적인 평가를 한 비율입니다. 견적을 제출한 후 180일 이내에 받은 바이어의 별 4~5개를 평가에 반영합니다.

❻ 통관을 마친 Trade Assurance(거래 안심 보장 서비스) 주문의 숫자와 금액 (Total number and value of Trade Assurance orders which have cleared customs)

● 현재 중국과 일부 지역을 제외한 Alibaba.com의 유료회원 공급업체(Global Gold Supplier)는 Trade Assurance(거래 안심 보장 서비스)를 이용한 결제 서비스를 이용할 수 없습니다.

3 Trademanager의 활용

Trademanager는 바이어와 공급업체의 실시간 채팅이 가능한 메신저입니다. 바이어와 공급업체의 실시간 채팅이 가능하므로 보다 신뢰할 수 있는 무역 거래를 하는데 많은 도움이 됩니다.

01 | Trademanager 로그인

❶ My Alibaba

관리자 모드(Back Stage)에 연결할 수 있습니다.

❷ Daily News(일간 뉴스)

Alibaba.com의 공지사항을 확인할 수 있습니다.

❸ To do list(해야 할 일)

관리자 모드에서 메시지 센터(Message Center)로 연결할 수 있습니다.

Trademanager의 로그인

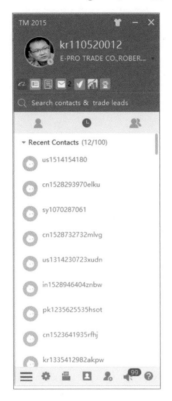

Trademanager의 로그인 화면의 상부 메뉴

❹ Unread Message(읽지 않은 메시지)

바이어의 Inquiry를 받고 읽지 않은 메시지의 숫자를 표시합니다.

❺ Alisource Pro(RFQ)

RFQ Markets로 연결하여 RFQ를 확인할 수 있습니다.

❻ Biz Trends(통계)

Analytics(분석) − Performance Overview(성과 확인) 메뉴로 연결할 수 있습니다.

- Biz Trends는 2019. 3월, Alibaba.com의 시스템 리뉴얼로 인해서 Analytics(분석)로 명칭이 변경되었습니다.

❼ Anna Online Help(온라인 도우미 Anna)

바이어를 위한 실시간 고객 상담 서비스입니다.

Trademanager의 로그인 화면의 하부 메뉴

❶ Main Menu(주요 메뉴)

사용자의 정보 확인, 메시지 보내기, 메신저 로그아웃 등을 할 수 있습니다.

❷ Settings(설정)

컴퓨터를 켤 때 자동으로 로그인되도록 설정할 수 있으며, 부재중 메시지를 받았을 때 자동으로 메시지를 보낼 수 있도록 설정할 수 있습니다.

❸ History(이력)

Trademanager를 통해 채팅했던 바이어 목록을 확인할 수 있습니다.

❹ Contact Manager(컨택 매니저)

공급업체와 친구로 연결된 바이어를 My Contacts의 등록 바이어로 관리할 수 있습니다.

⑤ Add(친구 추가)

바이어의 회원 ID를 찾아서 친구로 추가할 수 있습니다.

02 | Trademanager 채팅창

Trademanager 채팅창

❶ Trademanager 채팅창의 상부 메뉴입니다.

❷ 바이어의 메시지를 확인하고 내가 바이어에 준 답변 메시지를 확인할 수 있습니다.

❸ Trademanager 채팅창의 하부 메뉴와 채팅 메시지 입력창입니다.

❹ 바이어 이름, 국가 및 최근에 찾아본 산업 정보 확인이 가능합니다.

Trademanager 채팅창의 상부 메뉴

❶ Send(발송)

파일 및 폴더를 바이어에게 발송할 때 사용하는 기능입니다.

❷ Call(전화)

바이어와 음성 통화를 할 수 있는 기능입니다.

❸ Video Call(비디오 통화)

바이어와 화상 통화를 할 수 있는 기능입니다.

❹ Select Contact(대화자 추가)

바이어와 채팅 중 다른 사람을 초대해 대화에 같이 참여할 수 있도록 하는 기능입니다.

❺ Report(보고)

의심스러운 바이어를 Alibaba.com에 보고할 수 있는 기능입니다.

- Block/Unblock(차단/차단 해제): 대화 중인 바이어를 차단하거나 차단 해제하는 기능입니다.
- Delete Contact(컨택 삭제): 바이어와의 Contact를 삭제하는 기능입니다.

Trademanager 채팅창의 하부 메뉴

❶ Format(포맷)

채팅하는 글꼴 글자의 크기, 글자의 색상 및 효과 등을 선택할 수 있습니다.

❷ Emoticons(이모티콘)

이모티콘을 보낼 수 있습니다.

❸ Images(사진)

사진을 전송할 때 쓰는 기능입니다.

❹ Screen Shot(스크린 샷)

화면을 캡쳐해서 발송할 때 쓰는 기능입니다.

❺ Calculator(계산기) / Notepad(노트패드)

계산기와 채팅 중에 메모를 할 수 있는 노트패드 기능입니다.

❻ Buzz(부저)

바이어를 부르기 위해서 채팅창을 흔들고 부저음을 울리는 기능입니다.

❼ Translation(번역)

영어가 아닌 메시지를 영어로 번역해주는 기능입니다.

❽ Send voice message(음성 메시지 발송)

음성 메시지를 60초간 녹음해서 발송할 수 있습니다.

CHAPTER 13

Analytics (분석)

B2C 쇼핑몰이든 B2B 쇼핑몰이든 인터넷 쇼핑몰의 공급업체가 의미있는 성과를 얻기 위해서는 주기적 분석과 그 분석 내용을 토대로 바이어나 구매자의 욕구를 충족할 수 있도록 지속적으로 수정하는 과정이 중요합니다. Alibaba.com이 B2B 인터넷 쇼핑몰 플랫폼으로 공급업체에 제공하는 기능 중 가장 큰 장점은 Analytics(분석)를 통해서 바이어의 행동 유형과 공급업체 상품이나 전반적인 계정 운영성과 및 효율을 체크할 수 있는 점입니다.

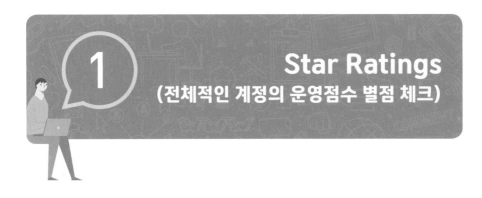

Star Ratings
(전체적인 계정의 운영점수 별점 체크)

공급업체의 전반적인 운영 품질에 대해 계정 관리 품질과 바이어와의 커뮤니케이션 능력, 서비스 품질에 대해서 최대 별점 3개까지를 부여하여 보여주는 기능입니다. 공급업체에서 부여받는 등급은 매월 평가되며 다음 달(PST 태평양 표준시간) 5일에 업데이트됩니다. 각 카테고리별로 평균 60점 이상을 충족할 때 1 스타, 70점 이상은 2 스타, 80점 이상은 3 스타의 별점을 받습니다.

① Awarded Star Rating

- Forecasted Star Ratings: 예상 스타 등급의 별점을 보여줍니다.
- Overall Account Quality: 전반적인 계정 품질의 별점을 보여줍니다.
- Comm & Service Capability: 커뮤니케이션 및 서비스 능력의 별점을 보여줍니다.

Star Supplier

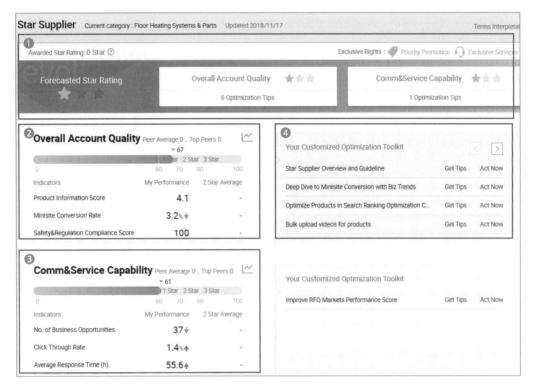

2 Overall Account Quality(전반적인 계정 품질)

- Product Information Score(상품 정보 점수): 상품 등록하여 승인 전시된 모든 상품의 평균 점수를 의미하며, 승인 전시된 모든 상품의 총 점수를 승인 전시된 총 상품의 숫자로 나누어서 산출합니다.

- Minisite Conversion Rate(Minisite 전환율): 최근 30일간의 Trademanager 방문자와 Minisite를 방문하여 Inquiry를 남긴 방문자를 합하여 전체 Minisite 방문자의 숫자로 나누어서 계산합니다.

- Safety & Regulation Compliance Score(안전 및 규정 준수 점수): 지난 365일 동안의 위장 거래, 지적 재산권 침해, 무역 분쟁, 사진 도용, 스팸 정보 발송 등의 위반 사항, 빈도 및 심각성에 따른 점수입니다.

❸ Comm & Service Capability(커뮤니케이션 및 서비스 능력)
- No. of Business Opportunities(비즈니스 기회의 수): 최근 30일간의 메시지 센터(Message Center)에서 받은 유효한 바이어의 Inquiry 숫자와 RFQ Markets에서 바이어에게 발송하여 승인된 견적의 건수를 합하여 계산합니다.
- Click Through Rate(클릭률): 최근 30일간 상품 또는 회사 프로필 검색 목록에 표시된 조회 수를 클릭 수로 나누어서 계산합니다. 단, 키워드 광고의 트래픽은 제외됩니다.
- Average Response Time(평균 응답시간): 최근 7일간의 유효한 바이어 Inquiry에 대한 평균 응답 시간입니다. 계산 방식은 (Inquiry에 대한 총 응답 시간 + 응답하지 않은 Inquiry의 총 시간) / 7일간의 유효 기간 내에 수취한 유효한 Inquiry의 총 숫자입니다.

❹ Your Customized Optimization Toolkit(맞춤형 최적화 도구 키트)

보다 좋은 점수를 얻기 위해서 개선해야 하는 점에 대한 방법을 제안한 매뉴얼입니다.

Tip

Star Rating의 키 포인트

Minisite의 디자인을 변경했는데 왜 스타 등급(Star Ratings)이 오르지 않는지를 물어보는 경우가 많습니다. 스타 등급은 위의 6개 항목을 평가하지만, 가장 중심이 되는 것은 상품 정보의 점수입니다. 상품 정보의 질이 좋으면, 바이어들이 상품을 검색하다가 공급업체의 다른 상품을 보거나 공급업체의 정보를 확인하기 위해서 Minisite를 방문하는 경우가 많으므로 자연스럽게 Minisite의 전환율이 상승합니다. 마찬가지로 Comm & Service Capability(커뮤니케이션 및 서비스 능력)의 경우는 비즈니스 기회를 많이 얻고 답변을 잘하는 게 유리합니다. 만족할 만한 별점을 얻지 못했다면 RFQ의 이용을 늘립니다. 바이어에게 RFQ를 많이 발송하면, 바이어도 공급업체의 견적을 수취한 이후에 해당 공급업체의 상품을 찾아 확인할 가능성이 높아지기 때문입니다.

2 Performance Overview (성과 확인)

공급업체에서 상품 등록을 마치고, 구체적 효율을 분석하기 위해서 주기적으로 방문해 확인해야 하는 것이 Performance Overview(성과 확인)입니다. Performance Overview에서는 전체적으로 일간, 주간, 월간 단위로 바이어가 공급업체의 상품을 얼마나 많이 보았고, 클릭을 하고, Inquiry를 남겼는지를 확인할 수 있으며, 이 수치를 산업 평균, 산업군의 10개 상위 업체와의 비교를 통해서 확인할 수 있습니다.

1 Device(기구)

Alibaba.com을 접속하는 기구를 PC와 휴대폰 등의 모바일 기기(Wireless)로 나누어서 보여줍니다. 최근에는 모바일 기기를 이용하는 경우가 늘어 PC보다 많아지고 있습니다.

Performance Overview

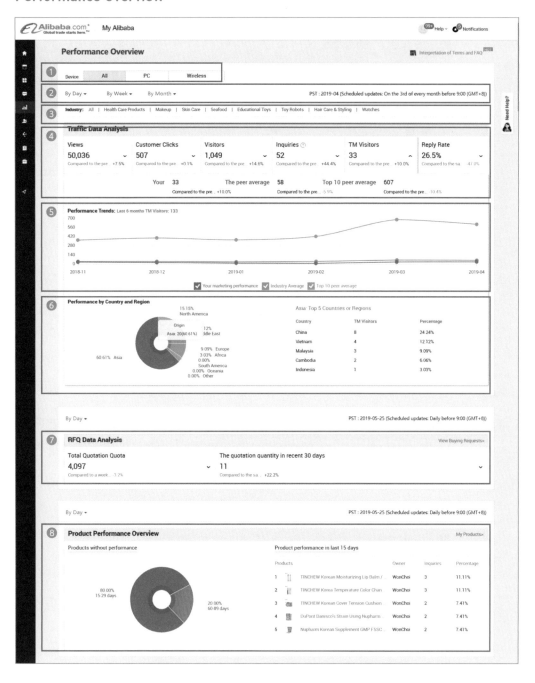

❷ By Day(일간), By Week(주간), By Month(월간)

- By Day(일간): 전일 데이터를 매일 홍콩시간 오전 9시 이전에 업데이트해 줍니다.

- By Week(주간): 전 주간 데이터를 매주 화요일 홍콩시간 오전 9시 이전에 업데이트해 줍니다.

- By Month(월간): 전월 데이터를 매월 3일 홍콩시간 오전 9시 이전에 업데이트해 줍니다.

❸ Industry(산업 카테고리)

공급업체에서 상품 등록하여 전시한 카테고리 전체를 보여줍니다.

❹ Traffic Data Analysis(트래픽 데이터 분석)

- Views(뷰): 검색 결과에서 바이어에게 상품이 보여진 횟수입니다.

- Customer Clicks(바이어 클릭): 바이어가 검색 결과에서 상품 및 Minisite 를 클릭한 횟수입니다.

- Visitors(방문자): Minisite를 방문하거나 Inquiry나 Trademanager를 보낸 바이어의 숫자입니다.

- Inquiries(바이어 문의 메시지): Inquiry를 받은 건수 입니다.

- TM Visitors(트레이드 매니저 이용 방문자): Trademanager를 이용하여 방문한 방문자의 숫자입니다.

- Reply Rate(답변율): 24시간 이내 Inquiry 답변율입니다.

- Your(공급업체의 실적): 공급업체의 실적을 보여줍니다.

- The Peer average(산업 평균): 공급업체의 산업 평균을 보여줍니다.

- Top 10 peer average(산업 상위 10개 업체의 평균): 상위 산업의 10개 업체의 평균을 보여줍니다.

❺ Performance Trends(성과 트렌드)

By Day(일간)일 경우 3일마다 30일간, By Week(주간)일 경우 6주간, By Month(월간)일 경우 6개월간의 변화를 그래프로 확인할 수 있으며, 상위 10개 업체(초록색), 산업 평균(주황색)을 공급업체(청색)로 구분해서 비교할 수 있습니다.

❻ Performance by Country and Region(국가와 대륙에 따른 성과)

바이어의 뷰에 대해서 대륙별 분포와 상위 5개 국가에 관해서 확인할 수 있습니다.

❼ RFQ Data Analysis(RFQ 데이터 분석)

- Total Quotation Quota(총 견적 쿼터): 공급업체에서 상품 등록한 주요 2개 카테고리와 관련된 상품을 바이어가 한 달간 포스팅한 유효한 RFQ의 총 건수를 확인할 수 있습니다.
- Quotations in the Last 30 Days(최근 30일의 견적): 공급업체에서 최근 30일간 RFQ를 통해서 견적을 제시한 건수를 확인할 수 있습니다.

❽ Product Performance Overview(상품 성과의 개요)

- Products without Performance: 등록한 상품에 대해서 15~29일, 30~59일, 60~89일간 성과가 없는 상품의 비율과 숫자를 보여줍니다.
- Product Performance in Last 15 Days: 최근 15일간 성과가 있었던 상품과 그 성과를 분석해서 보여줍니다.

위의 Performance Overview(성과 확인)에서 Views(뷰)가 만족하지 못한 성과를 보이는 경우는 상품 등록을 하면서 설정한 카테고리에 문제가 있거나, 상품명과 설정한 키워드에 문제가 있는 경우입니다. 클릭(Clicks)의 경우는 상품 등록 시 메인 이미지의 품질이 떨어지거나 상품 속성을 특색있게 등록하지 않은 경우이고, 그 이후에 방문자(Visitors), Inquiry가 떨어지는 것은 상품 상세설명이 미흡하거나 무역정보에 최소 주문 수량(MOQ)이 너무 크거나 판매가격이 다른 공급업체와 비교해서 높게 설정된 경우로 해당 정보의 보완 및 수정이 필요합니다.

My Shop
(Minisite의 성과 확인)

My Shop 기능에서는 Minisite와 관련된 분석을 할 수 있는데, Minisite를 방문하는 바이어는 Inquiry를 남기거나 수입의 의지가 있는 고객으로 Minisite의 효율이 상품 산업군의 10개 상위 업체와 비교해 차이가 크다면 회사 프로필 등록에서 회사 소개, 인증서, 수출 정보 등을 보완 수정해야 하며, 상품의 카테고리가 너무 적거나 많으면 바이어에게 혼란을 줄 수도 있으므로 Product Assortment(상품 그룹 생성)에서 조정해야 합니다.

❶ **Device(기구)**

Alibaba.com을 접속하는 기구를 PC와 휴대폰 등의 모바일 기기(Wireless)로 나누어서 보여줍니다.

❷ **By Day(일간), By Week(주간), By Month(월간)**

• By Day(일간): 전일 데이터를 매일 홍콩시간 오전 9시 이전에 업데이트해 줍니다.

My Minisite(미니사이트 성과 확인)

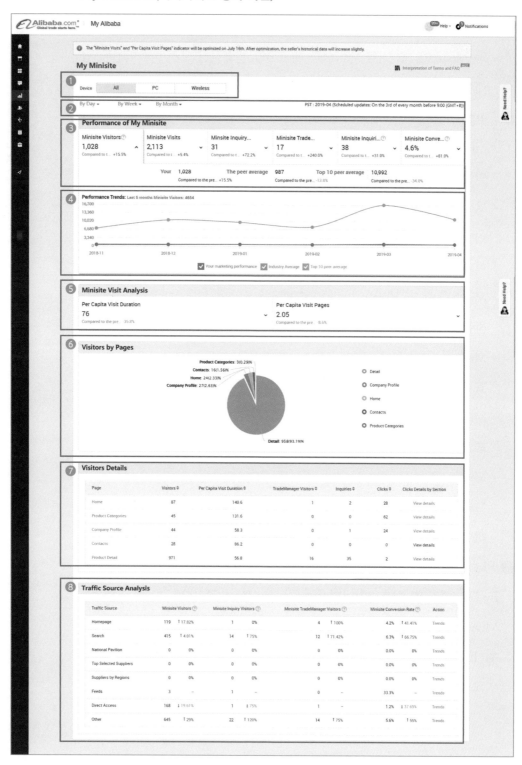

- By Week(주간): 전 주간 데이터를 매주 화요일 홍콩시간 오전 9시 이전에 업데이트해 줍니다.
- By Month(월간): 전월 데이터를 매월 3일 홍콩시간 오전 9시 이전에 업데이트해 줍니다.

❸ Performance of My Minisite(Minisite의 성과)

- Minisite Visitors(미니사이트 방문자): Minisite의 전체적인 방문자 수를 확인할 수 있습니다.
- Minisite Visits(미니사이트 방문): Minisite를 방문한 숫자입니다. 같은 바이어가 같은 날 다시 방문할 경우, 방문자는 1명이지만 방문 수는 2번입니다.
- Minsite Inquiry Visitors(미니사이트 방문자 문의 메시지): Minisite를 방문한 방문자가 Inquiry를 보낸 숫자입니다.
- Minisite Trademanager Visitors(메신저 이용 미니사이트 방문자): Trademanager를 통해 Minisite를 방문한 방문자의 숫자입니다.
- Minisite Inquiries(미니사이트 문의 메시지): Minisite를 통해서 받은 바이어의 Inquiry 숫자입니다.
- Minisite Conversion Rate(미니사이트 전환율): 최근 30일간의 Minisite Trademanager 방문자와 Minisite를 방문하여 Inquiry를 남긴 방문자를 합하여 전체 Minisite 방문자의 숫자로 나누어서 계산합니다.

❹ Performance Trends(성과 트렌드)

By Day(일간)일 경우 3일마다 30일간, By Week(주간)일 경우 6주간, By Month(월간)일 경우 6개월간의 변화를 그래프로 확인할 수 있으며, 상위 10개 업체(초록색), 산업 평균(주황색)을 공급업체(청색)로 구분해서 비교할 수 있습니다.

❺ Minisite Visit Analysis(미니사이트 방문 분석)

- Per Capita Visit Duration: 방문자가 방문 당 머무른 시간입니다.
- Per Capita Visit Pages: 방문자가 방문 당 검색한 페이지 숫자입니다.

❻ Visitors by Pages(페이지에 따른 방문자)

방문자가 Minisite에 방문하여 확인한 내용을 도표를 통해 비율로 확인할 수 있습니다.

❼ Visitors Details(방문 상세 분석 페이지)

방문자가 Minisite 각각의 메뉴 홈(Home), 상품 카테고리(Categories), 회사 프로필(Company Profile), 회사 연락 정보(Contacts), 상품 상세 정보(Product Details)를 방문해서 활동한 내역을 볼 수 있습니다.

❽ Traffic Source Analysis(트래픽 소스 분석)

방문자가 어떠한 경로로 Minisite를 방문하였는지를 분석할 수 있습니다.

My Products
(상품 효율의 확인)

My Products 기능에서는 등록한 상품의 효율을 분석할 수 있는데, 우선은 Products without Performance(성과가 없는 상품)의 리스트를 확인해서 보완 수정 등록해야 합니다. 뷰(Views)가 낮은 상품의 경우는 상품의 전시 카테고리, 상품명, 키워드를 체크해서 수정이 필요합니다. 또한, 클릭률이 낮은 상품은 상품의 메인 이미지의 변경이 필요하며, 바이어의 Inquiry가 없는 경우는 상품의 상세 설명 보완, 수정이 필요하고, 무역정보나 가격정보 등도 확인이 필요합니다.

또한, My Products는 공급업체에서 상품 쇼케이스(Product Showcases)에 전시할 상품을 고르거나 진행하는 이벤트에 상품을 제안할 때, 그리고 키워드 광고(Keyword Advertising)를 하기 위해서 상품을 선택할 때에 반드시 참고해야 하는 기능입니다.

My Products(상품 효율의 확인)

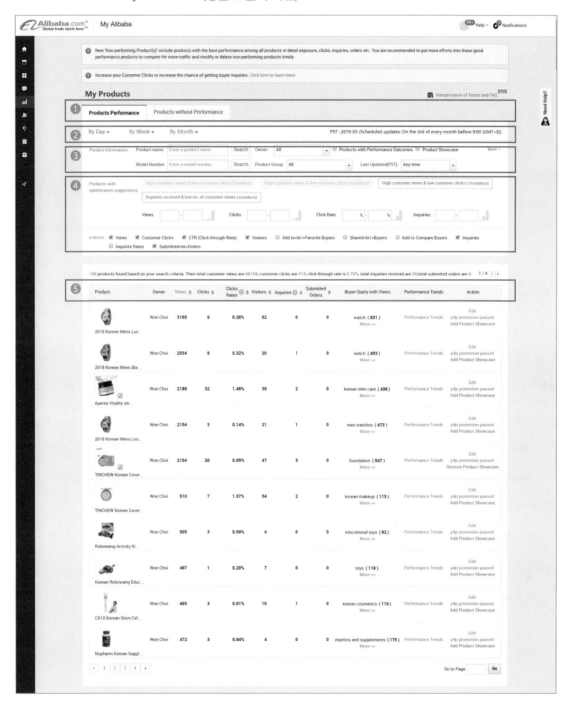

❶ 전체 등록한 상품을 Products Performance(성과가 있는 상품), Products without Performance(성과가 없는 상품)로 구분할 수 있습니다. Products without Performance(성과가 없는 상품)는 지난 365일간 성과가 없는 상품이며, 알리바바 제품 목록 정책에 따르면 지난 365일 동안 수정되지 않았거나 실적이 저조한 제품은 Alibaba.com 시스템에 의해 전시되지 않습니다.

❷ By Day(일간), By Week(주간), By Month(월간)

- By Day(일간): 전일 데이터를 매일 홍콩시간 오전 9시 이전에 업데이트해 줍니다.

- By Week(주간): 전 주간 데이터를 매주 화요일 홍콩시간 오전 9시 이전에 업데이트해 줍니다.

- By Month(월간): 전월 데이터를 매월 3일 홍콩시간 오전 9시 이전에 업데이트해 줍니다.

❸ Product Information(상품 정보)

등록된 상품을 상품명(Product name), 상품 담당자(Owner), 모델번호(Model Number), 상품 그룹(Product Group), 최근 업데이트된 일자(Last Updated)로 검색 가능합니다.

❹ Products with optimization suggestions(상품 최적화 제안)

바이어들이 많이 보지만 클릭이 없는 상품(High Customer Views & Low Customer Clicks), 바이어가 많은 클릭을 하지만 Inquiry가 적은 상품(High No. of Customer Clicks & Low No. of Inquiries), 바이어의 Inquiry는 받았지만 노출이 적게 되는 상품(Inquiries Received & Low No. of Customer Views)을 확인할 수 있습니다.

상품의 최적화 제안 **Tip**

- 바이어가 많이 보지만 클릭이 없는 상품(High Customer Views & Low Customer clicks)은 상품 메인 이미지가 깔끔하지 않거나, 매력적 요소가 없기 때문으로 이미지를 바꿔줍니다.
- 바이어가 많은 클릭은 하지만 Inquiry가 적은 상품(High No. of Customer Clicks & Low No. of Inquiries)은 상품의 상세설명의 완성도가 떨어지는 것으로 상세 설명을 잘 써야 합니다.
- 바이어의 Inquiry는 받았지만, 노출이 적게 되는 상품(Inquiries Received & Low No. of Customer Views)은 상품 쇼케이스(Product Showcases)에 전시하거나 키워드 광고(Keyword Advertising)를 통해 노출할 수 있도록 합니다.

❺ Product(상품)

상품 이미지와 상품명, 상품 쇼케이스의 전시 여부를 알 수 있습니다. 위와 같이 상품 이미지 옆에 팔레트가 있는 상품은 현재 상품 쇼케이스 (Product Showcase)에 전시되어 있는 상품입니다.

- Owner(상품 담당자): 상품 담당자를 확인할 수 있습니다.
- Views(뷰): 바이어가 상품을 본 횟수입니다.
- Clicks(클릭): 바이어가 상품을 클릭한 횟수입니다.
- Clicks through Rate(클릭률): 상품을 클릭한 횟수를 뷰로 나누어서 계산한 것입니다.

- Visitors(방문자): 상품을 방문한 바이어의 숫자입니다.

- Inquiries(바이어 문의 메시지): 바이어의 Inquiry의 개수입니다.

- Buyer Query with Views(뷰가 있는 바이어 쿼리): 바이어가 상품을 검색하기 위해서 사용했던 키워드를 확인할 수 있습니다.

- Performance Trend(성과 트렌드): Trend를 클릭하면 최근 6개월간의 상품별 뷰(Views)의 변화 그래프를 확인할 수 있습니다.

- Action(작업): 상품을 수정할 수 있는 Edit, 상품 쇼케이스에 추가할 수 있는 Add Product to Showcase와 키워드 광고 진행 여부를 확인할 수 있습니다.

My Keywords
(키워드의 효율 확인)

상품 노출과 직접 관련이 있는 것이 키워드입니다. My Keywords 기능은 공급업체에서 등록한 상품이 어떤 키워드로 바이어에게 검색되어 보이고 Inquiry를 받는지를 분석할 수 있는 기능입니다. 또한, 이 My Keywords는 공급업체에서 상품 등록할 때 사용한 키워드가 효과가 있었는지를 분석할 수 있으며 키워드 광고(Keywords)를 하기 위해서 키워드를 선택할 때 반드시 참고해야 하는 기능입니다.

❶ • By Week(주간): 전 주간 데이터를 매주 화요일 홍콩시간 오전 9시 이전에 업데이트해 줍니다.

• By Month(월간): 전월 데이터를 매월 3일 홍콩시간 오전 9시 이전에 업데이트해 줍니다.

❷ 키워드를 3가지 값으로 분류해서 볼 수 있습니다.

• In Keyword Ranking or not(키워드의 랭킹내 노출 여부): 바이어가 키워드

My Keywords

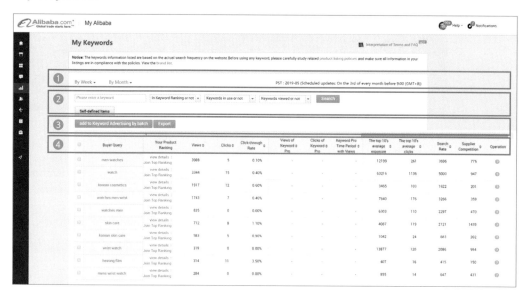

를 검색했을때 10페이지 이내의 상품 노출 여부를 볼 수 있습니다.

- Keywords in use or not(키워드 사용 여부): 키워드를 공급업체에서 상품 등록에 사용했는지의 여부를 볼 수 있습니다.

- Keywords Viewed or not(키워드 검색 시 노출 여부): 바이어가 키워드를 검색했을 때 바이어에게 노출이 되는지의 여부를 볼 수 있습니다.

❸ Export(내보내기)

클릭하면 My Keywords의 결과 값을 CSV 파일로 받을 수 있습니다.

❹ Buyer Query(키워드 명)

바이어가 상품의 검색에 사용했던 키워드입니다.

- Your Product Ranking(상품 랭킹): 바이어가 키워드를 검색했을때의 10페이지 이내의 상품 노출위치를 보여주는 View Details(뷰 상세 정보), 키워드 광고에 참여할 수 있는 Join Top Views Ranking(상위 뷰 랭킹의 참여)의 기능을 이용할 수 있습니다.

- Views(뷰): 바이어가 검색해서 페이지에 노출된 횟수입니다.
- Clicks(클릭): 노출된 상품 및 Minisite를 클릭한 횟수입니다.
- Click-through Rate(클릭률): 바이어가 검색해서 클릭한 횟수를 전체 페이지에 노출된 횟수로 나누어서 계산된 값입니다.
- The top 10's Average Exposure(상위 10개 공급업체의 평균 노출): 바이어가 검색한 상위 10개 공급업체의 평균 노출 횟수입니다.
- The top 10's Average Clicks(상위 10개 공급업체의 평균 클릭): 바이어가 검색한 상위 10개 공급업체의 평균 클릭 횟수입니다.
- Search Rate(검색 빈도): 바이어가 검색한 검색 빈도입니다.
- Supplier Competition(경쟁 공급업체): 유료회원(Gold Supplier) 중에서 해당 키워드를 사용하는 업체의 숫자입니다.

My Keywords를 활용해서 주기적으로 확인해야 하는 것은 Keywords in use or not(키워드 사용 여부)과 Keywords Viewed or not(키워드 검색 시 노출 여부)의 조건을 조합해서 현재 사용 중인 키워드가 유용한지를 분석하는 것인데 방법은 아래와 같습니다.

Keyword in Use or not (키워드 사용 여부)	Keywords Viewed or not (키워드 검색 시 노출 여부)	대응 방법
Keywords in use (사용 키워드)	Keywords Viewed (키워드 노출됨)	현재 사용 키워드의 효율이 좋음
Keywords in use (사용 키워드)	Keywords not Viewed (키워드 노출 안됨)	현재 사용 키워드의 효율이 좋지 않으므로 변경해야 함
Keywords not in use (미사용 키워드)	Keywords Viewed (키워드 노출됨)	미사용 키워드에 대해서 키워드로 사용해야 할 지 고려해야 함
Keywords not in use (미사용 키워드)	Keywords not Viewed (키워드 노출 안됨)	

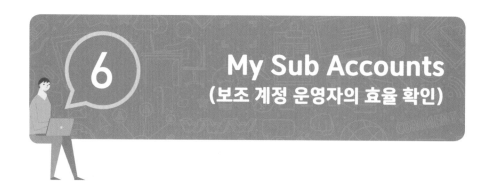

My Sub Accounts
(보조 계정 운영자의 효율 확인)

My Sub Accounts는 보조 계정 사용자들의 Alibaba.com 관리 상태를 한 눈에 파악할 수 있는 기능입니다.

My Sub Accounts

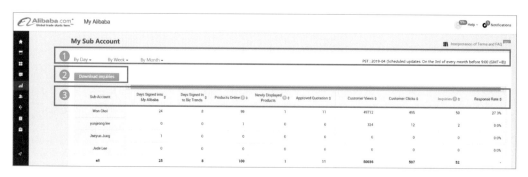

❶ By Day(일간), By Week(주간), By Month(월간)

- By Day(일간): 전일 데이터를 매일 홍콩시간 오전 9시 이전에 업데이트해
  줍니다.

- By Week(주간): 전 주간 데이터를 매주 화요일 홍콩시간 오전 9시 이전에 업데이트해 줍니다.
- By Month(월간): 전월 데이터를 매월 3일 홍콩시간 오전 9시 이전에 업데이트해 줍니다.

❷ Download Inquiries(다운로드 인쿼리)

버튼을 클릭하면 한 달간 바이어의 Inquiry에 대한 수취 일자와 답변 일자를 보조 계정 담당자별로 CSV 파일로 받을 수 있습니다.

❸ • Days Signed into My Alibaba(관리자 계정에 로그인한 일자 수): 관리자 계정에 로그인한 일자 수 입니다.
- Days Signed into Biz Trends(Analytics를 확인한 일자 수): Analytics를 확인한 일자 수입니다.
- Products Online(전체 상품 수): 보조 계정 담당자에게 할당된 상품의 숫자입니다.
- Newly Displayed Products(새롭게 등록한 상품): 새롭게 등록한 상품의 숫자입니다.
- Approved Quotation(승인된 견적): RFQ를 통해서 승인된 견적 건수를 발송한 횟수입니다.
- Customer Views(바이어 뷰): 바이어가 상품을 검색해서 본 횟수입니다.
- Customer Clicks(바이어 클릭): 바이어가 상품을 클릭한 횟수입니다.
- Inquiries(바이어 문의 메시지): 바이어 Inquiry를 받은 숫자입니다.
- Response Rate(답변율): 24시간 이내의 바이어 Inquiry 답변율입니다.

My Account

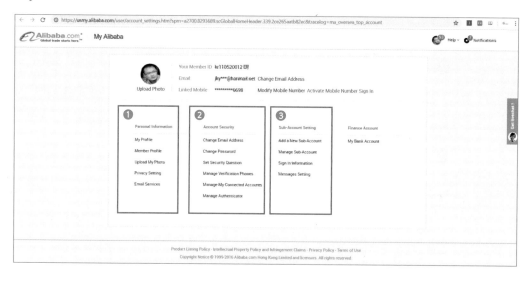

❶ Personal Information(개인 정보)

- My Profile(프로필): 바이어가 Contact를 통해 공급업체 명함을 요청했을 때 전달되는 공급업체의 프로필입니다.

- Member Profile(회원 프로필): 간략한 알리바바 회원가입 정보입니다.

- Upload My Photo(담당자 사진 업로드): 3MB 이내의 공급업체 담당자 사진을 업로드할 수 있습니다.

- Privacy Setting(개인 활동 셋팅): 나의 바이어로서의 활동내역(검색, RFQ 포스팅 등)을 Inquiry를 보낸 공급업체에 보여줄 것인지 아닌지를 설정하는 메뉴입니다.

- Email Services(이메일 서비스): Alibaba.com의 통계조사, 사용자 가이드, 이벤트 진행 알림, 판매 상품 관련 RFQ 등의 이메일 메시지 수신 여부를 설정할 수 있습니다.

❷ Account Security(계정 보안)

- Change Email Address(이메일 주소 변경): Alibaba.com의 로그인에 사용하는 이메일 주소를 변경할 수 있습니다.

- Change Password(패스워드 변경): Alibaba.com의 로그인에 사용하는 패스워드를 변경할 수 있습니다.

- Set Security Question(보안 질문 변경): Alibaba.com의 패스워드를 잊어버렸을 때 패스워드를 연상하기 위하여 설정해 놓은 질문의 변경이 가능합니다.

- Manage Verification Phones(확인 코드 수취 휴대폰 변경): Alibaba.com의 로그인 시 접속 IP 또는 컴퓨터 변경 시 본인 확인을 위해서 발송되는 확인 코드 수취 휴대폰의 번호를 변경할 수 있습니다.

- Manage My Connected Accounts(연결된 계정 관리): Facebook, Linkedin, Google, Twitter들의 계정과 연결하여 로그인할 수 있도록 설정할 수 있습니다.

- Manage Authenticator(Google OTP 연결): Google의 Authenticator를 설치해 접속 시 보안 코드를 받을 수 있습니다.

❸ Sub-Account Setting(보조 계정 설정)

- Add a New Sub-Account(새로운 보조 계정 생성): 직원의 업무에 따라 Sales Assistant(영업 보조원), Sales Representative(영업 담당자), Sales Manager(영업 관리자)의 3가지 형태로 5개까지 보조 계정을 만들 수 있습니다.

- Manage Sub-Account(보조 계정 관리): 보조 계정의 추가 및 삭제 등을 관리할 수 있습니다.

- Sign In Information(로그인 정보): 보조 계정 사용자별로 최근의 접속 시

간과 IP주소를 확인할 수 있습니다.

- Messages Setting(메시지 설정): Alibaba.com으로부터의 모든 메시지를 받는 담당자를 지정할 수 있으며, 국가나 지역에 따라 바이어의 Inquiry를 한 명의 보조 계정 사용자에게 할당할 수 있습니다.

사례 Alibaba.com의 유료계정을 사용하면, 바이어로부터 Phishing 메시지를 받는 경우가 많습니다. 그렇기에 필자는 Alibaba.com에 관계된 모든 업무는 직접 웹브라우저에 Alibaba.com으로 접속하라고 항상 이야기합니다.

2018년 여름, 경기도의 식품업체는 담당자의 개인 메일 계정으로 새로운 바이어 Inquiry를 받았습니다. 메일에 첨부된 Alibaba.com 바로가기 버튼을 클릭하여 접속하였고, Alibaba.com과 비슷한 디자인을 한 페이지가 보이자 ID와 패스워드를 입력하고 접속하였으나 아무것도 확인하지 못했습니다. 그리고, 며칠 후 Trademanager에 Alibaba.com 직원인데, 계정에 문제가 생겨 확인해야 하니 휴대폰 문자메시지로 전송되는 확인 코드(Verification Code)를 알려달라는 요청을 받고 알려주었다고 합니다.

그후 Alibaba.com에 로그인은 불가능하고, 회사의 상품은 찾아볼 수 없고, 다른 가전 상품이 회사 계정으로 등록되어 있는 것을 확인할 수 있었습니다. 로그인에 필요한 이메일 주소, 패스워드, 확인 코드 수취에 필요한 휴대폰 번호까지 모두 엉뚱하게 바뀌어 버린 상태였습니다. 필자 회사에서 Alibaba.com 본사에 연락하여 공급업체 담당자가 Phishing 메일로 계정이 도용당했다는 것을 증명하고 다시 돌려놓는 데 1~2주의 시간이 소요되었지만, 공급업체에서 애써서 등록한 상품과 회사 프로필은 삭제되거나 수정되어서 다시 복구하는데 상당한 기간이 소요되었습니다.

02 | Sub-Account(보조 계정) 생성

유료회원(GGS: Global Gold Supplier)은 하나의 계정에 최대 5개까지의 보조 계정(Sub-Account)을 만들 수 있는데, 계정의 형태(Account Type)는 보조 계정을 사용하는 담당자의 업무 내용에 따라 3가지로 구분됩니다.

- 영업 보조원(Sales Assistant): 상품 등록과 상품 그룹의 관리 및 등록 상품의 관리가 가능합니다. 키워드 광고(Keyword Advertising)를 진행할 수 있습니다.
- 영업 담당자(Sales Representative): 바이어의 Inquiry를 관리하고, 바이어의 Contacts를 관리합니다. 메시지 센터에서 상품의 담당자를 할당하거나 자신에게 추가할 수 있습니다.
- 영업 관리자(Sales Manager): 상품의 전시, 관리 메뉴에 접근할 수 있으며, 부하 직원의 바이어 Inquiry 관리와 바이어 Contacts의 관리에 접근할 수 있습니다.

Add A New Sub-Account(새로운 보조 계정의 생성)

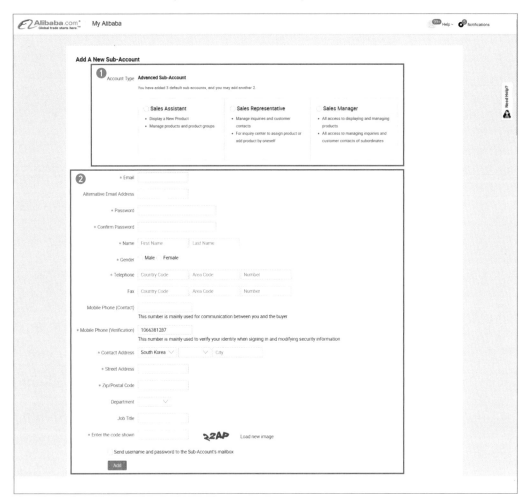

❶ **Account Type(계정 형태)**

보조 계정 사용자의 실행 업무에 따라 Sales Assistant(영업 보조원), Sales Representative(영업 담당자), Sales Manager(영업 관리자)를 선택합니다.

❷ • Email(이메일): Alibaba.com에 회원 등록하지 않은 이메일을 사용해야 합니다.

• Password(패스워드): 패스워드를 입력합니다.

- Confirm Password(패스워드 확인): 패스워드를 다시 한번 입력합니다.

- First Name(담당자의 이름): 담당자 이름을 입력합니다.

- Last Name(담당자의 성씨): 담당자의 성을 입력합니다.

- Gender(담당자의 성별): 담당자의 성별을 선택합니다.

- Telephone Number(전화번호): 국가 번호를 포함하여, 0을 제외한 지역번호와 전화번호를 입력합니다.

- Fax Number(팩스 번호): 국가 번호를 포함하여, 0을 제외한 지역번호와 팩스번호를 입력합니다.

- Mobile Phone(Contact)(바이어의 연락을 위한 휴대폰 번호): 바이어와의 연락 가능한 휴대폰 번호를 입력합니다.

- Mobile Phone(Verification)(확인 코드 수취를 위한 휴대폰 번호): Alibaba.com에 로그인할 때 확인 코드를 받기 위한 휴대폰 번호를 입력합니다.

- Contact Address(연락 주소): South Korea를 선택하고, 시/도 지역을 선택한 후에 도시명을 입력합니다.

- Street Address(도로명 주소): 도로명 주소를 입력합니다.

- Zip/Postal Code(우편번호): 우편번호를 입력합니다.

- Department(부서명): 담당자 부서명을 선택합니다.

- Job Title(직위): 담당자 직위를 입력합니다.

- Enter the Code Shown(보안문자 입력): 옆에 보이는 보안문자를 입력합니다.

Visitor Details
(방문자 상세 분석)

Visitor Details는 바이어가 공급업체의 Minisite에서 어떤 키워드로 상품을 찾아보았고, 어떤 상품들을 보았는지를 확인할 수 있는 기능입니다. 최근 바이어로부터 주문으로 연결될 가능성이 높은 Inquiry를 받았다면 바이어의 국가를 기준으로 계정 내에서 활동한 내역을 찾아보면 좀 더 정확한 바이어의 의도를 파악할 수 있으며, 주문으로 연결될 수 있는 확률도 높일 수 있습니다.

❶ • Time Period(기간): 방문자를 최근 7일, 30일, 최근 한 달 이내 등의 특정 기간을 설정하여 분류할 수 있습니다.
   • Regions(국가): 방문자를 국가별로 분류할 수 있습니다.
   • Buyer Queries(바이어 키워드): 키워드로 방문자를 분류할 수 있습니다.
   • Inquiries(문의 메시지): 방문자가 Inquiry를 남겼는지의 여부로 분류할 수 있습니다.

My Visitors(방문자)

- TM Msg(Trademanager 메시지): Trademanager를 통해서 메시지를 보낸 방문자를 분류할 수 있습니다.

- Owner(상품 관리자): 공급업체의 보조 계정을 포함한 상품 관리자별로 분류할 수 있습니다.

❷ • Visitors(방문자): 방문자의 ID를 알 수 있으며, Add를 클릭하면 공급업체의 명함을 보낼 수 있습니다.

- Regions(국가): 방문자의 국가를 확인할 수 있습니다.

- Page Views(페이지뷰): 바이어가 본 페이지의 숫자를 보여주며, 숫자를 클릭하면 바이어가 방문한 페이지의 링크와 방문 시간을 알 수 있습니다.

- Duration of Stay(머무른 시간): 바이어가 방문해서 머무른 시간(초)을 알 수 있습니다.

- Most Search Queries(주요 키워드): 바이어가 검색한 키워드를 볼 수 있습니다.

- Activities on My Minisite(미니사이트에서의 활동 내역): 바이어가 Minisite에서 확인한 내용을 보여줍니다.

- Activities on Website(Alibaba.com에서의 활동 내역): 바이어가 본 전체 상품 페이지의 숫자와 방문한 공급업체의 숫자를 알 수 있습니다.

8 Trending Keywords
(바이어 선호 키워드의 조회)

Trending Keywords는 바이어가 선호하는 키워드를 찾을 수 있는 기능이며, 활용의 폭을 넓히면 전 세계적인 산업동향을 파악하는 데도 유용한 기능입니다. 상품 등록에 있어서 상품명을 만드는데 근간이 되는 키워드 리스트(Keyword List)를 만들기 위해서 반드시 활용해야 하고, 키워드 광고(Keyword Advertising)의 효율을 높이기 위해서도 조회해야 합니다. Alibaba.com은 전 세계에서 사용하는 사이트임을 고려하여 취급 상품과 관련한 다양한 키워드를 조사하는 것도 중요합니다.

❶ 상품 키워드의 입력

바이어가 선호하는 상품의 키워드를 입력합니다.

❷ Keywords

키워드와 관련 있는 파생 키워드를 보여줍니다.

Analytics – Trending Keywords의 확인

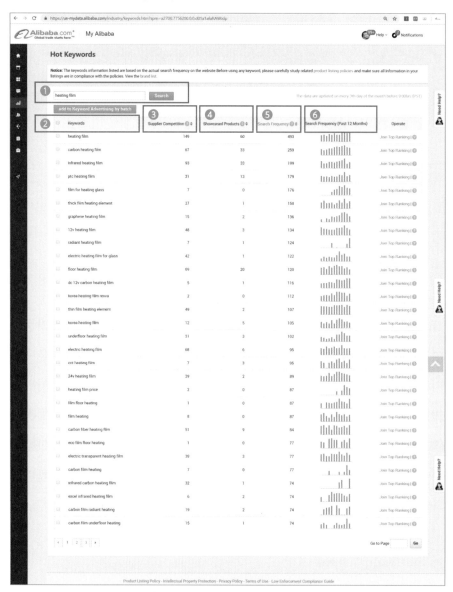

❸ Supplier Competition(경쟁 공급업체)

Gold Supplier 중에서 해당 키워드를 Showcase Products를 사용하는 업체의 숫자를 보여줍니다.

❹ Showcased Products(쇼케이스 이용 상품)

Products Showcase에 전시된 상품의 숫자를 보여줍니다.

❺ Search Frequency(검색 빈도)

최근 1개월 간의 바이어 검색 빈도를 보여줍니다.

❻ Search Frequency(Past 12 Months) (과거 12개월 검색 빈도)

과거 12개월 동안의 바이어 검색 빈도를 그래프로 보여줍니다.

Search Frequency(검색 빈도)는 바이어가 해당 키워드를 월 단위로 검색한 빈도입니다. 그 이후에는 12개월간의 바이어 검색 빈도를 그래프로 옮겨놓은 것인데, 필자가 Alibaba.com을 사용하려는 제조기업에 검색 빈도를 강조하는 이유는 검색 빈도를 주기적으로 장기간 정리해서 파악할 수 있기 때문입니다. 그래프가 지속적으로 우상향하는 그래프이면 상품이 상품 수명 주기(Product Life Cycle)에 있어서 도입/성장기에 있다는 것으로 볼 수 있으며, 우하향하는 그래프이면 상품이 상품 수명 주기에서 성숙기를 지나 쇠퇴기에 접어든 것으로 파악할 수 있기 때문입니다.

● 상품 수명 주기(Product Life Cycle): 하나의 상품이 시장에 도입되어 폐기되기까지의 과정을 말합니다. 상품 수명이 길거나 짧은 것은 상품의 성격에 따라 다를 수 있지만, 상품의 마케팅에 있어 소비시장에서는 대체로 도입기/성장기/성숙기/쇠퇴기의 과정으로 나눌 수 있습니다. 특히 기업에서 많은 노력을 기울여야 할 시기는 도입기와 성장기이며, 기업은 성장을 위해서 언제나 성장기에 있을 만한 상품을 생산하고 신제품 개발과 생산 다각화를 시도해야 합니다.

CHAPTER 14

Alibaba.com을 통한
효과적인 수입 방법

이 장에서는 Alibaba.com을 통해서 효과적으로 상품을 수입하는 방법에 대해서 알아보도록 하겠습니다. 필자 강의는 대부분 중소기업 관계자들에게 Alibaba.com의 플랫폼을 통해 수출할 상품을 등록하고 글로벌 바이어를 개척하는 수출에 포커스가 맞추어져 있습니다. 하지만 Alibaba.com을 통한 한국 시장에서의 유통을 위한 상품의 수입 또는 수출 상품의 원부자재 수급을 위한 효과적인 수입 방법에 대해서 문의하는 분들도 많습니다. 그렇기에 수입 관련 내용을 설명하고자 합니다.

1 Buy의 관리자 모드 (Back Stage)

❶ Buy의 관리자 메뉴

- Message Center(메시지 센터): 공급업체에 발송한 Inquiry와 답변을 받은 Inquiry를 확인 가능합니다.

- Orders(주문)

  ▶ All Orders(전체 주문): Trade Assurance를 통해 주문한 전체 건에 대해서 주문, 지불금액 결제, 배송, 분쟁 및 환불요구, 거래종결 등의 전체적인 주문 진행 및 처리 상황을 확인할 수 있습니다.

  ▶ Reviews(리뷰): 공급업체의 거래 품질과 수취한 상품에 대해 평가할 수 있습니다.

  ▶ Refund Requests(환불 요청): 공급업체에 거래 분쟁(Dispute)을 제기해서 환불을 요청한 주문 건의 환불 진행 절차를 확인할 수 있습니다.

- Transactions(거래)

  ▶ Overview(거래 내역): 전체 주문 건 중에서 주문을 하고 지불하지 않은

Buy의 관리자 모드(Back Stage)

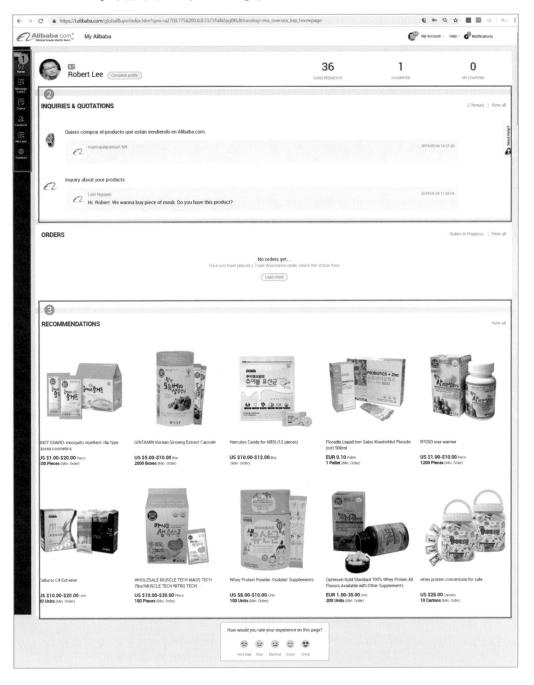

금액, 지불 확인중인 금액을 확인할 수 있습니다.

- ▶ Transaction Statements(거래내역서): 전체 주문 건에 대해서 주문자, 지불 방법, 주문 금액, 거래 수수료를 알 수 있으며, 배송 완료, 거래 종결 등의 거래 진행 상황을 확인할 수 있습니다.
- ▶ Wire Transfer Accounts(전신환 송금 계좌): 공급업체의 홍콩 씨티은행 전신환(T/T) 송금 수취 계좌를 확인할 수 있습니다.
- ▶ Bank/Card Accounts(은행/카드 계좌): 주문 금액을 결제하기 위한 EUR 은행 계좌 정보를 입력하거나, 신용카드 정보를 입력합니다.

❷ Inquiries & Quotations(문의 메시지 및 견적)

Inquiry를 보낸 것에 대한 답변을 보여줍니다.

❸ Recommendations(추천 상품)

구매를 위해서 검색해 본 상품과 연관되는 다른 추천 상품을 보여줍니다.

RFQ는 바이어의 입장에서 서로 다른 공급업체에 동일한 Inquiry를 보낼 필요 없이 서로 다른 10개의 공급업체로부터 견적을 받아 비교하고 가장 만족스러운 견적을 선택할 수 있는 장점이 있습니다. 그렇기에 Alibaba. com을 통해 수입을 희망하는 분들께 가장 먼저 추천하는 방법은 수입 희망 상품을 검색해서 사양과 특징을 정리하는 것입니다. 정리된 상품의 사양과 특징을 Sourcing Solutions – Submit RFQ(RFQ 제출)이나 Request for Quotation(견적 요청)에 활용하여 RFQ로 등록합니다. RFQ를 등록할 때에는 단순하게, 샘플 상품을 요청하는 경우에도 정식으로 주문할 수량을 적는 것이 좋으며, 주문 수량이 많을수록 경쟁력 있는 단가를 제안받을 수 있습니다.

❶ Key words of products(상품명 및 상품 키워드)

구매를 원하는 상품의 상품명 및 상품 키워드로 검색합니다.

Submit RFQ(RFQ 제출)

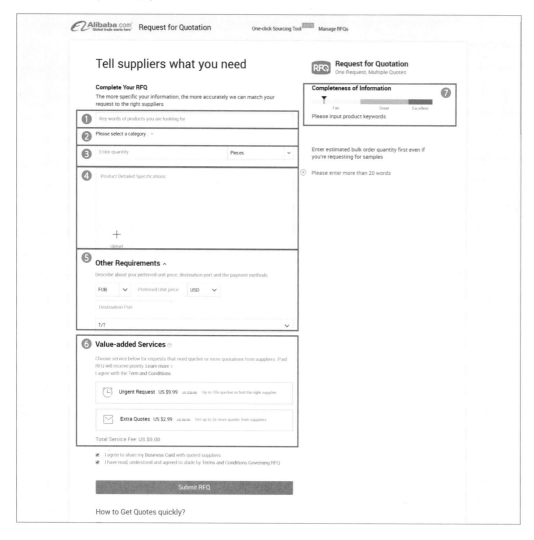

❷ Select a category(상품 카테고리)

구매를 원하는 상품의 카테고리를 선택합니다.

❸ Quantity, Pieces(예상 주문 수량 및 단위)

구매를 원하는 상품의 예상 주문 수량 및 주문 단위를 선택합니다.

❹ Product Detailed Specifications(상품의 상세 사양)

구매를 원하는 상품의 상세 사양, 주문 수량 등을 입력합니다. 또한, 수입하고자 하는 상품의 사진을 첨부할 수 있습니다.

❺ Other Requirements(기타 요구 사항)

바이어로부터 수취할 견적의 가격 조건, 미국 달러로 표기한 희망 단가, 상품을 수취할 항구, 결제 조건을 입력합니다.

❻ Value-Added Services(가치를 상승시키는 서비스)

- Urgent Request(긴급 요청): 10배 빠르게 수입을 희망하는 상품과 관계된 공급업체를 찾을 수 있도록 도와주는 유료 서비스로 9.99달러를 지불하면 됩니다.
- Extra Quotes(추가 쿼터): 공급업체로부터 받을 수 있는 견적을 2배로 늘려 20개까지 수취할 수 있도록 하는 유료서비스로 2.99달러를 지불하면 됩니다.

❼ Completeness of Information(정보의 완성도)

수입을 위해서 포스팅하는 RFQ의 완성도를 보여줍니다.

RFQ를 포스팅해서 공급업체의 견적을 받았을 때는 공급업체별로 상품의 견적과 사양을 엑셀로 정리해서 표로 비교하는 방법을 추천합니다. 가장 주의해야 하는 것은 "가격 싸고, 품질 좋은 상품"은 처음부터 세상에 없다는 것입니다. 그렇기에, 수취한 가격 중 평균값에 가까운 상품이 품질 측면에서는 리스크가 적을 수 있습니다.

3 Trade Assurance의 활용
(거래 안심 보장 서비스)

Trade Assurance(거래 안심 보장 서비스)는 바이어의 주문을 보호하기 위해서 바이어에게 무료로 제공하는 서비스입니다. 공급업체가 납품 지연, 주문 상품의 품질 및 수량 불일치 또는 기타 프로세스 문제 등의 주문 계약 조건을 충족시키지 못할 경우 바이어의 지불 비용을 환불 보증함으로써 위험을 최소화합니다. Trade Assurance(거래 안심 보장 서비스)는 공급업체가 바이어의 사양에 따른 높은 품질의 상품을 제 시간에 생산 및 납품하도록 신용 평가 시스템을 적용하고 있습니다. 단, Trade Assurance(거래 안심 보장 서비스)는 중국의 공급업체에서 상품을 주문할 때만 이용이 가능합니다.

01 | Trade Assurance(거래 안심 보장 서비스) 특징

Trade Assurance(거래 안심 보장 서비스)는 아래의 4가지를 약속합니다. 그리고, 이 모든 서비스는 Alibaba.com의 플랫폼을 통해 중국 공급업체의 상품을 온라인 거래하는 바이어에게는 무료입니다.

❶ 지불 보호(Payment protection)

주문 상품을 수취한 후 최대 30일 이내에 주문 과정에서 발생한 모든 지불을 보상합니다.

❷ 선적 보호(Shipping protection)

주문은 공급업체와의 계약 세부 사항에 따라 약속 시간에 배송됩니다. 하지만 선적 지연이 발생하면 환불 받을 수 있습니다.

❸ 제품 품질 보호(Product-quality protection)

상품이 공급업체와 계약에 명시된 세부 정보와 일치하지 않을 경우 환불받을 수 있습니다. 단, 샘플 주문에는 적용되지 않습니다.

❹ 보호 기간(Protection period)

주문 상품을 받은 후 최대 30일까지 주문이 보호됩니다.

02 | Trade Assurance(거래 안심 보장 서비스) 확인

❶ Trade Assurance(거래 안심 보장 서비스), Transaction Level(거래 등급)

공급업체가 왕관 모양 마크인 Trade Assurance(거래 안심 보장 서비스)를 사용하는 업체인지 확인하고, Transaction Level(거래 등급)의 다이아몬

상품 검색 결과 페이지에서의 Trade Assurance 확인

드 개수와 최근 6개월간의 거래 건수와 규모를 확인합니다. 또한, 바이어 거래 평가를 확인해서 공급업체의 서비스를 확인합니다.

❷ Supplier's Trade Assurance Limit(공급업체 거래 안심 보장 서비스 제한 금액)

공급업체의 왕관 모양 마크인 Trade Assurance(거래 안심 보장 서비스)를 선택하면 거래 안심 보장 서비스 제한 금액을 확인할 수 있습니다. 공급업체에 주문했을 때 지불부터 배송까지 보호받을 수 있는 금액을 의미합니다.

Trade Assurance(거래 안심 보장 서비스)를 통해서 중국 공급업체로부터 상품을 주문하려면, 공급업체의 Trade Assurance를 확인한 후, 공급업체와 거래 조건, 가격 조건 등을 협의하고 지불 방법을 통보한 후에 Invoice를 통해 이용할 수 있습니다. Trade Assurance(거래 안심 보장 서비스)를 통해서 지불된 금액은 Alibaba.com의 사기 방지 시스템에 의해 보호되며, 보상을 받으려면 Alibaba.com에서 지정한 공급업체의 Citibank 계좌로 지불해야 합니다.

❶ 신용카드 결제

Visa, Master의 신용카드로 결제할 수 있으며, 수수료는 총 거래 금액의 2.95%이며, 결제 시 자동으로 차감됩니다. 2018년 8월 2일부터 지불 성공 후 1~2시간 이내에 결제를 확인할 수 있습니다.

❷ T/T(전신환 송금) 결제

수수료는 약 40달러 정도로 지역 및 은행에 따라 다릅니다. 결제 확인은 영업일 기준 3~7일이 소요됩니다.

4 공급업체 Minisite 방문

수입을 위해서 상품을 검색해 RFQ를 등록하고, 공급업체들로부터 견적을 받아서, 해당 공급업체가 중국이라면 Trade Assurance(거래 안심 보장 서비스)의 내용을 확인한 후 마지막으로 해야 할 것은 해당 공급업체의 Minisite 상품 카테고리(Products Categories)의 구성을 확인하는 것입니다. 그 이유는 해당 공급업체가 수입하려는 상품과 관계 없는 카테고리의 상품도 다수 가지고 있다면, 상품에 대한 전문적인 OEM/ODM의 제작을 비롯한 서비스의 수준이 떨어질 수 있고, 다수의 제조 공급업체로부터 물품을 구매할 수 있기에 공급업체와의 비즈니스 관계가 원활하지 않을 수 있기 때문입니다.

Minisite의 카테고리 확인

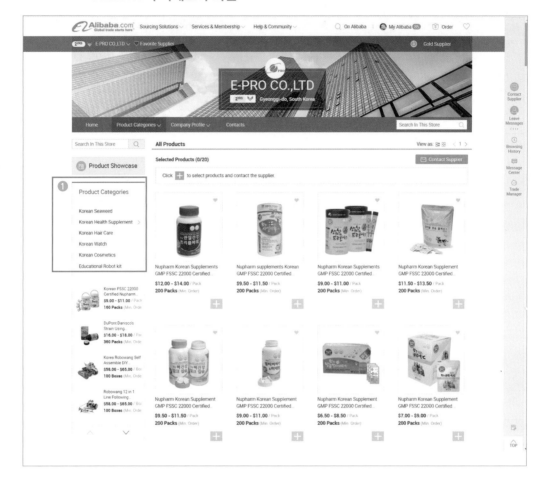

❶ Product Categories

공급업체의 Minisite 상품 카테고리의 구성을 확인합니다.

5 수입 시에 유의해야 할 사항

끝으로, 수입 시 유의해야 할 사항에 대해 살펴보도록 하겠습니다. 첫 번째, 수입하려는 상품과 관련된 우리나라 법률 및 규정을 수입 이전에 반드시 확인해야 합니다. 수입이라는 것은 상품이 국경을 넘어 우리나라로 들어오는 것이기 때문에 수출하는 국가에서 해당 상품에 적용되는 법률이나 규정이 우리나라에 적용되는 법률 및 규정과 다를 수 있습니다. 수입하려는 상품이 전기용품이거나 소형 가전제품인 경우는 배터리를 사용할지라도 수출업체에 한국의 전기 형식 안전 승인을 받았는지, 받았다면 반드시 서류를 수취해 놓아야 합니다.

또한, 농수산물 제품인 경우에는 방역 문제로 인해 갑자기 수입이 금지될 수도 있으며, 한국 정부에서 쿼터제를 적용해 사전에 수입 허가를 받아야만 수입할 수 있는 상품도 있습니다. 그렇기 때문에 수출입을 전문으로 하는 관세사나 관세청, 식품의약품안전처 등을 통해 미리 수입에 필요한 절차와 내용을 확인하는 것이 중요합니다. 특히, 무역의 경우는 절차의 순서가 바뀌게 되면 해결이 어려운 경우가 많습니다. 미리 확인해서 반드시 수입에 필요한 절차와 한국 내의 관계 법령을 준수하는 것이 중요합니다.

두 번째, 첫 수입 주문량은 수입 가격이 좀 올라가더라도 판매 및 유통이 부담되지 않는 수량의 범위에서 진행해야 합니다. 해외의 수출업체에서 상품 샘플을 받은 후, 판매와 유통을 위한 시장조사를 꼼꼼하게 수행했다 하더라도 실제 상품의 판매와 유통은 조사와 다를 수 있습니다. 처음부터 저렴한 판매 가격 형성에만 집중하여 판매와 유통에 부담이 될 수 있는 과도한 물량을 수입하는 것은 자제해야 합니다. 처음 수입 시에는 적은 물량을 수입하여, 타깃 시장의 정확한 파악과 소비자의 시장 반응을 살펴야 합니다. 그다음부터는 공급업체와 상담하여 타깃 시장에 맞춰 제품을 수정, 보완하여 물량 수입을 늘려가는 것이 합리적인 접근법입니다. 또한, 판매나 유통에 있어 판매 가격을 내리는 경우는 쉽지만, 올리는 경우는 소비자의 가격 저항이 발생할 수 있기 때문에 어려운 경우가 많습니다.

세 번째, 공급업체와 상품 및 무역 거래 조건에 관한 클레임 발생에 대비해 반드시 근거가 될 수 있는 서류를 남겨놓아야 합니다. 공급업체와 직접 상호 간 사인을 하고 계약을 체결하는 것이 가장 좋지만, 무역 계약에는 많은 시간이 소요됩니다. 그렇기 때문에, 무역 거래 계약을 대체할 수 있는 Proforma Invoice 상에 수입 상품의 정확한 사양, 구성, 수량, 단가를 표기하고, 지불 및 운송 조건 등을 정확하게 규정해 놓아야 합니다. 위의 사항들이 명확하게 규정되어 있는 경우에도 클레임이 발생할 수 있으므로 공급업체의 책임 소재를 분명히 해야 합니다.

네 번째, 중국 이외 지역의 Alibaba.com을 이용하는 공급업체에서 수입해야 하는 경우, Paypal(www.paypal.com)을 사용하는 것을 추천합니다. 수수료가 발생하여 상품의 수입 가격이 다소 상승할 수 있으나, 상품의 미발송, 지연 발송 등의 분쟁이 있을 경우 Paypal을 통해 클레임을 제기할 수 있고, 환불도 받을 수 있습니다.

다섯 번째, 수입액이 크고, 물품 선적 전 상품 품질에 대한 검수가 필요한 경우에는 비용을 들여서라도 검수를 하여야 합니다. 수입의 경우 상품 수취 후, 다시 반송하려면 시간도 많이 소요되고 절차도 복잡합니다. 또한, 통관과 관련된 관세 및 부가세를 지불하였기에 이에 대한 환급 절차도 증빙서류가 많아 까다로울 수 있습니다. 상품 수입 전 현지에서 검수가 가능하다면 지인을 통해서든지, 현지의 에이전트나 직접 현지를 방문해 검수하는 과정을 거치는 것이 좋습니다.

알리바바닷컴에서
무역하기

초판 1쇄 찍은날 2019년 8월 5일 ‖ 초판 1쇄 펴낸날 2019년 8월 10일 ‖ 지은이 이종근
펴낸이 정혜옥 ‖ 펴낸곳 굿인포메이션(스쿨존) ‖ 출판등록 1999년 9월 1일 제1-2411호
사무실 04779 서울시 성동구 뚝섬로 1나길 5(헤이그라운드)
사서함 06779 서울시 서초구 동산로 19 서울 서초우체국 5호
전화 02)929-8153 ‖ 팩스 02)929-8164 ‖ E-mail goodinfozuzu@hanmail.net
ISBN 979-11-967290-3-5 13320

■ 잘못된 책은 본사나 구입하신 서점에서 바꾸어 드립니다.

굿인포메이션(스쿨존)은 당신의 소중한 투고 원고를 기다립니다. 책 출간에 대한
기획이나 원고가 있으신 분은 이메일 goodinfozuzu@hanmail.net으로 보내주세요.